I0759262

Alexandre Pedro Moura D'Almeida

# O DESENVOLVIMENTO PARA O BNDES

## pressupostos e prática

Rio de Janeiro

2020

Colaborador/Revisor: Michel Moreira Graça

Críticas e sugestões podem ser encaminhadas ao e-mail do autor: *alexandre.dalmeida@outlook.com*

D148d      D'Almeida, Alexandre Pedro Moura
            O desenvolvimento para o BNDES: pressupostos e prática / Alexandre Pedro Moura D'Almeida. – Rio de Janeiro: Edição do autor, 2020.
            397 p. : il. color. ; 22 cm

            ISBN 979-86-067526-1-4

            1. Desenvolvimento Econômico – Brasil. 2. Banco Nacional de Desenvolvimento Econômico e Social (Brasil). I. Título.

                                       CDD: 338.981
                                       CDU: 338.1(81)

Ficha catalográfica elaborada pelo bibliotecário Thomaz Cantuária Waldmann Brasil 6847/CRB7

# PREFÁCIO

A dissertação de mestrado de Alexandre Pedro Moura D´Almeida, publicada agora como livro, possui qualidades óbvias. Mas, antes da obra, falemos do homem.

O Alexandre, ao longo do mestrado na Universidade Veiga de Almeida, foi aluno extremamente diligente. Bolsista de produtividade, cumpriu o período de estudos de modo significativo, com presença nos debates em sala de aula e nas leituras de antes e de depois. Um exemplo aos demais.

A obra espelha as virtudes do autor. O Desenvolvimento para o BNDES: pressupostos e prática é livro de temática abrangente, e que maneja, de modo adequado, bibliografia atual e diversa. Seu primeiro capítulo, a base teórica da obra, busca identificar o que seria o desenvolvimento econômico brasileiro, nele situando, com destaque, o problema da desigualdade. Apresenta, - dialogando -, escolas e autores. Reconhece que o problema da desigualdade é sério e premente, mas que solucioná-lo pressupõe arranjo institucional que permita e incentive a inovação e o progresso.

Os demais capítulos focam, como era de se esperar, no BNDES. O capítulo 2 traz detalhada apresentação do banco, e o seguinte narra suas diversas formas de atuação. Todos os produtos do BNDES são comentados. O capítulo 4, por sua vez, apresenta dados acerca da performance do banco. A pergunta é: o BNDES está atuando em que desenvolvimento? O autor destaca evidências que indicam que o banco tende a fomentar empresas maiores, já com algum nível de sucesso, e presentes nas regiões mais ricas do país: ´O BNDES prefere as grandes empresas e as grandes empresas preferem o BNDES.´ Se há desenvolvimento - e, sim, parece haver -, ele é antes econômico do que social.

A principal conclusão do estudo é a de que se faz necessário algum nível de saliência dos objetivos socioeconômicos na atuação do BNDES. Não se trata, por certo, de negligenciar potenciais ótimos ou de sacrificar os grandes e eficientes, mas de buscar concretizar uma visão de desenvolvimento mais matizada e plural.

A obra convida à reflexão, ao debate, e, oxalá, à ação. Boa leitura!

*José Vicente Santos de Mendonça*
Professor de Direito Administrativo da UERJ
Coordenador do Laboratório de Regulação Econômica da UERJ

# AGRADECIMENTOS

Sou muito grato a todas as pessoas que conviveram comigo durante o curso de mestrado realizado na Universidade Veiga de Almeida (UVA-RJ).

Agradeço a CAPES e a UVA por nos ter dado a felicidade de conquista da Bolsa PROSUP, sem a qual não teria sido possível a realização e conclusão do curso. Meu muito obrigado para ambas instituições.

Quero externar meu sincero agradecimento ao meu orientador durante o Mestrado, Prof. Dr. José Vicente Santos de Mendonça pelos desafios, pela proposta de trabalho e pelo contínuo suporte intelectual e incentivo moral. Meu muito obrigado.

Agradeço igualmente a Prof. Drª. Cláudia Ribeiro Pereira Nunes e o Prof. Dr. Pedro Hermílio Villas Boas Castelo Branco pelo despertar intelectual e metodológico.

Agradeço especialmente ao Prof. Dr. Leonardo Rabello de Matos Silva pelo incentivo constante e pelas inúmeras lições de vida.

Por fim, agradeço à minha família pela paciência e pela fé depositada em mim. Aos meus pais, João

Pedro D'Almeida Neto e Janaina M. M. D'Almeida, pelo carinho, amor incondicional e pelo enorme suporte emocional.

Aos meus irmãos, Felipe Pedro M. D'Almeida e Patrícia Pedro M. D'Almeida, pelas palavras de incentivo e pelo amor fraternal eterno e recíproco.

Agradeço imensamente à minha esposa, Fabiana Oliveira M. D'Almeida, pela paciência nas ausências pelas horas de estudo e dedicação necessárias, pelo suporte contínuo e pelo incentivo, mesmo em momentos difíceis.

Agradeço as minhas filhas, Ariane Teixeira M. D'Almeida e Luna Oliveira M. D'Almeida E Ayla Oliveira M. D'Almeida pelo simples fato de existirem e fazerem parte da minha vida.

# Sumário

# Introdução

No Brasil, o Banco Nacional do Desenvolvimento Econômico e Social (BNDES) tem como objetivo estimular a iniciativa privada com vistas a promover o desenvolvimento nacional. O tema 'desenvolvimento' nao é uma preocupação exclusiva da Economia, tal objeto de estudo é contemplado em inúmeras outras áreas do conhecimento. Uma dessas áreas é o Direito. Atento, o Direito confere ao tema destaque e importância, sobretudo quanto ao sentido do Estado. Na seara jurídica, as discussões sobre desenvolvimento costumam ser um tanto rasas, já a Filosofia e a Ciência Política aprofumdam a temática, já que ele é um tema central.

O marco normativo e histórico desta pesquisa é a Constituição da República brasileira de 1988. Essa Carta fez com que o conceito de desenvolvimento recebesse conteúdo normativo e valorativo. O desenvolvimento passa a ser um dos objetivos da República na busca de se criar uma sociedade justa, livre e solidária, com a promoção do bem de todos, sem quaisquer formas de discriminação. Acrescenta também o combate à pobreza e a redução das desigualdades como objetivos do Estado. Não se sabe, contudo, quais são os atos que devem ser cumpridos para que se alcance o desenvolvimento, da mesma forma que não se sabe ao certo o que é desenvolver.

No plano internacional o conceito de desenvolvimento também sofre uma carga normativa. As Nações Unidas, incialmente com a Declaração Universal dos Direitos Humanos[1] e posteriormente com a Declaração do Direito ao Desenvolvimento de 1986 promove uma releitura do termo desenvolvimento à luz do aumento das liberdades do homem, dos meios de acesso ao mercado, da ampliação do seu bem estar, da distribuição de benefícios e oportunidades. Passa a ser proibida a distribuição de recursos com objetivo de privilegiar um grupo ou um segmento social. O homem passa a ser o principal indutor do desenvolvimento, assim como também é o seu destinatário final. Nessa perspectiva, o homem é meio e fim do desenvolvimento.

As relações econômicas intensificaram-se muito no século XX, principalmente no período pós-guerra. Neste cenário, surgiu, como especialização da incursão capitalista, a instituição de um sistema financeiro internacional, onde o capital financeiro ultrapassou o papel de instrumento de apoio das outras atividades produtivas (industrial, agrícola, serviços) para comandar o sistema econômico como um todo, devido não só à volatilidade dos capitais, mas, também, com a função alocativa dos recursos que os mesmos desempenham nas atividades econômicas.

No contexto acima descrito, inserem-se, não só as instituições financeiras privadas, mas, também, as instituições do Estado, permitindo a participação pública estatal na função de fomento das atividades econômicas. Essa última, atuando, sobretudo no espaço que se chamou de 'falha de mercado', no reconhecimento de que os mercados são incompletos. O crédito estatal seria instrumento importante nessa função alocativa dos recursos, atuando onde o mercado falha. Instrumento que se quer que seja eficiente, maximizando os resultados da sua utilização.

Essa busca pelo desenvolvimento nacional nos moldes da financeirização ganhou força na década de 50 (Plano Juscelino Kubistchek - Plano de Metas), apoiada na expansão do crédito estatal, quando o Estado brasileiro, no Governo Vargas, criou o Banco Nacional de Desenvolvimento Econômico - BNDE, por meio da Lei nº 1.628/52, cuja função precípua era "o reaparelhamento e fomento da economia nacional". O propósito do BNDE era desenvolver a economia nacional. Sua criação é fundada numa formulação de formação econômica de Celso Furtado, espelhando um modelo de desenvolvimento.

Nesse cenário é reconhecido o papel do Estado como indutor e coordenador do desenvolvimento, ainda que o mercado tenha outro papel relevante. Registros históricos apontam a importância de um mercado plural e forte, bem como a presença de um Estado preocupado com o desenvolvimento num cenário de competição internacional. O crédito é, no contexto de financeirização global, um importante instrumento nos investimentos públicos, e esse papel é relegado, no Brasil, principalmente ao BNDES. Com a finalidade de desenvolver o país, o BNDES tem uma função singular de estimular a iniciativa privada – e também o setor público.

Para tentar descobrir qual é o sentido da palavra "desenvolvimento" operada pela atuação do BNDES, a pesquisa se debruçou sobre conceitos teóricos – jurídicos e econômicos – do desenvolvimento, buscando verificar as cargas normativas que lhe são impostas pela Constituição da República de 1988 e da legislação específica do BNDES. Posteriormente, analisaram-se os dados de desempenho econômico do BNDES e os dados macroeconômicos nacionais. O trabalho pretende analisar as premissas conceituais e normativas do BNDES e verificar sua aplicação prática na atividade financeira do banco do desenvolvimento. A vinculação entre pressuposto e prática é o que se busca verificar. A hipótese é a de que a concretização dos critérios do BNDES desenvolvidos nos seus produtos cria uma permissividade ampla para a atuação do banco na economia nacional, não ficando claro o que é ou não é prioritário.

O BNDES atua dentro de um arcabouço normativo que permite a sua existência e lhe confere sentido e motivação. Esse sistema de valores e normas representam também as expectativas que devem ser buscadas pelo banco do desenvolvimento brasileiro. Parte fomentadora desse sistema é onde se localiza os estudos sobre o desenvolvimento das nações. O cenário é o seguinte: inúmeras teorias econômicas sobre desenvolvimento motivam a criação de um conjunto normativo de regras e normas que criam expectativas e fornecem algum sentido ou objetivo no atuar do Estado. Nesse caso, atentamos o olhar para o agir do Estado na figura do BNDES. De um lado toda essa normatividade e do outro lado está aquilo que o BNDES efetivamente realiza na sua atuação. O que motivou esse trabalho é observar como funcionam esses dois mundos (pressupostos x prática).

Esses pressupostos, por conterem muitas esperanças e desejos para o futuro, acabam não sendo realizáveis imediatamente. Todavia, essa normatividade serve como guia daquilo que se quer alcançar. Logo, esse trabalho gostaria, no que for possível, contribuir na verificação de como a prática está auxiliando (ou se não está) na busca de se concretizar o que for possível dos pressupostos estipulados ao

BNDES. Afinal, a prática, a atuação do banco, com alguma obviedade, deveria buscar aquilo que se estabeleceu como pressuposto e como objetivo. Esse é o desafio.

Uma observação importante é que não se está discutindo nesse trabalho a questão da iniquidade da utilização dos recursos públicos, ou seja, não é relevante aqui o significado da aproximação dos agentes públicos com setores empresariais e o benefício que isso possa significar para esses setores próximos aos agentes políticos. A existência dessa relação é significativa, podendo, tal aspecto, ser discutido sobre outra ótica, mas, ainda assim, a decisão de desembolso passa por um critério público de investimento com o propósito de desenvolvimento futuro. Ou seja, ainda que com iniquidade, os objetivos de desenvolvimento e os pressupostos da atuação do banco deveriam estar sendo perseguidos e possivelmente alcançados.

Dessa forma, mesmo que esse relacionamento dos agentes públicos e privados exista, e mesmo que isso desequilibre e trate com iniquidade os recursos públicos, o elemento principal da pesquisa é o resultado almejado pelo desenvolvimento e o que ele significa nesse cenário social. Dito de outra forma, a destinação dos recursos públicos à agentes privados nessa situação de iniquidade não impede que se perceba qual é o desenvolvimento a ser alcançado por tal política, da mesma forma que não impede que se perceba essa prática vinculada ao cenário econômico e social nacional.

A pesquisa é divida em quatro capítulos. O primeiro é destinado a compreender discussão conceitual do desenvolvimento; a questão envolvendo os pressupostos da Constituição da República do Brasil de 1988 e os problemas da desigualdade para o desenvolvimento. O segundo capítulo busca entender como se estrutura, sob o ponto de vista normativo, a atividade do BNDES. O terceiro capítulo quer entender quais são os critérios de colaboração financeira do BNDES e como o BNDES estrutura o cumprimento desses critérios na sua atividade. Para tanto, analisam-se os produtos do banco. O quarto e último capítulo quer verificar a atuação do BNDES, contando com inúmeros dados retirados do próprio BNDES, assim como compará-los com inúmeros indicadores econômicos e sociais. É importante ficar registrado que a atuação do BNDES é analisada no período de 2009 até 2016, período em que se observa enorme aumento dos desembolsos do banco, assim como a queda de tais recursos de 2014 em diante.

Aqui é também o melhor momento para indicar as limitações da pesquisa. Não se tem como formular uma política de desenvolvimento por meio deste trabalho, nem se pretende, haja vista que muitas instituições foram deixadas de lado da análise; como por exemplo: o impacto que a burocracia pública possui nos empreendimentos privados, ou os efeitos que a tributação nacional possui no 'custo Brasil' da atividade econômica, ou mesmo o qual o nível do mercado que possuímos. A pesquisa que se realizou, considerando esse complexo universo do desenvolvimento, é simples, apesar de esbarrar em inúmeras questões incidentes do qual é dependente uma análise mais completa do desenvolvimento nacional.

Outra questão se observou, mas que não reuniu dados suficientes para que se pudersse concluir, diz respeito às colaborações do BNDES destinadas as entidades públicas nacionais. Não se quantificou tal elemento; todavia, ficou-se com a impressão de que o BNDES atua bastante com esses entes, fomentando toda a intervenção publica do Estado na economia, além de outras das fundações públicas e autarquias. Os dados seriam importantes para revelar tal impressão.

Por último, não se verificou, nem conceitualmente, nem com dados, a questão envolvendo a pobreza nacional. Essa perspectiva não foi contemplada nesse trabalho e é um aspecto importante para o desenvolvimento. Impactos sobre a redução da pobreza nacional seriam importantes para discutir qual o papel do banco nesse aspecto, assim como medir o grau de pobreza nacional permitiria visualizar onde o país se encontra nesse combate.

## NOTAS

1       Promulgada no plano interno por meio do Decreto nº 19.841 de 1945.

# Capítulo 1

# O que é o desenvolvimento econômico brasileiro

# O que é o desenvolvimento

Este capítulo se propõe a entender o que significa desenvolvimento, considerando as seguintes premissas: (1) a Constituição da República de 1988 confere uma dinâmica especial ao desenvolvimento, constituindo-o como objetivo do Estado; (2) diversas escolas de pensamento econômico e social do século passado depositaram suas esperanças em certos modelos de desenvolvimento, que merecem atenção; (3) vários economistas contemporâneos têm se debruçado sobre o tema, com alguma vantagem em relação aos economistas do passado referente à ampla quantidade de informações econômicas disponíveis (big data).

Somando a isso existe uma questão importante que é enfrentada no capítulo de forma objetiva; trata-se da desigualdade. Tal assunto é visto por diversas correntes ideológicas como um grande problema do sistema capitalista, enquanto outras correntes sustentam que a desigualdade é útil ao sistema e o estimulo competitivo oriundo dele é bom para toda a economia. Todavia, a própria Constituição da República de 1988 confere tratamento ao tema que deve ser observado pela política de desenvolvimento, assim como surge como importante compreender os novos estudos sobre a desigualdade e o que eles têm a oferecer.

## Pressupostos de ordem constitucional

A questão da busca constitucional do desenvolvimento não se inicia na Constituição da República de 1988, mas nas Constituições anteriores. Na Constituição Monárquica de 1891, mesmo que ainda timidamente, o texto menciona que é atribuição do Congresso Nacional "animar no País o desenvolvimento das letras, artes e ciências, bem como a imigração, a agricultura, a indústria e comércio..."[1].

Na Constituição da República de 1934, já há um capítulo destinado à Ordem Econômica e Social, em que se dispõe sobre a liberdade e, mais à frente, sobre o fomento e o desenvolvimento do crédito:

> Art. 117 - A lei promoverá o fomento da economia popular, o desenvolvimento do crédito e a nacionalização progressiva dos bancos de depósito. Igualmente providenciará sobre a nacionalização das empresas de seguros em todas as suas modalidades, devendo constituir-se em sociedades brasileiras as estrangeiras que atualmente operam no País.[2]

## O que é o desenvolvimento

Com a saída do país da fase em que predominava o setor primário na produção nacional, para a já crescente fase de industrialização, detectou-se a necessidade de se concatenar instrumentos fomentadores na ordem econômica com o ordenamento social (leis trabalhistas), ainda com forte intervenção estatal na economia, com o propósito de fazer com que a atividade econômica crescesse.

Na Constituição da República de 1946, já está presente um sentido bastante intervencionista. Os aspectos econômicos passam a ter tamanha importância na sociedade que a Constituição cria o Conselho Nacional de Economia, cuja atribuição era "estudar a vida econômica do País e sugerir ao Poder competente as medidas que considerar necessárias."[3]

A intervenção no domínio econômico está presente na Ordem Econômica e Social, tratando de diversificadas hipóteses, tais como: criação de monopólio, desapropriação, repressão ao abuso de poder econômico, enfim, há permissivo constitucional para a participação do Estado na atividade econômica nacional. Destaca- se na Constituição da República de 1946 o papel do Estado como interventor, mas não há menção ao desenvolvimento como objetivo da República, mas sim a criação de vários instrumentos que podem promover a atividade econômica, e, neste contexto, já aparece a preocupação estatal com o setor financeiro que, à época, iniciava seu crescimento nos seguintes artigos:

> Art. 149 - A lei disporá sobre o regime dos bancos de depósito, das empresas de seguro, de capitalização e de fins análogos.
> Art. 150 - A lei criará estabelecimentos de crédito especializado de amparo à lavoura e à pecuária.

Assim, na Constituição de 1946, há traços bem marcantes do intervencionismo estatal, mas, o crédito ainda não alcança protagonismo como indutor principal do desenvolvimento econômico.

Na Constituição da República de 1967, o desenvolvimento econômico aparece, não só como princípio da Ordem Econômica e Social, mas também como competência da União para estabelecer Planos Regionais de Desenvolvimento. Havia também uma obrigação constitucional de dotações orçamentárias plurianuais para "valorização das regiões menos desenvolvidas"[4]. Estava também estabelecido como principio da Ordem Econômica e Social a repressão ao abuso de poder econômico, principalmente no que tange ao domínio de mercados, a eliminação da concorrência e o aumento arbitrário dos lucros, seria o reconhecimento à época das mazelas que a falta de concorrência no mercado, a existência de monopólios e de monopsônios poderiam prejudicar a saúde do sistema econômico.

Neste momento histórico, a estrutura estatal se volta para o desenvolvimento, destacando-se o seguinte:

1) no sistema financeiro, a criação do Banco Central do Brasil, na qualidade de fiscalizador e 'regulamentador' do sistema financeiro;

2) no desenvolvimento, a criação de planos estatais de desenvolvimento (I e II PND );

3) o enfoque na produção industrial associando-a ao crescimento e ao desenvolvimento econômico;

4) Reformulação do sistema tributário nacional, com a promulgação da Código Tributário Nacional em 1966.

Com isso, a estrutura estatal volta-se para o desenvolvimento econômico, mas não ainda não há ação política voltada para o desenvolvimento social, como também não há a preocupação com políticas públicas voltadas para o citado desenvolvimento social.

Na Constituição da República de 1988, consagra-se o desenvolvimento como política de Estado. Permanece a possibilidade de intervencionismo estatal, mas o desenvolvimento aparece, destacando-

-se as seguintes situações:

1) objetivo fundamental da República (art. 3º);

2) incentivo ao desenvolvimento tecnológico (art. 5º XXIX; art. 200, V; art. 218);

3) estabelece competência da União para elaboração de planos regionais e nacionais de desenvolvimento (art. 21, IX);

4) na menção aos planos nacionais de desenvolvimento econômico, onde podem ser executados planos regionais (art. 43);

5) na autorização para inventivos fiscais, por parte da União, para promover desenvolvimento socioeconômico(art. 151);

6) na criação de um sistema financeiro estruturado para promover o desenvolvimento equilibrado do país (art. 192);

7) e ainda, na Ordem Econômica, onde há o mandamento constitucional para a elaboração de uma lei que estabeleça as diretrizes e bases do desenvolvimento nacional (art. 174§1º).

O Estado brasileiro passou a incluir o desenvolvimento, de forma bastante incisiva. A Constituição de 1988 é social democrata e atribui ao Estado objetivos voltados a superação do seu subdesenvolvimento em todas as suas formas, como a superação da desigualdade regional e social do país. Em termos de destinação constitucional relacionada ao sistema bancário e ao crédito, temos a determinação de que 40% (quarenta por cento) da arrecadação das contribuições sociais do PIS e do PASEP sejam vertidas ao financiamento de programas de desenvolvimento econômico por meio do Banco Nacional de Desenvolvimento Econômico e Social.

O sentido de desenvolvimento no atual texto constitucional vigente amplia o significado do desenvolvimento econômico, contemplando o desenvolvimento da educação, das tecnologias e das regiões menos favorecidas, bem como estabelece como objetivo da República a erradicação da pobreza e da marginalização, a redução das desigualdades sociais e regionais, a promoção do bem de todos sem quaisquer formas de discriminação e a construção de uma sociedade livre, justa e solidária.

No texto constitucional de 1988, a ordem econômica nacional tem como fim a busca por assegurar a todos uma existência digna, de acordo com os ditames da justiça social[5], tendo como um de seus princípios a redução das desigualdades regionais e sociais[6]. O sistema financeiro nacional é estruturado com o objetivo de promover o desenvolvimento equilibrado do país com vistas a servir ao interesse da coletividade em todas as partes que o compõem[7]. Já a ordem social tem como objetivo o bem estar social e a justiça social[8].

Nesse emaranhado normativo constitucional observa-se que o desenvolvimento do Estado brasileiro está vinculado a esses objetivos expostos e que, portanto, as ações governamentais têm de estar alinhadas com eles.

## *Influência internacional*

O Decreto nº 19.841 de 1945 promulga na ordem interna a Carta das Nações Unidas assinada em São Francisco. Tal carta estrutura as Nações Unidas. Em seu art. 55[9] e 56[10] deixa exposto o seu propósito de se comprometer a criar condições de progresso e desenvolvimento econômico e social. O que significa que um dos propósitos das Nações Unidas é de promover o desenvolvimento, ainda que não diretamente.

A Declaração Universal dos Direitos Humanos[11], também das Nações Unidas, em seu artigo 22 cria o marco inicial do direito ao desenvolvimento enquanto um direito humano, estabelecendo direitos econômicos, sociais e culturais indispensáveis à dignidade do homem e ao desenvolvimento de sua personalidade.

Somente em 1986, com a Declaração do Direito ao Desenvolvimento das Nações Unidas, o termo desenvolvimento passou a significar um direito humano inalienável. Isso porque, para que se alcançassem quaisquer dos direitos humanos da declaração universal das Nações Unidas, seria fundamental promover uma mudança econômica que fosse proveitosa a todos. Assim, o desenvolvimento passa a ter o objetivo de remover as fontes de privação das liberdades, como, por exemplo, reduzindo a pobreza, reduzindo as desigualdades, ampliando os meios de acesso aos mercados.

O desenvolvimento passa a ser visto como um direito do homem na qualidade de parte de um ente coletivo, buscando otimizar a forma de viver de toda a população, ampliar o seu bem estar social e promover a distribuição de benefícios e oportunidades. O direito ao desenvolvimento como um direito humano passa a ser um fim; tanto o direito humano quanto o direito ao desenvolvimento são necessariamente os fins. O ser humano passa a ser o sujeito central do desenvolvimento[12], sendo o seu principal beneficiário e o principal promotor. Isso precisa ser visto, obrigatoriamente, de modo coletivo segundo Nwauche e Nwobike[13].

Nesse molde, parece possível afirmar que sem

que todos os homens inseridos na sociedade gozem de um aparato econômico, social e cultural, a realização de direitos fundamentais é impossível, dado que os direitos humanos e fundamentais são indivisíveis. A operacionalização de tais objetivos é que pode ser complicada, haja visto as inúmeras doutrinas sociais, econômicas e jurídicas que parecem querem impor um modo específico de se viver e de se organizar.

Em 25 de setembro de 2015, a Assembleia Geral das Nações Unidas adotou a Resolução A/RES70/1 voltada à transformação do mundo: 'a agenda 2030 para o desenvolvimento sustentável'. Nessa resolução são traçados objetivos mundiais para o desenvolvimento do mundo, resolução assinada pelo Brasil. São dezessete objetivos globais delineados para serem perseguidos pelos Estados até o ano de 2030 na busca pelo desenvolvimento.

> Objetivo 1. Acabar com a pobreza em todas as suas formas, em todos os lugares.
> Objetivo 2. Acabar com a fome, alcançar a segurança alimentar e melhoria da nutrição e promover a agricultura sustentável.
> Objetivo 3. Assegurar uma vida saudável e promover o bem-estar para todos, em todas as idades.
> Objetivo 4. Assegurar a educação inclusiva e equitativa e de qualidade, e promover oportunidades de aprendizagem ao longo da vida para todos.

Objetivo 5. Alcançar à igualdade de gênero e empoderar todas as mulheres e meninas.

Objetivo 6. Assegurar a disponibilidade e gestão sustentável da água e saneamento para todos.

Objetivo 7. Assegurar o acesso confiável, sustentável, moderno e a preço acessível à energia para todos.

Objetivo 8. Promover o crescimento econômico sustentado [contínuo], inclusivo e sustentável, emprego pleno e produtivo e trabalho decente para todos.

Objetivo 9. Construir infraestruturas resilientes, promover a industrialização inclusiva e sustentável e fomentar a inovação.

Objetivo 10. Reduzir a desigualdade dentro dos países e entre eles

Objetivo 11. Tornar as cidades e os assentamentos humanos inclusivos, seguros, resilientes e sustentáveis.

Objetivo 12. Assegurar padrões de produção e de consumo sustentáveis. Objetivo 13. Tomar medidas urgentes para combater a mudança do clima e seus impactos.

Objetivo 14. Conservação e uso sustentável dos oceanos, dos mares e dos recursos marinhos para o desenvolvimento sustentável.

Objetivo 15. Proteger, recuperar e promover o uso sustentável dos ecossistemas terrestres, gerir de forma sustentável as florestas, combater a desertificação, deter e reverter a degradação da terra e deter a perda de biodiversidade.

Objetivo 16. Promover sociedades pacíficas e inclusivas para o desenvolvimento sustentável, proporcionar o acesso à justiça para to-

> dos e construir instituições eficazes, responsáveis e inclusivas em todos os níveis.
> Objetivo 17. Fortalecer os meios de implementação e revitalizar a parceria global para o desenvolvimento sustentável.[14]

Cada objetivo escolhido pela resolução possui detalhamento e explicações sobre as metas a serem perseguidas. Merece destaque o fato de as Nações Unidas buscarem acabar com a pobreza, reduzir as desigualdades interna dos países e entre os países no plano global, criar instituições econômicas e políticas que sejam inclusivas socialmente, além de desenvolver estratégias de crescimento econômico que sejam sustentáveis, garantindo o bem-estar de todos e com a promoção de trabalho digno, pleno e produtivo para todos. No que tange à promoção do trabalho e do emprego produtivo e digno para todos, a estratégia das Nações Unidas é apostar na diversificação do trabalho em todas as classes sociais, com mais acesso ao empreendedorismo por toda população, incentivo à criatividade e à inovação, com foco na criação de produtos de alto valor e alta intensidade de trabalho, incentivando e encorajando o aumento dos micro, pequenos e médios empreendedores. Tal incentivo perpassa pela utilização do sistema financeiro.

## Desenvolvimento: conceitos e sentidos

No campo fértil de ideias e com o propósito de alcançar o desenvolvimento, a América Latina aderiu ao pensamento desenvolvimentista influenciado por Raul Prebisch, economista da CEPAL (Comissão Econômica para América Latina e o Caribe) – órgão das Nações Unidas – e Celso Furtado, também economista da CEPAL. No Brasil, o papel do Estado no desenvolvimento da nação possui essa matriz analítica. Tal pensamento é expresso com clareza por Bielschowsky[15].

> O sentimento geral entre grande número de economistas que escrevem sobre países latino-americanos nas décadas de 40 e 50 parece ter sido de descrença em relação à teoria econômica existente e de perplexidade face à falta de teorias que poderiam ser adaptadas às realidades econômicas e sociais que estes autores tentavam entender e transformar. Foi nesse contexto de "vazio técnico" que a teoria de Prebisch e da Cepal, aqui resumida, ganhou significado especial. A Cepal não formulou uma teoria de investimento ou de acumulação de capital, mas, ao combinar sua tese sobre as transformações históricas do sistema centro-periferia com a análise de estruturas produtivas periféricas, foi capaz de prover um instrumental analítico engenhoso, através do qual uma série de importantes tendências típicas do crescimento em países subdesenvolvidos [...] podia ser prevista e estudada de maneira

particularmente acurada.[16]

Para Bielschowsky[17], o desenvolvimentismo no Brasil durante o período de 1945 até 1964 é uma ideologia de transformação da sociedade brasileira, composta de quatro pontos fundamentais: (1) somente por meio da industrialização integral que se superará a pobreza e o subdesenvolvimento. (2) somente por meio do Estado é que se alcançará uma industrialização eficiente, eis que as forças espontâneas do mercado seriam ineficientes e incapazes; (3) o planejamento do Estado deve definir quais os setores econômicos devem se expandir e quais serão os instrumentos utilizados nessa expansão; e (4) o Estado de tem o papel de ordenar a execução dessa expansão, por meio da captação e utilização de recursos financeiros, além do dever de promover investimentos nos setores em que a iniciativa seja deficitária. O pensamento cepalino é costumeiramente chamado de estruturalismo latino-americano.

Bielschowsky[18] identifica cinco correntes ideológicas que estavam associadas ao desenvolvimentismo brasileiro nesse período: (1) uma corrente liberal cujo propósito era de assegurar a livre movimentação das forças de mercado como forma de atingir a eficiência econômica, somado a preocupações de equilíbrio financeiro e monetário em nível macroeconômico; (2) uma corrente desenvolvimentista do setor privado, assumindo uma posição antiliberal e desenvolvimentistas, apresentando, contudo, restrições à atuação do Estado na economia; (3) uma corrente desenvolvimentista do setor público não nacionalista, corrente que apresenta propostas de desenvolvimento com preponderância do capital privado; (4) uma corrente desenvolvimentista do setor público nacionalista, o qual defendia a atuação do Estado em setores estratégicos; (5) uma corrente socialista que defendia a industrialização e a intervenção estatal como uma etapa no processo de transformação socialista.

O pensamento estruturalista Cepalino se sustenta em três premissas essenciais. A primeira delas é de que existe uma diferença entre as economias de centro e de periferia. As economias de países considerados de centro possuem uma diversificação produtiva e um elevado grau de homogeneidade social, já as economias periféricas possuem estrutura heterogênea e uma produtividade econômica especializada. Sendo que as economias periféricas concentram uma baixa diversificação de exportações, composta basicamente de produtos primários, além de alta demanda de produtos especializados; possuem ainda falta de diversificação horizontal e ausência de complementariedade da cadeia produtiva nos setores industriais.[19]

A segunda premissa é a de que as economias periféricas desenvolvem uma relação e dependência com os centros por causa da divisão internacional do trabalho. Essa dependência é entendida como a condição imposta pelo país desenvolvido em função da sua liderança tecnológica, entendendo que só existe o país subdesenvolvido por existir o país desenvolvido.[20]

A terceira premissa é a de que a diferença das estruturas produtivas entre os países de centro e periferia contribuem para reforçar o subdesenvolvimento, no sentido de que o livre comércio imposto pelos países de centro, processo iniciado com o GATT[21] e posteriormente com a criação da OMC[22], criam uma lógica que acentua a desigualdade entre as nações, pois, permitira que os países centrais controlassem e se apropriassem dos frutos do desenvolvimento tecnológico periférico[23].

A carência de capitais para a expansão da indústria e da infraestrutura é uma questão que já estava presente desde os anos 40. Já no final da Segunda Grande Guerra, houve a reorganização da economia mundial na Reunião de Bretton Woods[24], onde se desenha a formação do Fundo Monetário Internacional e do Banco Mundial como sustentáculos, até então do sistema financeiro internacional.

Instituições financeiras internacionais, como o Banco Mundial e o Banco Interamericano de Desenvolvimento (BID), foram criadas justamente para fornecer capital aos países considerados subdesenvolvidos, todavia, nem sempre essa oferta de capital era tão vantajosa. No Brasil, para suprir esse vazio e, colocar em prática a sua ideologia de desenvolvimento criou-se a Lei nº 1.628/52, onde o Governo Vargas quis implantar uma 'reestruturação econômica". Dentre as medidas estava a criação de uma instituição financeira voltada para o desenvolvimento (até então, o BNDE). O BNDE nasceria para suprir uma lacuna no mercado e serviria, enquanto instituição financeira creditícia, para incentivar os setores considerados essenciais para o Brasil naquele momento.

Outra corrente teórica de grande influência no Brasil é a Teoria Neoinstitucionalista[25], tendo como principal pensador, Douglass North[26]. Tal teoria é mais recente, tendo se difundido nos anos 90 (sec. XX) e se contrapõe ao pensamento estruturalista cepalino. Tal teoria quer resgatar a importância das instituições, sendo fundamental para o novo 'giro institucional'[27]. A teoria neoinstitucionalista destaca o fato de que as instituições desenvolverem papel extremamente importante na sociedade e aparece em oposição ao estruturalismo. Tais instituições, em termos jurídicos podem ser traduzidas nas leis e nos costumes, bem como em termos sociais, nas tradições. Tal autor faz uma pesquisa de instituições e relaciona-as à estabilidade e possibilidade de crescimento econômico. North[28] explica a estabilidade nos seguintes termos:

> *Institutions provide the basic structure by which human beings throughout history have created order and attempted to reduce uncertainty in exchange. Together with the technology employed, they determine transaction and transformation costs and hence the profitability and feasibility of engaging in economic activity. They connect the past with the present and the future so that history is a largely incremental story of institutional evolution in which the historical performance of economies can only be understood as a part of a sequential story. And they are the key to understanding the interrelationship between the polity and the economy and the consequences of that interrelationship for economic growth (or stagnation and decline). But just why are some forms of exchange stable while others lead to more complex and productive forms of exchange? I have discussed the theoretical issues of institutional change. Here I wish to explore the specific characteristics of historical change.*[29]

Os agentes econômicos (pessoas e organizações) realizam transações. Tais transações carregam, por sua natureza, a incerteza. Como consequência das incertezas, temos os custos de transação. Para diminuir tais incertezas, a sociedade cria as 'regras do jogo'. Tais instituições podem ser formais, como a legislação e a jurisprudência, e informais, como as tradições e os costumes. Para a teoria, o desempenho das economias corresponde à evolução incremental das instituições.

O conjunto das instituições forma a 'matriz institucional', o que, segundo a teoria, fornece a estrutura de incentivos da economia e fornece proteção e execução dos direitos de propriedade.

As interações das instituições entre si forçariam a matriz institucional diretamente no desempenho econômico do país, seja reduzindo os custos de transação ou reduzindo os custos de transformação, e, por consequência, aumentando a produtividade. A soma dos custos de transformação e dos custos de transação formam os custos totais da economia. Uma instituição eficiente seria aquela que consegue reduzir os custos de transação e de transformação, este último por meio do incremento tecnológico.

Com o propósito de explicar o funcionamento da sociedade, North constrói uma teoria das instituições, combinando uma teoria do comportamento humano e da teoria de custos de transação, além de explicar o desempenho da economia por meio de uma teoria da produção.

Toyoshima[30], realizando um estudo sobre a teoria de North, constata que a história é importante para o autor quando usa sua teoria para explicar o desenvolvimento dos países e para explicar porque os países em desenvolvimento não alcançam o desenvolvimento. Para North, os conceitos de *path dependency* e *locked in*, como forma de analisar as instituições, são fundamentais para explicar o desenvolvimento.

> Segundo North, tais conceitos podem ser aplicados também à mudança institucional. Para ele dois fatores moldam o processo: a existência de retornos crescentes e mercados imperfeitos. O mundo real é caracterizado por ser constituído de mercados imperfeitos – dadas as dificuldades de se decifrar um ambiente complexo – e, por ser dinâmico, ou seja, por apresentar retornos crescentes, conceito que também se aplica às instituições. Isso significa que uma vez escolhido um caminho há a atuação dos mecanismos auto- reforçantes que fazem com que a matriz institucional fique locked in e path dependent. Ou seja, mesmo que as instituições existentes não sejam mais eficientes para gerar desenvolvimento econômico, como há retornos institucionais crescentes a tendência é de que elas persistam.[31]

Os conceitos explicariam que as instituições, ao escolherem um caminho a ser seguido, sabendo da complexidade e dinamismo do mercado e desconhecendo todas as informações disponíveis, ao receberem retornos crescentes por suas atividades, passam a reproduzir aquele comportamento fazendo com que a instituição fique presa àquela prática e se torne dependente dela para se desenvolver. Isso permitiria, segundo North, explicar porque as instituições não são tão eficientes para gerar desenvolvimento econômico. Por se prenderem a lógica dos retornos crescentes, as instituições reforçam sua atividade, impedindo que novos arranjos, talvez mais eficientes socialmente se estabeleçam. Fator adicional seria o poder de barganha daqueles que possuem vantagens com o arranjo institucional estabelecido, prejudicando o desenvolvimento e eficiência das instituições e se contrapondo as mudanças.

Curiosamente, a explicação do autor é paradoxal. Vamos supor a criação de uma matriz institucional, eficiente e incentivadora, nos moldes idealizados por North. A mesma matriz impediria o surgimento de novos mecanismos mais eficientes se esses fossem contrários à logica estabelecida da matriz institucional. Nesse caso a própria matriz ficaria presa, de forma negativa, aos seus retornos crescentes.

Outra questão sobre a *path dependency* de North se refere à forma como as instituições mudam. O autor explica que as instituições somente buscam se modificar se tiverem incentivos para tal, o que significa que elas estão em equilíbrio e nenhuma das partes quer modificar alguma coisa sem que haja incentivos para tanto. Para o autor, o fator importante de mudança institucional se encontra na alteração de 'preços relativos'[32], já que ele seria capaz de modificar os incentivos dos indivíduos na interação humana. Outro fator importante seria uma mudança nos gostos dos indivíduos, o que seria relacionado e fortemente influenciado pela modificação dos preços relativos. Essa alteração no preço relativo incorporaria mudanças na proporção do próprio preço relativo e nos custos de informação e tecnologia.

O empresário teria, então, papel fundamental para promover as mudanças nos preços relativos, dada sua capacidade de descobrir e avaliar mercados e técnicas. North enfatiza que, com isso, as instituições somente realizam modificações incrementais no tempo de acordo com os inúmeros pequenos incentivos que vão recebendo do ambiente, modificando as regras formais e informais. Isso se aplicaria também as pessoas que compõem a instituição. Em geral, significa dizer que as instituições buscam sua preservação e reprodução, modificando seu arranjo institucional de acordo com os incentivos recebidos no ambiente, principalmente às mudanças no preço relativo.

A teoria neoinstitucionalista é muito influente no Brasil, principalmente, no período pós-Real quando se trata de políticas econômicas, com destaque para monetária. Mondenesi[33] explica, por meio das convenções sobre desenvolvimento, a presença da influência neoinstitucionalista:

> A convenção institucionalista permeia os discursos e documentos do Banco Central do Brasil (BCB) e do Ministério da Fazenda e se fundamenta em um referencial teórico neoclássico e na chamada nova economia institucional. Ela se assenta no mito de uma sociedade competitiva e meritocrática, em que o livre-mercado e as instituições corretas assegurariam a eficiência econômica, principalmente do ponto de vista alocativo. A eficiência distributiva seria fortalecida por investimentos em capital humano (educação) e programas sociais focalizados, como preconizado pelo Banco Mundial. As forças de mercado – amparadas em um sistema de preços que sinalize corretamente as escassezes relativas – gerariam uma alocação eficiente de recursos que, por sua vez, asseguraria o crescimento econômico. As instituições, materializadas em normas e organizações, favoreceriam o bom funcionamento dos mercados. A garantia dos direitos de propriedade e dos credores (como a Lei de Falências) e a redução dos custos de transação são, igualmente, tidas como essenciais ao desenvolvimento. De forma geral, preconiza-se a realização das reformas institucionais de segunda geração, i.e. pós-Consenso de Washington.[34]

A crítica ao trabalho de North fica por conta de Toyoshima[35] que observa duas implicações da teoria neoinstitucionalista: (1) a teoria ainda parte da ideia econômica neoclássica de que o homem continua sendo um maximizador de utilidade nas suas escolhas, ainda que de forma limitada; o 'homem econômico' acaba maximizando ou minimizando as escolhas de acordo com as vantagens auferidas, mesmo consciente sobre as diversas motivações do homem (além da econômica neoclássica); (2) a teoria acaba por querer explicar que o mercado perfeito ou quase perfeitos são possíveis de serem alcançados por meio da matriz institucional e que a existência de mercados imperfeitos é culpa da matriz dos países em desenvolvimento. Toyoshima explica que a teoria de North é uma tentativa de explicar porque a teoria neoclássica não deu certo em determinados países por meio da análise das instituições.

## Direito e Desenvolvimento

Ao tratar do desenvolvimento sob abordagem jurídica, necessário se faz descrever os movimentos jurídicos e escolas que tratam da questão. Há, basicamente três grupos:

O 'Movimento Direito e Desenvolvimento' (Grupo I) surge no contexto histórico do Pós-guerra não só como iniciativas acadêmicas, mas reação à 'ameaça comunista', em que e preconizam sistemas jurídicos 'modernos' com instrumentos de liberalismo, criticando, por sua vez o excessivo formalismo de certas regras, que poderiam não favorecer o crescimento e o desenvolvimento nos países. Outras questões históricas, até mesmo no contexto da Guerra Fria, fizeram o movimento arrefecer: a Guerra do Vietnã e a contestação em torno da intervenção do Estado; o avanço dos direitos humanos; a falta de adequação das normas aos Estados em que se implantavam políticas desenvolvimentistas. Enfim, o movimento perde sua força na década de 70 e Barral[36] explica as razões:

> Em termos de política econômica, algumas das prescrições do Movimento começaram a contrastar com a falência das estratégias de crescimento promovido pelo Estado. Já falhavam as políticas de substituição de importações, e a atenção dos formuladores de políticas começavam a se direcionar para as ineficiências da intervenção estatal na economia. Como conseqüência, o movimento foi declarado falecido nos anos 1970. Num artigo bastante citado, Trubek e Galanter apontaram os vários equívocos cometidos por seus proponentes e indicaram a impossibilidade de continuidade daquele projeto.20 Outras críticas teóricas ao Movimento vieram, a posteriori, da teoria da dependência, para quem as estruturas jurídicas em países mais pobres eram de fato um empecilho para o processo de desenvolvimento, e deveria ser completamente revertida. Sob esta ótica, tal abordagem poderia materializar um "imperialismo jurídico".[37]

Ressalte-se que o movimento criou uma vinculação mais firme entre Direito e desenvolvimento, mesmo que tenha sofrido influências de matizes ideológicos diversos. O 'Movimento Estado de Direito' (Grupo II) surge em outro  momento histórico (queda do muro de Berlim e do império soviético; dissensão da Guerra Fria etc.), no qual se insere também o contexto de globalização financeira[38.] Sucedendo o insucesso do movimento Direito e Desenvolvimento, o movimento Estado de Direito procurava associar os intelectuais que defendiam direitos humanos e os técnicos que preconizavam o consenso de Washington. Barral[39] sintetiza nos seguintes termos:

O Movimento Estado de Direito (Rule of Law), nascido desta conjuntura política, foi resultado de uma aliança intelectual improvável entre os defensores de direitos humanos e os propugnadores do consenso de Washington, na leitura de Trubek.27 Os primeiros viam nas instituições internas, e em seu fortalecimento e modernização, a possibilidade de reforçar as garantias constitucionais, garantir a revisão judicial e a independência do judiciário, de conceder a todos o acesso à justiça, fundamentos instrumentais da defesa dos direitos humanos. Havia, portanto, certas coincidências com os princípios defendidos pelo Consenso de Washington, para quem era urgentemente necessário, nos países em transição para a ordem econômica liberal, garantir os direitos de propriedade, a execução dos contratos e a proteção contra o uso arbitrário do poder governamental e contra o excesso de regulamentação. Estes vários interesses foram empacotados na expressão "boa governança" e reputados importantes para estimular o crescimento econômico e para atrair investimento estrangeiro.

A 'escola desenvolvimentista'(Grupo III) no Brasil compreendeu várias correntes nos anos do pós--guerra até 1964, dividindo-se em neoliberal, cujo expoente era o engenheiro Eugênio Gudin; desenvolvimentismo nacionalista; não-nacionalista; cujos expoentes eram Roberto Simonsen, Roberto Campos e Celso Furtado; antiliberal e socialista.[40]

Bielschowsky[41] descreve como o desenvolvimentismo se caracterizou no Brasil no período 1945-64:

O desenvolvimentismo, conforme o definimos anteriormente, é o 'projeto' de superação do subdesenvolvimento através da industrialização integral, por meio do planejamento e decidido apoio estatal. O conceito de desenvolvimento nos permite definir cinco correntes de pensamento econômico, dentro dos quais pode ser identificada a grande maioria dos economistas e intelectuais que participaram do debate econômico brasileiro dos anos 1945-64.[42]

Percebe-se que no cenário brasileiro, a influência das ideologias políticas no pensamento desenvolvimentista foi mais intensa do que nas escolas estrangeiras, principalmente, a americana. Há uma questão de fundo relevante que, talvez, tenha contribuído bastante para tal situação: o papel de destaque que o Brasil assume na América Latina, não somente em termos políticos, mas também como a mais pujante economia do sub-continente.

## *Teorias do desenvolvimento segundo o Direito e Desenvolvimento*

Para os teóricos do 'Direito e Desenvolvimento' existem algumas abordagens que são seguidas para se almejar o tal desenvolvimento. Com efeito, para esse estudo selecionaram-se apenas duas dessas principais abordagens: a teoria da modernização e a teoria da dependência. Ambas são extremamente úteis para se entender as diferentes estratégias de desenvolvimento empregadas.

### Teoria da Modernização

A Teoria da Modernização tem origens mais em sustentação sociológica do  que no aspecto econômico propriamente dito. Barral[43] explica tais origens pelas teorias que estabelece Max Weber entre o Direito e desenvolvimento:

> Em seu trabalho, Weber foi bastante influenciado pelas teorias da modernização (ou evolucionárias) sobre a ordem jurídica, cujas origens podem ser encontradas até nos escritos de Adam Smith. Nesta visão, o direito se desenvolve ao longo do tempo, interagindo com o desenvolvimento socioeconômico. Assim, os teóricos da modernização propunham que as sociedades evoluiriam em direção a estágios mais altos de desenvolvimento, culminando nas economias industriais.
> Weber explicava este processo histórico da seguinte forma: antes do desenvolvimento de uma ordem jurídica moderna, membros de vários grupos sociais, políticos, técnicos ou religiosos estavam sujeitos a um direito primitivo, que tinha um caráter personalista e que resultava na colisão de jurisdições. O direito moderno, por sua vez, emergia de um sistema jurídico racional fundado em regras formais e universais, aplicadas uniformemente e que transcendiam particularismos. Este sistema fornecia a previsibilidade necessária para o intercâmbio econômico.[44]

Curioso é que Barral ainda ressalta que "Weber nunca afirmou que o direito moderno produz desenvolvimento econômico"[45], ou seja, segundo o autor, Weber teria assentado as bases da racionalidade de um sistema jurídico autônomo de outras áreas que poderia ser bastante útil para "para o desenvolvimento do capitalismo, na medida em que traria previsibilidade e garantias quanto a obrigações, como na execução de contratos."[46].

A Teoria da Modernização é bastante criticada, até mesmo por expoentes do movimento '*Law and Development*', classificando-a como "uma alternativa ao socialismo".[47] David Trubek[48], numa entrevista, critica tal teoria, explicando que há um 'projeto etnocêntrico' por detrás das aspirações e que a citada teoria sofre influência de Talcott Parsons, no sentido de que "seu trabalho foi apropriado pelos esforços que visavam a promover desenvolvimento econômico, administrativo e político nos países em desenvolvimento"[49]. Ele continua criticando o fato de que a ideia seria de copiar as instituições dos países desenvolvidos, reconhecendo que existem países pobres e que algo deve ser feito por isto, contudo, quem irá comandar essa transformação seria a 'modernização'(liberal pró-mercado) operada com o auxílio do Direito e supervisionada por alguém que já é desenvolvido.

## Teoria da Dependência

Há, na teoria da dependência, forte influência da teoria marxista em vários aspectos, bem como, segundo Tamanaha[50] serviu de inspiração para o Direito Internacional do Desenvolvimento.[51] Em termos resumidos, a teoria da dependência não relaciona como causa do subdesenvolvimento e do desenvolvimento de determinado país, fatores de ordem interna, mas sim a sua dependência de toda uma estrutura de dependência derivada do sistema capitalista e dos aspectos históricos, ou seja, há uma relação entre centro e periferia no que se refere ao papel dos países desenvolvidos e subdesenvolvidos.[52]

Em termos técnicos, Tamanaha descreve os pontos críticos tanto da teoria do crescimento quanto da teoria da dependência:

> A teoria da dependência diagnosticou corretamente que as aflições econômicas dos países em desenvolvimento estavam diretamente relacionadas ao legado do colonialismo e à posição desfavorável no sistema de mercado mundial; mas, por outro lado, subestimou claramente os efeitos potencialmente benéficos desse sistema e enganou-se ao negar a importância de fatores internos. A teoria da modernização errou ao ignorar o efeito do sistema mundial e, provavelmente, também incorreu em erro a respeito da expansão de instituições políticas democráticas e liberais – o autoritarismo brando é um rival firmemente entrincheirado. Mas, se essa teoria, em última instância, está certa – a respeito da trajetória do desenvolvimento –, isso é algo que não será conhecido até que várias gerações tenham passado.

## *O que mais sabemos sobre desenvolvimento?*

Os tópicos anteriores estão repletos de tentativas, dentre os diversos autores e abordagens, para tentar explicar o desenvolvimento e apontar seu eventual fracasso. É nítido, que em todos os casos, a influência das mais diversas ideologias na criação de um conceito e na elaboração de estratégias é muito forte, tanto no Brasil como no restante do mundo. Dentre as ideologias, destacam-se: o pensamento liberal, o pensamento marxista, o pensamento intervencionista e o pensamento de livre-mercado. Certamente que a exposição nos tópicos anteriores é propositalmente breve para chegar até este ponto da discussão, destacando, ainda, que existem inúmeros modelos de desenvolvimento econômico que não foram abordados.

Mas afinal, o que é desenvolvimento?

Brue[53] explica que existe uma diferença entre crescimento econômico e desenvolvimento econômico[54], com base nas teorias econômicas de desenvolvimento nos seguintes termos:

> Crescimento econômico é o aumento da produção real de um país (PIB) que ocorre durante determinado período. Ele resulta de (1) maior quantidade de recursos naturais,

> recursos humanos e capital, (2) melhorias da qualidade dos recursos e (3) avanços tecnológicos que impulsionam a produtividade. [...] O desenvolvimento econômico é simplesmente um processo pelo qual uma nação melhora seu padrão de vida durante determinado período[55].

Há certo consenso na economia – visivelmente oriundo de uma perspectiva que considera a evolução histórica de vários países desenvolvidos, com destaque para a Inglaterra – de que o desenvolvimento econômico é alcançado por meio da introdução de novas tecnologias no processo produtivo com vistas a incrementar a produção de bens[56].

Bresser-Pereira[57] define que "desenvolvimento econômico é o processo histórico de acumulação de capital incorporando conhecimento técnico que aumenta o padrão de vida da população"[58], ressaltando que desenvolvimento humano não está incluído em sua análise por está em plano diverso do econômico. Bresser-Pereira indica que o desenvolvimento econômico é historicamente desigual e que, portanto, a utilização de um critério de desenvolvimento humano é moralmente atrativo e puramente normativo, mas não condiz com o significado de desenvolvimento. Essa é uma crítica que o autor faz diretamente a Amartya Sen, autor que possui um conceito mais amplo de desenvolvimento.

Ainda nos dias atuais, o *mainstream* de discussão na economia é a pergunta sobre como aplicar uma teoria do desenvolvimento capaz de promover o desenvolvimento. Pastore[59], ainda em 1967, destacava o fato de que nenhuma teoria econômica por ele estudada é capaz de explicar como uma sociedade se desenvolve; isto porque não se tem clareza em quais são as causas do desenvolvimento. Sua afirmação possui correlação com a afirmação de Kamarck[60] de que até na física os teóricos deixaram de tentar dizer como as coisas irão se desenvolver no futuro, principalmente desde o reconhecimento do princípio da incerteza de Heizenberg.

Kamarck questiona como podem os economistas querer prever todos os acontecimentos econômicos com grau de precisão que eles supõem que os físicos possuem, se nem todas as variáveis são levadas em consideração e que a grande maioria dos modelos desenvolvidos pelos economistas passam a descrever e interpretar a economia, principalmente por meio de categorias abstratas, mas que estariam longe de explicar a economia definitivamente e o desenvolvimento. Nesse sentido, o desenvolvimento aparece muito mais como prospecção do futuro, no sentido daquilo que é esperado como resultado, do que uma relação de método científico verificável que irá trazer invariavelmente determinados resultados.

Com outra lente, Amartya Sen[61] entende que o

termo desenvolvimento não pode ser limitado por uma perspectiva exclusivamente mercadológica, afirmando que um aumento da renda per capita – visto por muitos economistas como único sinal de enriquecimento da nação – é um bom sinal numa determinada sociedade, mas que, no entanto, não é suficiente para abarcar a complexidade do significado de desenvolvimento. O autor defende que desenvolvimento deve ser o aumento das liberdades[62] numa dada sociedade; podendo significar um aumento na participação política de condução do estado pelos cidadãos, o aumento da melhoria da qualidade de vida, uma modificação estrutural da sociedade que permita que o homem não passe fome, acessos iguais ao mercado etc. A liberdade entendida por este autor pode significar inclusive a substituição do trabalho humano por máquinas, desde que isso represente um aumento no ganho de qualidade de fruição da própria vida. Amartya Sen[63] propõe que não se deve utilizar uma visão estritamente mercadológica para se analisar o desenvolvimento, porque um pensamento estritamente econômico é capaz de ignorar liberdades e comprimir parcela da sociedade.

Em sua obra, Amartya Sem defende a importância de se estimular e reforçar a utilização e o desenvolvimento das capacidades de cada indivíduo de forma que isso seja útil, não só para o indivíduo em questão, mas também para a sociedade. Reforça o papel que a democracia possui nesse sentido, entendendo que o diálogo e o aumento da participação do homem na política podem criar condições melhores e melhores escolhas sobre o rumo do desenvolvimento, destacando que isso é um fator para impedir que determinados grupos ou um ditador assumam o controle de tais escolhas.

Ocorre que a maioria das exposições sobre o que significa o desenvolvimento é essencialmente normativa, haja vista, a fraqueza teórica ou a impossibilidade concreta de demonstrações de causa e efeito do desenvolvimento. Como exemplo, tem-se que o próprio Amartya Sen, ao tratar do tema, realiza inúmeras escolhas políticas para definir o que é o desenvolvimento. Amartya Sen está imbuído num sentimento de resgate da importância a ser conferida ao ser humano e aos sistemas democráticos, alinhando-se com o que quer as Nações Unidas[64] nas suas legislações e também se aproximando da linha de defesa dos Direitos Humanos. Ou seja, o tema é tratado por uma perspectiva normativa já preenchida de valores que são próprios dessas instituições. O que não se sabe ao certo é se essas escolhas, por parte de Amartya Sen e por parte das Nações Unidas, por exemplo, são escolhas que as pessoas querem fazer com a finalidade do desenvolvimento. Isto porque o desenvolvimento afeta todas as pessoas de determinado país e sendo o país um ambiente democrático e republicano, fundamental é a definição das escolhas políticas por parte do ente político que deva fazer tais escolhas.

Essa leitura é extensível a todos os modelos econômicos que funcionam muito mais como economia política, querendo estabelecer a escolha de criação de determinadas instituições, do que com a verificação de causas e consequências para o desenvolvimento das escolhas realizadas. Obviamente que tarefa de determinar quais são as aspirações de determinado povo democrático para com o desenvolvimento é muito difícil de ser realizada na prática política atual, por isso que a leitura que se promove nesse ponto é formal, ou seja, considera as aspirações do povo brasileiro aquilo que é objetivo da sua Constituição da República de 1988.

Além disso, boa parte do que se entende como desenvolvimento depende do olhar daquela sociedade que busca conceituá-lo. O desenvolvimento funciona como uma lente, em que, sendo a sociedade uma sociedade de mercado, a lente do desenvolvimento perpassa pela lógica do mercado. Ou seja, as ideologias passam a ter grande importância na determinação do sentido do desenvolvimento. O grande problema disso é aceitar ou refutar as ideologias como determinantes do desenvolvimento sem que haja qualquer demonstração causal para tanto, ainda que tais demonstrações sejam difíceis de obter.

O desenvolvimento envolve a observação de dois pontos: o ponto que representa a atualidade e o ponto futuro que se deseja alcançar. Por isso a importância de se conhecer a sociedade em que se vive e os valores que a mesma carrega. A realização de atos no presente representa aquilo que é esperado como desenvolvimento no futuro. A dificuldade reside em saber quais são os atos que devem ser praticados para se alcançar determinado tipo de desenvolvimento prospectado. Nesse sentido, Amartya Sen[65] parece ter acertado, no que tange a ampliação da escolha dos indivíduos num regime democrático, representando uma ampliação da sua participação política, sendo entendido tal fato já como desenvolvimento – no âmbito político –, quando fala que somente por meio do diálogo e da ampliação da participação democrática que se poderia observar quais seriam os rumos do desenvolvimento econômico e quais seriam as regras do jogo econômico.

Assim, diversos estudiosos vêm buscando estudar quais são os fatores do desenvolvimento dos países modernos, levando em consideração o fato de que eles estão inseridos numa globalização econômica e financeira, considerando a história e inserção internacional, considerando ainda o modelo de produção adotada pelos países e determinado as suas implicações. Isso significa reconhecer que alguns fatores são identificados por diversos economistas como fatores que auxiliam na promoção do desenvolvimento.

## *Por que as Nações fracassam?*

Acemoglu e Robinson[66], buscando explicar porque as nações fracassam no desenvolvimento, ela-
boraram a hipótese de que as instituições políticas
moldam as instituições econômicas, dizendo que
"[...] por mais vitais que sejam as instituições econômicas para determinar o grau de pobreza ou riqueza de dado país, a política e as instituições políticas é que ditam que instituições econômicas o país
terá"[67]. Em sendo as instituições políticas extrativistas, as instituições econômicas teriam tendência
extrativista igualmente. Ou seja, somente por meio
da criação de instituições políticas inclusivas que se
poderiam obter instituições econômicas inclusivas
na mesma ordem. Os autores destacam que deve-se
criar um círculo virtuoso com instituições políticas
inclusivas para criar instituições econômicas inclusivas, destacando que nesse aspecto, o papel do plu-
ralismo político como estratégia de se evitar aglo-
merações que possam prejudicar o funcionamento
das instituições.

Para Acemoglu e Robinson, as instituições políticas inclusivas seriam aquelas que aumentam a
participação popular nas definições da política, já
que "As instituições políticas definem quem são os

detentores de poder na sociedade e para que fins ele pode ser utilizado"[68]. Instituições econômicas inclusivas não significam a implementação da ideologia do livre-mercado, ainda que com ela possua grau de afinidade. Instituições econômicas inclusivas permitem que as pessoas tenham amplo acesso e liberdade suficiente para que escolham o querem fazer da vida de acordo com seus talentos, permitem que os talentos sejam desenvolvidos e criam condições de igualdade no mercado para todas as pessoas[69]. Destacam os citados autores que essas instituições preparam o terreno para dois motores da prosperidade: a tecnologia e a educação. Ambos estariam intimamente ligados, já que a educação prepara o terreno para o surgimento das tecnologias, ou seja, somente por meio do desenvolvimento da educação que se possibilita a criação de competências e habilidades para o trabalho.

Uma distinção interessante feita pelos autores mencionados é de que é possível observar crescimento econômico em economias extrativistas, isso por que, justificam, o extrativista quer que se produza riqueza para logo em seguida extrair, contudo, não observam a possibilidade de avanço tecnológico e a inserção de inovações nesse cenário, limitando a economia a um ciclo vicioso.

Acemoglu e Robinson defendem que a existência de instituições extrativistas faz com que a riqueza daquele país seja extraída preferindo sempre a elite dominante e que isso é o principal fator para obstaculizar a prosperidade da nação. Significando que a escolha da política institucional, ou seja, a escolha das instituições, é

> [...] uma peça-chave em nossa busca de compreender as causas do êxito e do fracasso das nações. Precisamos compreender por que a política de determinadas sociedades produz instituições inclusivas que fomentaram o crescimento econômico, ao passo que a política da vasta maioria das sociedades ao longo da história conduziu, como conduz ainda hoje, as instituições extrativistas que vêm estorvar o crescimento econômico.[70]

Sobre a necessidade de se aumentar a produção tecnológica para afetar o crescimento econômico, Acemoglu e Robinson adotam o conceito desenvolvido por Joseph Schumpeter de destruição criativa para explicar a resistência que tal conceito pode enfrentar com instituições não inclusivas. As destruições criativas seriam a substituição do velho pelo novo, seriam o rompimento de determinado paradigma para a estabilização de outro e isso significa que se cria uma situação onde se estabelece perdedores e vencedores na arena política e econômica. Acemoglu e Robinson destacam que existe um grande receio em sistemas extrativistas da criação de novos mercados e de qualquer processo de destruição criativa, principalmente por meio da inovação, o que poderia levar a um desequilíbrio, tido como indesejável, pelo grupo ou indivíduo que se beneficia do extrativismo, ou seja, o extrativismo criado pelas instituições fornece as armas necessárias para a criação de um sistema onde se busca o *rent seeking*[71] das elites dominantes.

> Não obstante o sucesso e o fracasso de grupos específicos, uma lição está clara: grupos poderosos em geral se opõem ao progresso econômico e aos motores da prosperidade. O crescimento econômico não é apenas um processo de mais e melhores máquinas, e mais gente com acesso a melhor educação, mas é também um processo transformador e desestabilizador, associado à destruição criativa generalizada. O crescimento só avança, pois, se não for bloqueado pelos derrotados na esfera econômica, prevendo o fim de seus privilégios nessa área, e na esfera política, temendo a erosão de seu poder nesse campo.[72]

Os autores mencionados destacam ainda o importante papel que possuem uma economia inclusiva: a ampla concorrência de mercado, os incentivos à inovação tecnologia e à destruição criativa, o amplo combate aos monopólios e aos monopsônios, salvo como estratégia temporal de estimular setores econômicos ou a própria inovação. Inúmeros são exemplos históricos que os autores se reportam para sustentar os problemas que podem ser enfrentados por instituições não inclusivas e avessas à inovação. Separaram-se dois deles com o objetivo de reforçar seus argumentos:

> Um aspecto curioso com relação a novas tecnologias no período romano é que sua criação e difusão parecem ter sido motivadas pelo Estado, o que é bom – pelo menos até o governo chegar à conclusão de que não tem interesse no desenvolvimento tecnológico, algo recorrente em virtude do temor da destruição criativa. O grande escritor romano Plínio, o Velho, conta a seguinte história: durante o reinado de Tibério, um homem inventou um vidro inquebrável e foi até o imperador na expectativa de uma grande recompensa. Demonstrou sua invenção e Tibério perguntou-lhe se ele havia falado sobre aquilo com alguém. Diante da negativa, o imperador ordenou que o levassem de sua presença e o matassem, "para que o ouro não tivesse seu valor reduzido a lama". Há dois elementos interessantes nessa narrativa. Primeiro, o inventor dirigiu-se a Tibério em busca de recompensa, em vez de montar um negócio ou tratar de ganhar dinheiro com a venda do novo material – o que revela o papel do governo no controle da tecnologia. Segundo, Tibério tratou de destruir a inovação devido às consequências adversas que poderia ter sobre a economia. Eis o receio dos efeitos econômicos da destruição criativa.[73]

Em 1583, Willian Lee voltou de seus estudos na Universidade de Cambridge para se tornar pároco local em Calverton, Inglaterra. Elizabeth I (1558-1603) havia recentemente determinado que seus súditos sempre usassem um barrete de tricô. Lee notou que "as tricoteiras eram o único meio de produzir essas peças de vestuário, mas a demora para terminar cada item era demasiado longa. Pus-me a refletir. Observei minha mãe e minhas irmãs sentadas no lusco-fusco do entardecer, às voltas com suas agulhas. Se cada peça era confeccionada por duas agulhas e uma linha de fio, por que não várias agulhas para conduzir o fio?" Esse lampejo marcou o início da produção têxtil. Lee ficou obcecado pela construção de uma máquina que libertasse as pessoas daquele infindável tricotar manual. [...] Por fim, em 1589, sua máquina de tricotar meias ficou pronta. Entusiasmado, ele se dirigiu a Londres, na esperança de conseguir uma audiência com Elizabeth I para mostrar-lhe o quanto a máquina podia ser útil e solicitar uma patente, a fim de impedir a cópia da ideia por terceiros. [...]conseguiu que a Rainha Elizabeth I fosse conhecer a máquina, mas sua reação foi devastadora; não só se recusou a conceder a patente de Lee, como o admoestou: "Quanto atrevimento, Senhor Lee. Considera que tal invenção me poderia causar aos pobres súditos. Decerto lhes traria a ruína ao privá-los de emprego, convertendo-os assim em mendigos." Arrasado, Lee mudou-se para a França, a fim de lá tentar a sua sorte; tendo também ali fracassado, retornou à Inglaterra, onde requisitou a patente a Jaime I [...] sucessor de Elizabeth. Jaime I também recusou, com a mesma justificativa de Elizabeth. Ambos temiam que a mecanização da produção de meias os desestabilizasse politicamente, à medida que deixaria as pessoas sem trabalho, geraria desemprego e instabilidade política, constituindo, em última instância, uma ameaça ao poder real. A máquina de tecer meias era uma inovação que prometia um gigantesco salto na produtividade, mas também muita destruição criativa.[74]

Em ambos os casos, observa-se a atuação do Estado de forma negativa, impedindo a introdução de inovação e destruição criativa com o objetivo de não ver prejudicadas as pessoas representantes do poder, consequentemente impedindo o progresso tecnológico. Esse é um mal identificado na intervenção negativa do Estado no controle das inovações, o mesmo poderia ocorrer no setor de investimentos, onde Estado, por meio da política, deixa de investir em inovação no sentido exposto por receio de exposição negativa ou impactos iniciais na sociedade. Contudo, a presença de instituições econômicas extrativistas também podem ser avessas ao desenvolvimento de tecnologias e inovação sob a mesma premissa, mas com o objetivo de manter o seu poder no mercado, veja o exemplo destacado:

A história da invenção de Papin é outro exemplo de como, sob instituições extrativistas, o risco de destruição criativa impede os avanços tecnológicos. Em 1679, Papin desenvolveu o projeto de um "digestor de vapor" e em 1690 havia chegado a um motor de pistões. Em 17056, usou esse motor rudimentar para construir o primeiro barco a vapor do mundo. Na época, Papin era professor de Matemática na Universidade de Marburg, no estado germânico de Kassel, e resolveu testar o barco descendo o Rio Fulda até o Rio Weser. Qualquer barco que fizesse esse percurso era obrigado a parar na cidade de Münden. Naquele tempo, o tráfego fluvial no Fulda e no Weser era monopólio de uma guilda de barqueiros. Papin deve ter imaginado que poderia enfrentar problemas. [...] Quando seu barco chegou a Münden, a guilda de barqueiros primeiro tentou que um juiz local apreendesse a embarcação, mas sem sucesso. Os barqueiros então cercaram o barco de Papin e o destruíram, junto com o motor a vapor.[75]

A visão de Acemoglu e Robinson parte da matriz intelectual de North, já que ambos analisam a importância das instituições para o desenvolvimento. As críticas realizadas a North podem ser estendidas em parte a Acemoglu e Robinson, principalmente no que tange à questão da modernização institucional. A diferença reside no fato de que Acemoglu e Robinson aplicam e testam as hipóteses de North com uma metodologia mais empírica.

## *Corrida pelo Crescimento*

Uma crítica contundente à hipótese dos autores é realizada por Nayyar, afirmando que "essa não é uma hipótese convincente porque, no livro citado, os autores procuram validá-las com falácias extraídas da história dos países e concluem que essas falácias ad hoc explicam por que as nações tiveram sucesso ou fracassaram."[76] Nayyar alerta que uma visão retrospectiva torna mais fácil contar histórias de acordo com suas expectativas, afirmando que o mais importante seria perguntar o "por que alguns países têm instituições inclusivas enquanto outros tem instituições extrativistas"[77]. Nayyar alerta que as instituições tem papel importante, contudo não fornecem explicações completas, alertando que elas "[...] não devem ser reivindicadas como explicações monocausais"[78] do desenvolvimento. Ainda que reconheça como importante a presença de instituições inclusivas e reconheça que elas podem auxiliar no desenvolvimento, Nayyar não consegue, pela obra de Acemoglu e Robinson, ver como determinante para o desenvolvimento a presença dessas instituições.

Dito de outra forma, não se poderia afirmar que são as instituições inclusivas que promovem o desenvolvimento ou se a sua presença é já fruto do desenvolvimento. Todavia, Nayyar no final de sua obra afirma que "As instituições tanto são uma consequência do desenvolvimento quanto uma causa que os impulsiona"[79], indicando que nos países em desenvolvimento não houve um projeto padronizado de desenvolvimento, tendo sido "um processo iterativo de evolução por meio da aprendizagem na prática"[80].

Tanto Nayyar como Acemoglu e Robinsosn descartam a influência da cultura como fator de desenvolvimento, Nayyar descarta ainda a questão da geografia enquanto fator determinante ao desenvolvimento, apesar de reconhecer como importante, tendo em vistas as vantagens que isso pode proporcionar. Nayyar parte de uma análise histórica do desenvolvimento das economias mundiais, observando que mil anos atrás a Ásia, a África e a América Latina eram responsáveis por mais de 80% da população e da renda mundial, sendo a China e a Índia responsáveis por 50% desses valores, e que o processo de mudança desse cenário são observáveis por volta do início século XVI e meados do século XVIII. Seus estudos revelam que por volta de 1820 a Ásia, a África e a América Latina ainda possuíam 3/4 da população mundial e 2/3 da renda mundial, explicando que o processo de modificação dessa realidade se intensifica a partir de 1820 e sendo já visível em 1950.

Boa parte da sua explicação se dá pela industrialização da Europa Ocidental e os EUA e pela desindustrialização da Ásia. Isso significou que tanto a Europa Ocidental como os EUA passaram a produzir produtos manufaturados enquanto que Ásia, África e América Latina produziam produtos primários de exportação. Isso criaria o que se chama de divisão internacional do trabalho e, para o autor, é a principal causa o desenvolvimento desigual das regiões.

Nayyar destaca que o processo de industrialização tardio dos países em desenvolvimento, principalmente a partir de 1950, com impulso na década de 1970, promoveram mudanças estruturais e institucionais no processo produtivo nacional. Destaca o fato de que o Estado teve papel central na evolução do comércio, das políticas industriais, no desenvolvimento de instituições e no papel de executor de intervenções estratégicas, atuando como catalizador ou líder nesse processo. Nayyar identifica que em vários momentos não foi o mercado o indutor desse processo de industrialização e desenvolvimento, tendo o Estado papel decisivo nesse processo, inclusive tornando competitivas as empresas locais nos mercados internacionais competitivos.

Contudo, Nayyar faz uma leitura pessimista do desenvolvimento econômico da América Latina, indicando que em 2010, essa região tem a mesma importância que possuía em 1870, prospectando que é possível que 2030 tenha os mesmos níveis que teria em 1820. Indica, ainda, que o emparelhamento das economias é desigual dentro das próprias regiões mencionadas, destacando o Brasil e a Argentina como países de destaque da sua região. Nayyar considera importante levar em consideração contextos econômicos, sociais e políticos, bem como da história, para a determinação de um processo complexo de desenvolvimento, destacando situações em comum entre os 'Próximos quatorze' países em desenvolvimento em posição de destaque[81], entre eles o Brasil, que considera essencial para o emparelhamento com os países desenvolvidos: condições iniciais, instituições facilitadoras e o papel dos governos. Destaca a necessidade que os países em desenvolvimento têm de fazer em educação com vistas a aumentar a capacidade do trabalhador de produzir produtos mais complexos e com maior valor adicionado, lembrando que os países em desenvolvimento tem como vantagem uma grande população que pode ser útil nesse processo, inclusive de diversificação de produtos. Nayyar entende também que o papel dos governos como catalizadores ou líderes do processo de desenvolvimento das instituições é crucial.

Apesar desse importante papel dos governos, Nayyar entende que a democracia que fazem os governos responderem ao interesse do povo e o impedimento da corrupção são desejáveis, mas não absolutamente necessários para que o governo cumpra seu papel. Entretanto, a experiência indica que os países em desenvolvimento que estão mais próximos do emparelhamento, entre eles o Brasil, enfrentam ou regimes autoritários ou corrupção disseminada, sendo mais comuns ao grupo dos quatorze mencionados por Nayyar. O grande desafio para este autor seria a capacidade de criar mecanismos de controle que imponham disciplina ao comportamento econômico, não somente de empresas e indivíduos, mas também do Estado, minimizando assim as falhas de mercado e as falhas do governo. Especificamente sobre o desenvolvimento leciona o seguinte:

> O desenvolvimento é uma questão de criar capacidades de produção nas economias e de assegurar o bem-estar da população dos países. As condições iniciais, as instituições facilitadoras e os governos incentivadores são necessários para dar a partida na industrialização, que transforma as capacidades nas esferas de produção e da tecnologia. Mas podem não ser suficientes para sustentar o crescimento econômico a longo prazo e transformá-lo num desenvolvimento significativo, caso ele não melhore as condições de vida da população. Na busca do desenvolvimento, a erradicação da pobreza, a criação de empregos e o crescimento inclusivo são imperativos. Por um lado, compõem os objetivos essenciais do desenvolvimento; por outro, são instrumentais como os meios primários para promover o desenvolvimento. Esse é o único caminho susten-

> tável de avanço para os países em desenvolvimento, pois lhe permite mobilizar seu recurso mais abundante – as pessoas – com o propósito de se desenvolver, e reforça o processo de crescimento através de causação cumulativa. Portanto, esses países devem esforçar-se por combinar crescimento econômico, desenvolvimento humano e progresso social.[82]

O autor mencionado acima reconhece, com base principalmente em análises históricas, a importância de se mesclar estratégias que envolvem a participação do mercado, considerando sua vantagem alocativa, com o a intervenção do Estado, principalmente nos setores onde não se observa vantagem oriunda do mercado.

## O Estado empreendedor

Com relação ao papel do Estado, Mazzucato[83] defende que o Estado possui um papel que vai além da atuação nas simples falhas de mercado, ela sustenta que o Estado deve assumir o risco de investir, destacando principalmente o papel da inovação. A autora mencionada destaca que inúmeras tecnologias foram desenvolvidas com o apoio estatal em diversos países do mundo, revelando um capítulo do seu trabalho para falar da 'Apple', famosa empresa de tecnologia Norte-americana que revolucionou o mercado, expondo que todas as tecnologias da empresa foram desenvolvidas com dinheiro estatal.

A pesquisa de Mazzucato é imprescindível para revelar o quão importante pode ser o papel do Estado caso tenha coragem de assumir riscos. A autora vai além do papel do Estado de criar condições para que o mercado se desenvolva – as tais instituições formais –, ela defende que o Estado tem de intervir na economia, principalmente na inovação, pelo simples fato de que o processo de inovação é muito caro, ainda mais no seu início, e que os retornos esperados podem não ser dos mais vantajosos para o capital privado, afastando esse como investidor nesse setor que considera fundamental. Isso faria com que o Estado fosse o único capaz de investir em inovação sem a preocupação de retornos imediatos, fazendo com que os retornos ao longo do tempo sejam muito maiores. Para demonstrar seu argumento a autora cita inúmeros casos de investimento Estatal na inovação, indicando que os retornos foram enormes para as economias dos países, como no caso emblemático da Apple.

Duas questões importantes são enfrentadas por Mazzucato merecem destaque:

(1) quando o investimento estatal impede o investimento do capital privado, hipótese de *crowding out*[84], e (2) quando o relacionamento entre os agentes do Estado e os agentes privados colocam os

objetivos do Estado em posição secundária criando condições favoráveis para a apropriação de receitas estatais ou sistemas de *rent seeking*. No primeiro caso, a autora indica que o Estado deve atuar em investimentos, não onde o capital privado não atua, mas naqueles projetos que possuem maior potencial inovador e sem se preocupar em afetar as estruturas do mercado. Além disso, aponta que ao correr riscos o Estado costuma atrair o capital privados para os investimentos que antes não lhes aparentavam interessantes. Sua argumentação é voltada para a necessidade do Estado saber assumir riscos no setor da inovação, entendendo que se trata de um processo longo e de muitas tentativas com acertos e erros.

No segundo caso, Mazzucato afirma que o Estado tem de se sobrepor sobre o setor privado, não permitindo que a ideologia de mercado se sobreponha a necessidade estatal de atuar no mercado. Indica que se trata de um risco os agentes do Estado se submeterem ao setor privado, para tanto, reconhece que incentivos e sistemas de controle devem ser fornecidos ao setor público para diminuir esse tipo de situação. Um fato curioso é que a autora aponta o BNDES como uma instituição de referência de atuação estatal, indicando que essa empresa pública foi capaz de obter grandes retornos financeiros para o Estado, retornos que foram prontamente investidos em saúde e educação, durante uma gestão que apostou na inovação. Quanto a tal fato, remetemos o leitor ao capítulo 4 do presente trabalho, onde fica evidenciado que as coisas não aconteceram exatamente como parece supor a referida autora. Contudo, seu trabalho é importante por constatar a importância do Estado na inovação e da importância da inovação para o desenvolvimento das nações.

## Complexidade Econômica

Sobre o papel do Estado na inovação, partindo de uma análise estruturalista, Gala[85] defende que não existe possibilidade de nenhum país se desenvolver sem que se tenha criado uma complexa rede produtiva diversificada, com produção de bens manufaturados mais complexos. Países complexos economicamente seriam aqueles que possuem a capacidade de produzir bens não ubíquos e diversificados na sua pauta exportadora. Os bens não ubíquos são aqueles que possuem alto conteúdo tecnológico agregado, sendo de difícil produção, como os aviões, e aqueles encontrados na natureza que são extremamente escassos, como diamantes, bens com ubiquidade natural. Ou seja, seria desenvolvido o país que apresenta a produção de bens ubíquos e diversificados na sua pauta exportadora. Destaca o autor que essa ubiquidade dos bens possui um efeito temporal, explicando que uma moto em 1980 seria mais difícil de ser produzida do que nos dias atuais, significando a perda de complexidade. Gala argumenta não se deve buscar especialização produtiva do país para evitar efeitos de desindustrialização e 'doença holandesa'[86], efeitos observados em países que se especializaram e sofreram com a perda do valor desses bens no mercado internacional.

Gala aponta que os países se desenvolvem quando aumentam a sua rede produtiva, sofisticando-a e que isso traz retornos crescentes para a economia, além de estimular redes produtivas locais. As redes produtivas locais "[...] não 'viajam bem'. Portanto, são locais e se instalam em determinados países."[87]. As redes produtivas locais seriam fruto de um processo de industrialização sofisticado voltado para a produção de bens complexos, envolvendo os conhecimentos adquiridos para produção, até os estímulos institucionais (como aparato legal para a atividade industrial e etc.). Para Gala, o desenvolvimento dessas redes passa pela construção e estímulo de industrialização mais sofisticada e complexa.

O autor argumenta que essa diversificação tem efeito positivo na sociedade por conta de efeito *spill over*[88] que a industrialização promove. Por exemplo: a construção de um bem complexo envolve não uma economia especializada, mas diversas empresas especializadas em várias etapas produtivas, isso faria com que cada processo produtivo especializado seja mais avançado e faz também com que um produto envolva diversas empresas na cadeia produtiva. O estimulo a continuidade desse sistema se dá pelo retorno crescente de cada atividade, o que criaria um caminho (*path dependent*) para o desenvolvimento.

Gala, utilizando uma extensa lista de países e comparando a capacidade produtiva dos mesmos, observa que não encontra nenhum país desenvolvido que não tenha diversificado sua produção e não tenha produzido bens mais complexos. Analisando os países que deram um salto produtivo, como Japão, China, Indonésia (em menor escala) e Coréia do Sul, constatou que todos eles passaram a produzir produtos mais complexos e diversificados e que esse é o caminho para o desenvolvimento econômico. O autor destaca o papel do Estado nesse cenário como organizador ou como líder, contudo, ressalvando que "Por um lado, há o risco de uma proximidade excessiva entre burocratas e empresários, dando margem à 'captura' do Estado, com processos de corrupção e *rent-seeking* que desvirtuam a coordenação realizada pela política industrial."[89]

Gala, ao final, conceitua desenvolvimento econômico como "[..] um processo estrutural de plena utilização de todos os recursos domésticos capazes de levar, de maneira sustentável, a economia à máxima taxa de acumulação de capital e incorporação de progresso técnico"[90], todavia, salienta para a importância do Estado de coordenar e atuar onde o mercado não atua bem, lembrando que esse processo de desenvolvimento não pode ser analisado sem que se considere a um contexto globalizado, indicando que o desenvolvimento então passa a requer uma estratégia que

> [...] capture oportunidades globais, economias de larga escala e múltiplas fontes de aprendizado tecnológico, redução de barreiras para inovação decorrentes de regimes de propriedade intelectual excessivamente rígidos, estabilidade financeira e oportunidade de investimentos privados.[91]

Gala critica a visão neoinstitucionalista de North e Acemoglu de que a criação de uma matriz institucional de inspiração neoliberal seria suficiente. Gala aponta que essa estratégia de se criar uma comunidade internacional com instituições sociais neoliberais seriam utilizada pelos países que já alcançaram o desenvolvimento e que esses se beneficiariam de tais instituições para impor seus mercados nos países em desenvolvimento[92].

## Por que a desigualdade importa?

Um argumento simples do motivo pelo qual a desigualdade importa seria observar a importância dada pela Constituição da República de 1988. Significando dizer que esta é preocupação político-

-constitucional e que, em tese, representa a vontade da comunidade política de enfrentar tal problema. Contudo, esse argumento não esclarece o problema que a desigualdade promove ou pode promover no tecido social.

A desigualdade é uma medida entre dois elementos comparáveis[93], contudo a desigualdade pode ser analisada como medida absoluta ou relativa. Diz-se que a desigualdade é absoluta quando se mede a diferença entre os elementos (subtração), como \$4 – \$1 = 3. Já a desigualdade relativa mede a razão (divisão) entre os elementos, como \$4 ÷ \$1 = \$4. É possível afirmar que haverá desigualdade absoluta quando $a - b \neq 0$ e haverá desigualdade relativa quando $a \div b \neq 1$. Isso implica uma diferença na análise de resultados de medidas diferentes, por exemplo, ao se multiplicar os números dos exemplos antecedentes por 3, tornando $a = \$12$ e $b = \$3$, teremos uma medida absoluta maior do que a anterior (\$12 – \$3 = 9) e a medida relativa (\$12 ÷ 3 = 4) manteve a mesma relação, o que significa dizer que a desigualdade absoluta aumentou enquanto que a relativa se manteve estável.[94]

Considerando que a busca pela redução das desigualdades caminha sempre no sentido da igualdade, Amartya Sen[95], faz duas perguntas: 'Igualdade de quê? E por que igualdade?'. O autor identifica que existem muitas variáveis sobre a hipótese de igualdade, considerando características externas (como a riqueza, renda, poder de compra, ambiente social, herança) e internas (como bem estar, saúde, idade, sexo, habilidade físicas e mentais). Isso porque existe uma enorme variedade humana e a busca por determinada igualdade pode acabar por desequilibrar outra não considerada, significando que há divergências no que precisa ser equalizado. Ou seja, ao responder por que determinada igualdade importa, pode-se estar relegando outros atributos que não estão sendo considerados.

Uma leitura inversa permite questionar 'desigualdade de que?' se está buscando responder. Uma medida de desigualdade é julgada utilizando como comparação determinados aspectos da pessoa, como riqueza, renda, direitos, felicidade, bem estar, liberdade, oportunidades e necessidades. Alguns desses aspectos, pela sua carga excessivamente subjetiva, são de difícil mensuração e comparação, como a felicidade e o bem estar.

Deaton[96], ao tratar da desigualdade, busca responder se ela é importante ou não, se ela é benéfica ou não para a sociedade, se a mesma é necessária para que se criem estímulos dentro de um sistema de competição, facilitando o progresso, ou se a sociedade se beneficia de regras e instituições que permitem aprofundamento da desigualdade, buscando verificar os efeitos que as desigualdades acometem no seio social. O autor, ao pensar no bem estar das pessoas em determinada nação, relaciona a riqueza produzida e distribuída com a saúde e longevidade de sua população para determinar o seu desenvolvimento.

O bem estar da sociedade em geral é uma busca que se fundamenta na sua própria existência, é atributo político de tal sociedade da mesma forma. Por tal motivo, existem autores com uma visão bastante pragmática da desigualdade, vinculando a constatação da desigualdade ao modelo de desenvolvimento adotado. Entre eles Atkinson[97], que considera que determinadas diferenças na sociedade podem possuir certa utilidade em relação ao sistema de recompensas econômicas, o que se justificaria, mas critica ferrenhamente algumas características que a desigualdade pode possuir.

Uma dessas características diz respeito à desigualdade de oportunidades e de resultados. Premissa básica identificada por Atkinson[98] como parte de uma grande retórica econômica é a questão da busca por igualdade de oportunidades. Num sentido formal, bastaria que se assegurasse, por meio do direito, ao mesmo tratamento igualitário para todos os cidadãos que se assegurariam oportunidades para todos, dependendo somente do esforço individual de cada um.

Atkinson[99] rebate tal ideia afirmando que tal premissa é ilusória, haja vista que as circunstâncias de cada um são extremamente diferentes e que tal igualdade de oportunidades pode fazer sentido quando se parte de uma situação hipotética no qual todos os agentes se encontram definitivamente com as mesmas condições. A partir dessa primeira rodada geracional, diferenças seriam geradas, premiando os esforços dos seus competidores, contudo, a partir da segunda rodada, alguns competidores já estariam em larga vantagem para competir em relação aos outros, dado ao sucesso da geração anterior.

O autor sustenta que a desigualdade de resultados é importante exatamente por esse ponto, pois, ela afeta a estrutura de oportunidades da geração seguinte. Além do mais, a desigualdade de resultados acaba por impedir a criação de um sistema de oportunidades que considere uma melhor acomodação social das diferentes capacidades das pessoas ou impeça o desenvolvimento dessas capacidades, prejudicando o próprio desenvolvimento da nação. Essa é uma leitura claramente influenciada por Amartya Sen[100].

Um exercício que pode ilustrar essa estrutura é a Urna de Polya: suponhamos que existam 50 bolinhas vermelhas e 50 bolinhas azuis numa mesma urna, e que toda bolinha retirada aleatoriamente é devolvida à urna acrescida de mais uma bolinha da mesma cor; por uma questão de probabilidade, ao se retirar a primeira bolinha azul, isso aumentaria a quantidade de bolinhas azuis, aumentando a possibilidade de a cor azul ser sorteada. Se as bolinhas azuis forem mais vezes sorteadas, isso fará com que, ao final do exercício, fiquem mais bolinhas azuis do que vermelhas, aumentando gradativamente a probabilidade de se sortear mais bolinhas azuis.

Tradicionalmente a discussão em torno da desigualdade econômica assume três feições: desigualdade de riqueza, desigualdade de renda e desigualdade de consumo. A desigualdade de riqueza diz respeito à diferença ou relação dos bens entre as pessoas, a desigualdade de renda diz respeito à diferença ou relação dos rendimentos entre as pessoas e a desigualdade de consumo diz respeito à diferença ou relação entre o poder de consumo que as pessoas possuem. Essa última desigualdade considera o poder de compra da moeda para que as pessoas tenham acesso ao consumo de bens na sociedade. A desigualdade de oportunidades e resultados tem bastante ligação com o estudo da desigualdade de riqueza[101].

É por meio dos rendimentos econômicos que as pessoas conseguem consumir e viver, sendo, portanto, importante medida das possibilidades econômicas dos indivíduos. As evidências no mundo, reveladas em trabalhos como o de Piketty[102] e de

Medeiros[103] no Brasil, indicam que a principal fonte de renda, tanto dos pobres como dos ricos, é oriunda do trabalho. Tal evidência revela uma estrutura do trabalho extremamente desigual em termos de renda.

Outras evidências observadas por Piketty[104] e Atkinson[105] é a de que a tributação da renda de diversos países revela seu sentido regressivo ao invés de progressivo, significando dizer que quanto maior a renda menos se paga tributo. Tal ocorreria por conta da não tributação de rendas oriundas da divisão de lucros. Existe ainda outra explicação quanto ao efeito da tributação ser desigual no que diz respeito à utilidade da própria renda. A explicação é fornecida por Piketty[106]. Esse autor, baseando suas observações em evidências, explica que o impacto do aumento relativo de renda dos ricos é muito menor do que o dos pobres, isso porque um aumento real na renda dos ricos impacta muito pouco na sua subsistência e consumo, enquanto que, para os mais pobres, esse impacto é muito maior.

Em enorme levantamento de dados estatísticos, o autor descobre que o aumento da renda é muito maior nos estratos superiores da sociedade do que nos estratos inferiores, significando que a organização social de alguma forma passa a criar uma economia que cria essa desigualdade e que a perpetua pelos próprios institutos existentes, sobretudos os formais (jurídicos). Medeiros[107] chega à conclusão semelhante em sua pesquisa sobre o Brasil.

Stiglitz[108] destaca que estudos no mundo inteiro revelam que a desigualdade econômica é fruto da diferença entre as rendas do trabalho e que a desigualdade de oportunidade é parte do ciclo vicioso da desigualdade de resultados. Com o aumento da renda do trabalho sendo superior nos estratos dos 10% mais ricos da sociedade, considerando a depreciação da moeda ao longo do tempo e o aumento relativo dos bens e serviços – seja por conta da adaptação a essa depreciação monetária, seja por motivo referente à relação entre os bens no mercado e a demanda –, com o aumento reduzido da renda dos 90% da sociedade (se comparado com os mais ricos), é possível vislumbrar o motivo pelo qual o rico fica mais rico e o pobre fica mais pobre.

Esse ciclo vicioso da desigualdade afeta diretamente a possibilidade de aproveitamento do desenvolvimento das capacidades por parte das pessoas que se encontram nos estratos inferiores. Os efeitos da escassez[109] de recursos podem ser utilizados para explicar a impossibilidade de se observar uma saída desse ciclo vicioso de desigualdade de oportunidades, com enfoque numa renda incapaz de permitir avanços e desenvolvimento de capacidades.

O problema da desigualdade concerne no seu

agravamento, perpetuação e interferência na qualidade da vida social. As maiores consequências da desigualdade, segundo Stligtz[110], são o aumento relativo da riqueza dos mais ricos com o consequente empobrecimento dos mais pobres, a dilaceração da classe média e o aumento da pobreza. Suas causas seriam a interferência política na desigualdade e a existência de instituições que criam mecanismos econômicos que favorecem os problemas da desigualdade[111]. Para Stiglitz, é necessário combater a desigualdade por meio de uma estabilização macroeconômica (política pública) que leve em consideração a proteção social, a regulação industrial, a pesquisa, investimentos em infraestrutura e educação pública.

Dessa forma, os cidadãos seriam protegidos num sentido coletivo, aproveitando uma boa infraestrutura que estimula a todos, sem desestimular a produção industrial que aproveitaria dessa infraestrutura, da educação pública e das pesquisas para se desenvolver. O mencionado autor critica as políticas públicas que não são voltadas para combater as falhas de mercado, permitindo que o sistema de recompensas pelo esforço seja prejudicado e prejudicando o sistema de oportunidades (ferindo principalmente a possibilidade de ascensão social).

Alerta, ainda, para a ausência de proteção quanto ao risco de desemprego, e que a ausência de uma rede de proteção social cria o mercado que atua sobre o risco. Uma grande preocupação do autor é sobre a existência de instituições que proporcionem o *rent seeking*, aumentando a riqueza de determinada categoria social e criando privilégios, esses seriam consequências de um ciclo vicioso da desigualdade[112].

Stiglitz[113] argumenta que a desigualdade representa um sério risco à democracia e à coesão social. Ele destaca que o sistema democrático vive por meio de elementos que são necessários pra manter esse sistema: cooperação, confiança, capital social e senso de justiça no funcionamento da sociedade e da economia. Argumenta que, quando existe falha no sistema político para criar ou assegurar essas condições, a coesão social se perde e o aumento da desigualdade é observado. Isso ocorreria principalmente quando se substitui a criação de instituições por motivações políticas pela criação de instituições com viés econômico, exemplificando que 1 voto por pessoa passa a ser substituído por 1$ por pessoa. O efeito seria retirar o poder político democrático.

A importância do dinheiro na participação democrática , além de corromper o significado social de democracia, faz com que o exercício da mesma seja um grande jogo de interesses particulares, em especial do mercado, fazendo com que os interesses públicos sejam postos de lado. Os interesses dos portadores de dinheiro suficiente para influenciar o jogo político é manter um sistema político e econômico que lhes sejam favoráveis, principalmente ao seu contínuo enriquecimento e manutenção de elevada posição social (privilégios).

## Considerações parciais

O que se consegue observar no texto constitucional é que a República brasileira cria como referencial uma espécie de estado de bem estar social (*Welfare State*). Solomon[114] leciona que o bem estar social está comumente associado ao raciocínio utilitarista teleológico consequencialista. Em síntese, significaria dizer que para se alcançar o bem estar social, deve-se utilizar da economia para trabalhar a questão da distribuição utilitária dos bens, promovendo a maior quantidade de bem estar possível.

A oposição de tal ideia seria um estado de equidade (*fairness state*), onde tal proposição seria associada a uma noção de justiça. Resumidamente, equidade aqui estaria associada a princípios éticos de ordem não utilitaristas, compreendendo noções de, por exemplo, certo e errado, justo e injusto, virtude e não virtude. A crítica que Solomon[115] faz ao *welfarism* é de que essa abordagem utilitarista e consequencialista não podem moldar o sentido de uma razão pública legal. A consequência de se utilizar o raciocínio utilitarista e consequencialista seria forjar políticas públicas exclusivamente preocupadas com questões econômicas e talvez dissociadas de razões públicas diversas.

Dos autores mencionados no capítulo, extrai-se que o bem objetivado pelo desenvolvimento da sociedade é o seu bem estar, fato que não é novidade na filosofia política.

Idealmente, o produto do trabalho de hoje é utilizado para o desenvolvimento da sociedade no futuro. Logo, aquilo que é praticado no mercado de hoje deve moldar a sociedade futura e a qualidade da sociedade é determinada pelos investimentos realizados no passado. O desenvolvimento da própria sociedade e aquilo que se espera que ela se torne pode ser observado com base nos investimentos que são realizados. Obviamente que aquilo que se espera que ela se torne, ou, o discurso daquilo que ela deve perseguir para se tornar, soa deveras normativo. Tal normatividade não é fútil ou inútil, podendo servir de guia para aquilo que se quer alcançar.

O desenvolvimento, num primeiro momento, possui natureza teleológica, indicando uma finalidade a ser alcançada. Com isso, não há um desenvolvimento certo ou errado, bom ou ruim, justo ou injusto. Contudo, quando se adiciona ao conceito de desenvolvimento uma perspectiva normativa, ele passa a contar com normas de natureza deôntica. A diferença é que, nesse caso, ele ganha conteúdo de pretensão de validade binária e abrangente que obriga seus destinatários a preencherem certas expectativas e a se comportarem de acordo com ele.

Com as normas deônticas surgem às perspectivas certas ou erradas, justas ou injustas. O conceito de desenvolvimento ganha, então, um grau de profundidade que dificulta as escolhas de ações para o futuro. Com as normas é possível obter uma resposta daquilo que deve ser feito, ao passo que, com os valores, apenas se pode recomendar um comportamento.[116]

Isso significa dizer que o conceito de desenvolvimento é finalístico, carregando as esperanças e expectativas da comunidade política, contudo, é ainda delimitado pela história e pelo conhecimento acumulado ao longo dos anos. A delimitação histórica implica as observações do cenário político e econômico de determinada era e na possibilidade que se possui de extrair resultados pragmáticos como lições úteis, como por exemplo: a observação do fenômeno da globalização econômica e da intensa competição entre as nações no plano internacional.

Portanto, uma análise que leva em consideração o desenvolvimento das nações por meio da complexidade da cadeia produtiva do país e da não ubiquidade dos bens é útil para o momento histórico em que se vive, sem, contudo, ignorar que tais bens devem possuir preços competitivos, sob o risco de serem substituídos. Ainda assim, isso não define o que é desenvolvimento completamente. Além de finalístico, o desenvolvimento é preenchido por inúmeras cargas valorativas, como é o caso da importância de se combater a pobreza e reduzir a desigualdade.

Observe que a Constituição da República de 1988 fala em erradicar a pobreza, mas não em erradicar a desigualdade, apenas de reduzi-la, o que parece estar de acordo com as inúmeras preocupações e destaques realizados no capítulo. A desigualdade, ainda que pequena, seria utilizada no sistema econômico como forma de incentivo aos agentes e, ao que parece, para premiar o esforço. O ideal, conforme destacam vários dos autores discutidos no capítulo, seria de se criar um sistema econômico que não perpetuasse a desigualdade e ao mesmo tempo incentivasse a inovação e o progresso da nação.

Destaca-se que essa argumentação é feita sob a luz do sistema de crenças presentes na Constituição da República brasileira de 1988. O que não significa dizer que esse sistema de crenças é o fim da história para a República brasileira, mas é o sistema de crenças que coordena os atos praticados na sua vigência, ao menos deveria....

A inovação é identificada por muitos como necessária ao progresso econômico e consequentemente ao desenvolvimento. O desenvolvimento econômico serve ao desenvolvimento da sociedade, portanto, não se pode ser reducionista ao ponto de achar que somente o desenvolvimento econômico importa e que efeitos do estilo *spill over* seriam presumidos nesse processo. Absolutamente tudo importa. Lembrando que desenvolvimento econômico do Estado tem haver com o aumento das suas capacidades produtivas, onde o incremento tecnológico ganha papel de destaque.

Criar um sistema desigual tem se mostrado negativo nas pesquisas realizadas no mundo. Países como Noruega e Dinamarca tem sidos apontados como países com que possuem baixa desigualdade social e uma cadeia produtiva sofisticada com a produção de produtos complexos. Gala[117] aponta em levantamento que os países com alto grau de complexidade econômica possuem desigualdade baixa e explica tais efeitos tendo em vista que a criação de uma economia complexa e não especializada levaria à contínua inclusão de pessoas no processo produtivo. Nesse sentido, uma boa estratégia de se estimular o crescimento econômico, aumentando o número de players no mercado (inclusão), seria por meio da criação de uma rede produtiva complexa de bens não ubíquos e competitivos.

O combate à desigualdade importa para o sucesso do desenvolvimento social, para a manutenção da coesão social e para uma boa saúde da democracia. A desigualdade adiciona conteúdo normativo ao desenvolvimento, limitando um pensamento que desconsidere a qualidade de vida e bem estar das pessoas. O desenvolvimento tem no homem a sua mola propulsora e a sua finalidade. Todavia, ao se pensar desenvolvimento econômico, não se está pensando no desenvolvimento visto como um direito humano. Está se pensando puramente no propósito de progresso do Estado e como isso pode acontecer. É justamente uma visão ampla de desenvolvimento que considera o homem como meio e resultado do desenvolvimento econômico que  adiciona esse sentido ao termo.

A Agenda 2030 das Nações Unidas é bastante esperançosa numa mudança do cenário político para um curto prazo de quinze anos (2015-2030). São objetivos bastantes atraentes do ponto de vista moral para muitas pessoas. Resta saber se isso será possível de se concretizar. O que se observa na resolução é que o emprego e o trabalho são centrais em na sua política de desenvolvimento. A questão é que, com o avanço tecnológico, os empregos tendem a se modificar e a produção de bens em geral passa a ser basicamente sem a utilização de mão de obra humana, o que significa dizer que ou as Nações Unidas consideram tal fato como um futuro ainda distante ou ela entende que o momento histórico atual ainda não ultrapassou problemas mais básicos da sociedade global e espera promover sistemas sociais mais solidários e com menos desigualdade enquanto aspira por objetivos maiores. Até porque, em algum momento, o contínuo incentivo à inovação pode levar a descobertas que rompam com o status quo produtivo da sociedade e promovam uma reformulação social, o que sempre é mal visto por  alguns grupos políticos e econômicos por afetarem a sua preponderância e estabilidade.

Muitos autores apostam numa disseminação da riqueza para superar as desigualdades, representando concretamente mais apoio aos menores agentes do mercado, como micro, pequeno e médios empreendimentos, em detrimento dos grandes empreendimentos. Mazzucato[118] alerta para o fato de que isso pode, eventualmente até melhorar a situação da distribuição desigual dos recursos e melhorar a questão das oportunidades. Ressalta, contudo, que tal estratégia pode vir a impedir que investimentos sejam destinados à inovação, tornando o desenvolvimento fadado ao insucesso. Inovação entendida por ela como necessário ao desenvolvimento econômico.

Gala[119] e Mazzucato[120] destacam que a criação de 'campeões nacionais' pode ser útil ao sistema de desenvolvimento econômico, haja vista que os retornos crescentes são maiores nas empresas de grande porte e que os efeitos de *spill over*, visto como positivos, são esperados na cadeia produtiva. A questão é que os pequenos também são importantes como forma de fazer com que 'todas as flores do campo desabrochem' e o fato apontado sobre a desigualdade revela que a mesma está mais ligada a fatores estruturais das instituições do que da destinação eficiente dos recursos do desenvolvimento econômico.

De alguma forma o desenvolvimento é também a possibilidade de se repensar o funcionamento da sociedade. Essa é a sua maior característica transformadora. Com o avanço tecnológico, é bem possível que o homem se liberte de trabalhos que hoje são essenciais, o que não significa dizer que o homem deixará de trabalhar. Isso e outros atributos da própria cidadania dependem de como a comunidade política é capaz de articular os seus interesses e de defini-los.

As diversas abordagens de desenvolvimento observadas mostram que as instituições são importantes; que o Estado pode se beneficiar, no plano internacional de uma rede produtiva complexa e da produção de bens não ubíquos; que o ambiente industrial deve ser aberto as inovações e esta tem de ser protegida e prioridade do Estado na economia; que o desenvolvimento tem de ser inclusivo, aumentando a participação da sociedade nesse processo e aproveitando, no caso, brasileiro, de uma enorme população; que uma educação técnica voltada para a produtividade é desejável; que devem ser afastadas quaisquer medidas de se estabelecer extrativismos econômicos ou políticos, evitando a manutenção ou surgimento de efeitos tipo *rent seeking*; que o Estado tem um papel importante no desenvolvimento, seja como líder ou coordenador, mas também pode ser prejudicial se não houver comprometimento com objetivos públicos, se sufocar a atividade privada ou se buscar se prevalecer sobre todos os outros agentes, ou seja, equilíbrio entre as vantagens do mercado e do Estado são desejáveis; que a existência da desigualdade tende a desestabilizar o sistema social e que diminui-la tende a aumentar o crescimento econômico.

Por conta da falta de clareza do que é desenvolvimento, muitas ideologias passam a disputar o seu significado, o mesmo ocorre com o sentido ou importância do desenvolvimento. Isso é inevitável ao desenvolvimento. O importante é reconhecer os desejos políticos da sociedade. Em sendo tais interesses os mesmos contidos na sua carta magna, inegável que o desenvolvimento assuma o interesse em ver extirpada a pobreza e a reduzida a desigualdade.

O desenvolvimento possui uma elasticidade semântica muito grande, o que dificulta a criação de um conceito que explique o que é ser desenvolvido e o que não é. Tudo dependerá dos critérios escolhidos para se observar o que (não) é ser desenvolvido. Com isso, o conceito voltado para comparar as nações, suas capacidades produtivas, sua riqueza e o bem estar social de determinada sociedade é util. Não existe um conceito eterno para o desenvolvimento, sendo modificado de acordo com a própria sociedade.

De que forma se pode garantir que determinados resultados desenvolvimentistas esperados serão atingidos sem prejudicar a economia do país? Primeiro observando os recentes estudos sobre os temas, verificando, preferencialmente os resultados que possam ser medidos – com isso quer-se dizer que se devem afastar proposições puramente ideológicas e fruto de crenças – e segundo utilizando os dados estatísticos disponíveis para analisar a melhor estratégia de cumprimento dos objetivos do Estado. Isso não quer dizer que se afastam as ideologias, mas, possivelmente, seria capaz de afastar as crenças em sistemas que não possuem uma comprovação dos resultados. Não se quer dizer que não existiram ideologias, mas apenas que devem ser afastadas aquelas que não oferecerem comprovação de resultados minimamente.

O BNDES se insere nesse ambiente normativo de esperança constitucional de se criar um país menos desigual e mais inclusivo, ao mesmo tempo em que promove desenvolvimento econômico. Na execução de uma política desenvolvimentista, o principal instrumento que o Estado brasileiro adota é o fomento público[121], que no caso do BNDES, estudado nos próximos capítulos, ocorre por meio do fomento creditício[122].

## NOTAS

1	BRASIL, 1891, art. 35, 2º.
2	BRASIL, 1934.
3	BRASIL, 1946, art. 205, §2º.
4	BRASIL, 1967, art.65, §6º.
5	BRASIL, 1988, art. 170.
6	BRASIL, 1988, art. 170, VII.
7	BRASIL, 1988, art.192.
8	BRASIL, 1988, art. 193.
9	Artigo 55. Com o fim de criar condições de estabilidade e bem estar, necessárias às relações pacíficas e amistosas entre as Nações, baseadas no respeito ao princípio da igualdade de direitos e da autodeterminação dos povos, as Nações Unidas favorecerão: níveis mais altos de vida, trabalho efetivo e condições de progresso e desenvolvimento econômico e social; a solução dos problemas internacionais econômicos, sociais, sanitários e conexos; a cooperação internacional, de caráter cultural e educacional; e o respeito universal e efetivo dos direitos humanos e das liberdades fundamentais para todos, sem distinção de raça, sexo, língua ou religião. (BRASIL, 1945)
10	Artigo 56. Para a realização dos propósitos enumerados no Artigo 55, todos os Membros da Organização se comprometem a agir em cooperação com esta, em conjunto ou separadamente (BRASIL, 1945)
11	Article 22. Everyone, as a member of society, has the right to social security and is entitled to realization, through national effort and international co-operation and in accordance with the organization and resources of each State, of the economic, social and

cultural rights indispensable for his dignity and the free development of his personality. (UNITED NATIONS, 1948)

12      Nesse sentido é o artigo 2 da Declaração do Direito ao Desenvolvimento das Nações Unidas: "Article 2: 1. The human person is the central subject of development and should be the active participant and beneficiary of the right to development. 2. All human beings have a responsibility for development, individually and collectively, taking into account the need for full respect for their human rights and fundamental freedoms as well as their duties to the community, which alone can ensure the free and complete fulfilment of the human being, and they should therefore promote and protect an appropriate political, social and economic order for development. 3. States have the right and the duty to formulate appropriate national development policies that aim at the constant improvement of the well-being of the entire population and of all individuals, on the basis of their active, free and meaningful participation in development and in the fair distribution of the benefits resulting therefrom." (UNITED NATIONS, 1986)

13      NWAUCHE, E. S.; NWOBIKE, J. C.. Implementação do direito ao desenvolvimento. Sur, Rev. int. direitos human., traduzido por Francis Aubert, São Paulo, v. 2, n. 2, p. 96-117, 2005. Disponível em: <http://www.scielo.br/scielo.php?script=sci_arttext&pid=S1806- 64452005000100005&lng=en&nrm=iso>. Acessoem:    24    de    agosto de    2016.   http:// dx.doi.org/10.1590/S1806-64452005000100005.

14      UNITED NATION, General Assembly. Transforming our world: The 2030 Agenda for Sustainable

Development. A/RES/70/1, 2015, pg. 14. Disponível em: < http://www.un.org/ga/search/view_doc.asp?symbol=A/RES/70/1&Lang=E>. Acesso em: 20 de junho de 2017. (Tradução livre, grifos nossos)

15    BIELSCHOWSKY, Ricardo. Pensamento Econômico Brasileiro: o ciclo ideológico do desenvolvimentismo. Rio de Janeiro: Contraponto. 2004.

16    Ibidem, p. 29.

17    Ibidem.

18    Ibidem.

19    AGUILAR FILHO, Hélio Afonso de; SILVA FILHO, Edison Benedito da. A crítica novo- institucionalista ao pensamento da Cepal: a dimensão institucional e o papel da ideologia no desenvolvimento econômico. Econ. soc., Campinas, v. 19, n. 2, p. 211-232, Aug. 2010. Disponível em: <http://www.scielo.br/scielo.php?script=sci_arttext&pid=S0104-    06182010000200001&lng=en&nrm=iso>.    Acessado    em:    20    de    f e -vereiro    de    2017.    http://dx.doi.org/10.1590/S0104-06182010000200001.

20    Ibidem.

21    Acordo Geral de Tarifas e Comércio – GATT, criado em 1947 com o objetivo de 'harmonizar' as políticas aduaneiras do países signatários.

22    Ordem Mundial do Comércio – OMC, surgiu oficialmente em 1995 em substituição ao GATT na regulação do comércio mundial.

23    AGUILAR FILHO; SILVA FILHO, op. cit.

24    Em julho de 1944, convocados pelo Presidente norte-americano Franklin Roosevelt, 44 países realizaram a uma Conferência acerca da nova ordem econômi-

ca mundial na cidade de Bretton Woods, estado de New Hampshire, Estados Unidos da América do Norte.

25     A Teoria neoinstitucionalista difere da teoria institucionalista, pois aquela enfatiza mais o custo de transação para seus fundamentos, enquanto que a teoria tradicional foca nos custos de produção. Neste sentido: Williamson (1985, p. 85-163): "Transaction cost economics is part of the New Institutional Economics research tradition. Although transaction cost economics (and, more generally, the New Institutional Economics) applies to the study of economic organization of all kinds, this book focuses primarily on the economic institutions of capitalism, with special reference to firms, markets, and relational contracting." Em tradução livre: Embora a economia do custo de transação (e, mais geralmente, a Nova Economia Institucional) se aplique ao estudo da organização econômica de todos os tipos, este livro centra-se principalmente nas instituições econômicas do capitalismo, com especial referência às empresas, mercados e contratação relacional.

26     Douglass C. North, economista norte-americano, recebeu 'The Sveriges Riksbank Prize in Economic Sciences in Memory of Alfred Nobel' (Prêmio 'Nobel de Economia') em 1993 pela investigação da história econômica e explicação das mudanças econômicas e institucionais.

27     O giro institucional representa as mudanças que acometeram o pensamento econômico e a prática de políticas públicas, colocando as instituições como uma determinante do crescimento econômico e como fundamental ao desenvolvimento da sociedade. Ou seja, as instituições passam a ser importantes novamente (se é

que algum dia deixou de ser).

28      NORTH, Douglass C. Institutions, Institutional Change and Economic Performance. Cambridge University Press: 1990.

29      Ibidem, pg.118. Que em tradução livre quer dizer: "As instituições fornecem a estrutura básica pela qual a humanidade, ao longo da história, criou ordem e tentou reduzir a incerteza em troca. Juntamente com a tecnologia empregada, elas determinam os custos de transação e transformação e, portanto, a rentabilidade e a viabilidade de se engajar em atividades econômicas. Elas conectam o passado com o presente e o futuro para que a história seja uma ampla estória incremental de evolução institucional, na qual o desempenho histórico das economias só pode ser entendido como parte de uma história sequencial. E elas são a chave para entender a inter-relação entre a política e a economia e as consequências dessa inter-relação com o crescimento econômico (ou estagnação e declínio). Mas apenas por que algumas formas de troca são estáveis enquanto outras conduzem a formas de troca mais complexas e produtivas? Discuti as questões teóricas da mudança institucional. Aqui, desejo explorar as características específicas da mudança histórica. "

30      TOYOSHIMA, Silvia Harumi. Instituições e Desenvolvimento Econômico - Uma Análise Crítica das Idéias de Douglass North. Estudos Econômicos (São Paulo), São Paulo, v. 29, n. 1, p. 95-112, july 2016. ISSN 1980-5357. Disponível em: <http://www.revistas.usp.br/ee/article/view/117211>. Acesso em: 18 de novembro 2017.

31      Ibidem, pg. 104-105.

32      Preços relativos, em análise microeconômica, significam o preço de determinado bem em relação aos outros bens. Por exemplo, supondo a mesma demanda por produtos concorrentes, a queda no preço de um dos bens aumenta o preço relativo do outro, significando o aumento da procura do primeiro bem. No caso de North, a utilização do conceito tem relação com adoção de determinados comportamentos e os estímulos diversos que os preços relativos podem causar. É uma adoção abstrata do conceito para tratar dos fatores que impulsionam a mudança institucional.

33      MODENESI, André de Melo. Convenções: uma visão sociológica do desenvolvimento econômico. Estratégias de desenvolvimento, política industrial e inovação: ensaios em memória de Fabio Erber. Rio de Janeiro: Banco Nacional de Desenvolvimento Econômico e Social, 2014.

34      Ibidem, pg. 216.

35      TOYOSHIMA, op. cit.

36      BARRAL, Welber. Desenvolvimento e sistema jurídico: lições de experiências passadas. Seqüência: Estudos Jurídicos e Políticos, Florianópolis, p. 143-168, jan. 2005. ISSN 2177-7055. Disponível em: <https://periodicos.ufsc.br/index.php/sequencia/article/view/15189/13814>. Acesso em: 23 nov. 2018. doi:https://doi.org/10.5007/%x.

37      Ibidem, p.153.

38      A globalização, fenômeno multifacetado, também comporta abordagem sob o aspecto econômico: "Globalização significa unificação de espaços. Em termos de economia, essa definição traduz-se na unificação de mercados, a princípio, segmentados nacio-

nalmente em um único espaço integrado." DE CARVA-
LHO, Fernando J. Cardim (Org.); SICSÚ, João. Economia e Desenvolvimento. Rio de Janeiro: Elsevier, 2008,
pg. 15.
39      BARRAL, op. cit., p.156.
40      Tal divisão é explicada em pormenores por
BIELSCHOWSKY (2004, p. 34).
41      Ibidem.
42      Ibidem, pg. 33.
43      BARRAL, op. cit.
44      Ibidem, pg.147.
45      Ibidem, pg.148.
46      Ibidem, pg.148.
47      RODRIGUEZ, José Rodrigo et al. O novo direito e desenvolvimento: entrevista com David Trubek.
Revista Direito GV, [S.l.], v. 3, n. 2, p. 305-329,
jul. 2007. ISSN 2317-6172. Disponível em:
<http://bibliotecadigital.fgv.br/ojs/index.php/revdireito-
gv/article/view/35191>. Acesso em: 23 nov. 2017,
p. 326.
48      Ibidem.
49      Ibidem, pg. 327.
50      TAMANAHA, Brian Z. As lições dos estudos
sobre direito e desenvolvimento. Revista de Direito GV
[online], São Paulo, vol. 5, n.1, p. 187-216, jun. 2009.
Disponível em: < http://www.scielo.br/pdf/rdgv/v5n1/
a11v5n1.pdf>. Acesso em: 26 de nov. de 2017.
51      Tamanaha (2009) explica o tratamento dado aos
países em desenvolvimento pelo Direito Internacional
do Desenvolvimento, sem que transpareça a teoria da
dependência: "A teoria da dependência, contudo, serviu
de inspiração para o chamado Direito Internacional de

Desenvolvimento. Quase três quartos da coletânea Carty lida com o assunto, o que inclui o direito ao desenvolvimento, refletindo, assim, a atenção desproporcional que recebeu na literatura. Em essência, o Direito Internacional de Desenvolvimento envolve um esforço para assegurar aos países em desenvolvimento tratamento preferencial e direito de posse referente ao auxílio de desenvolvimento, geralmente relacionado a preferências de comércio, alívio de débito, empréstimos com juros baixos ou concessões totais, bem como transferência de tecnologia a baixo custo. Promover o direito ao desenvolvimento como um direito humano fundamental é a parte mais ambiciosa de tal projeto. Quase desconhecido há vinte anos, o Direito Internacional de Desenvolvimento veio à tona no final da década de 1970 por meio de uma série de relatórios, resoluções, declarações e conferências patrocinadas pelas Nações Unidas, clamando pela criação de uma "Nova Ordem Econômica Internacional", para corrigir as iniquidades estruturais no sistema econômico mundial, as quais foram atribuídas, sobretudo, às consequências da colonização.

52      Presente no viés político, Trubek ainda destaca os seguintes fatos: "Achávamos que teríamos que nos encaixar nesta literatura porque ela era a narrativa mestra da Academia Liberal norte-americana da década de 60. Estou me referindo à Teoria da Modernização e aos estágios do crescimento econômico de Rostow.34 Estas duas ideias foram combinadas e o Direito e Desenvolvimento foi construído neste universo, caracterizado também pelo anticomunismo da Guerra Fria e pela política externa norte- americana, marcada pela Aliança para o Progresso. " (RODRIGUEZ, 2009, p. 326-327)

53     BRUE, Stanley L. História do Pensamento Econômico. Tradução de Luciana Penteado Miquelino. São Paulo: Cengage Learning, 2016

54     Para elaborar tal conceito, Brue (2016) examinou os conceitos de crescimento e desenvolvimento econômico nas teorias de: Roy F. Harrod e Evsey Domar; Robert Solow; Joseph A. Schumpeter; Nurkse, Lewis e Schultz.

55     BRUE, Op. cit, pg.459.

56     CHANG, Há-Joon. Economia: modo de usar – um guia básico dos principais conceitos econômicos. Tradução de Isa Nara Lando e Rogério Galindo. 1ª ed. São Paulo: Portfólio-Penguin, 2015.

57     BRESSER-PEREIRA, Luiz Carlos. Desenvolvimento, progresso e crescimento econômico. Lua Nova. São Paulo, nº 93, Sept./Dec., p. 33-61, 2014. Disponível em: <http://www.scielo.br/pdf/ln/n93/03.pdf>. Acesso em: 10 de setembro de 2016.

58     Ibidem.

59     PASTORE, José. Teorias de desenvolvimento econômico: problemas metodológicos. Rev. adm. empres., São Paulo, v. 7, n. 23, p. 25-48, Junho 1967. Disponível em: <http://www.scielo.br/scielo.php?script=sci_arttext&pid=S0034-75901967000200001&lng=en&nrm=iso>. Acessado em: 16 de Setembro de 2016. http://dx.doi.org/10.1590/S0034-75901967000200001.

60     KAMARCK, Andrew M. Economic as a Social Science: an approach to nonautistic theory. Michigan: The University of Michigan Press, 2002.

61     SEN, Amartya. Development as Freedom. Fourth Printing. New York: Alfred A. Knopf, 2000.

62     A liberdade aqui não pode ser entendida como

um "laissez faire, laissez aller, laissez passer". A forma como a liberdade é compreendida por Amartya Sen não se confunde com uma perspectiva de liberdade clássica do liberalismo econômico. Liberdade é entendida de forma vinculada ao processo de desenvolvimento, não como seu motivador, mas como fim a ser alcançado, em outras palavras, não se trata de um direito fundamental de 1º geração, mas sim de um direito fundamental de 4º geração, segundo BEDIN, Gilmar Antonio. Direitos Humanos e Desenvolvimento: algumas reflexões sobre a constituição do direito ao desenvolvimento. Desenvolvimento em Questão, Unijuí, ano 1, n. 1, jan/jun., p.123-149, 2003. Disponível em: <https://www.revistas.unijui.edu.br/index.php/desenvolvimentoemquestao/article/view/70/27>. Acesso em: 10 de setembro de 2016; cujo objetivo é a transformação da sociedade e a liberação do homem de toda e qualquer forma de repressão. Inspiração notoriamnete influenciada em Marx.

63      SEN, op. cit., 2000

64      Possivelmente a obra de Amartya Sen influenciou as Nações Unidas e não o contrário.

65      SEN, 2000, cap. 6.

66      ACEMOGLU, Daron; ROBINSON, James. Porque as nações fracassam: as origens do poder, da prosperidade e da pobreza. Tradução de Cristiana Serra. 8ª tiragem. Rio de Janeiro: Elsevier, 2012.

67      Ibidem, pg. 33.

68      Ibidem, pg. 63.

69      Muito alinhado com a definição de desenvolvimento de Amartya Sen.

70      Ibidem, pg. 65.

71      Rent Seeking é uma expressão utilizada pelos au-

tores de língua inglesa que significa a criação ou manutenção de um sistema voltado para receber renda, quando se refere as instituições. É uma expressão de cunho negativo. A busca em receber renda significa criar políticas públicas ou compartamentos institucionais preocupados exclusivamente em ter renda. Um exemplo disso seria o que acontece com a política brasileira.

72      Ibidem, Pg. 67.

73      Ibidem, pg. 134-135.

74      Ibidem, pg. 143.

75      Ibidem, pg. 158-159.

76      NAYYAR, Deepak. A corrida pelo Crescimento: países em desenvolvimento na economia mundial. Rio de Janeiro: Contraponto, 2014, pg. 82.

77      Ibidem, pg. 82.

78      Ibidem, pg. 83.

79      Ibidem, pg. 277.

80      Ibidem, pg. 277.

81      São eles: Argentina, Brasil, Chile, México, China, Índia, Indonésia. Malásia, Coreia do Sul, Taiwan, Tailândia, Turquia, Egito e África do Sul.

82      Ibidem, pg. 278-279.

83      MAZZUCATO, Mariana. O Estado Empreendedor: desmascarando o mito do setor público vs. setor privado. São Paulo: Portfolio-Penguin, 2014.

84      Crowding out é um fenômeno que ocorre quando o Governo do Estado faz investimentos e atua em setores do mercado, fazendo com que os agentes do mercado sejam pelo seu papel, seja na demanda ou na oferta.

85      GALA, Paulo. Complexidade econômica: uma nova perspectiva para entender a antiga questão   da

riqueza das nações. Rio de Janeiro: Contraponto, 2017.
86      Doença Holandesa refere-se aos efeitos que podem acometer os países que acabam se especializando em produtos naturais e criam uma relação de dependência com a exportação desse produto. O que significa dizer que caso ocorra uma mudança no preço desses produtos, o país acaba por enfrentar uma grande crise de receitas. Tais efeitos são observados no Brasil ao longo da sua história. (GALA, op. cit)
87      Ibidem.
88      Spill over pode ser entendido como efeito de transbordamento, onde a ação principal faz com que gere um transbordamento em várias outras atividades ou setores, no caso do texto.
89      Ibidem, pg. 122.
90      Ibidem, pg. 119.
91      Ibidem, pg. 119.
92      Essa estratégia ficou conhecida como "chutar a escada" do desenvolvimento e é vista com maiores detalhes na obra de CHANG, Ha-Joon. Kicking away the ladder: development strategy in historical perspective. London: Anthem Press, 2002.
93      MEDEIROS, Marcelo. Medidas de desigualdade e pobreza. Brasília: Editora Universidade de Brasília, 2012.
94      Ibidem, pg. 22-26.
95      SEN, Amartya. Inequality reexamined. Oxford: Oxford University Press, 1992.
96      DEATON, Angus. A grande saída: saúde, riqueza e as origens da desigualdade. Rio de Janeiro: Intrínseca, 2017.
97      ATIKINSON, Anthony B. Desigualdade: o que

pode ser feito?. São Paulo: LeYa, 2015.
98      Ibidem.
99      Ibidem.
100     SEN, 1992 e 2000.
101     Outra questão discutida relaciona-se a mobilidade econômica intergeracional nos estratos sociais; o qual não se observa estudos empíricos que possam comprovar a falta de mobilidade argumentada no ciclo de desigualdade oportunidades-resultado.
102     PIKETTY, Thomas. A economia da desigualdade. Tradução de André Telles. 1ªed. Rio de Janeiro: Intrínseca, 2015.
103     MEDEIROS, Marcelo. O que faz os ricos ricos: o outro lado da desigualdade brasileira. São Paulo: Hucitec: Anpocs, 2005.
104     PIKETTY, op. cit.
105     ATKINSON, op. cit.
106     PIKETTY, op. cit.
107     MEDEIROS, 2005.
108     STIGLITZ, Joseph. The price of inequality: how today's divided society endangers our future. New York: Norton & Company, 2013.
109     Sobre os efeitos da escassez ver o a obra dos autores MULLAINATHAN, Sendil; SHAFIR, Eldar. Escassez: uma nova forma de pensar a falta de recursos na vida das pessoas e nas organizações. Rio de Janeiro: Best Business, 2016.
110     STIGLITZ, op. cit.
111     Uma questão importante diz respeito à proporção de ganhos (income) menos a tributação e gastos com o consumo, um estudo nesse sentido pode indicar o quão escasso se torna a renda e como os efeitos da escassez se

fazem presentes.

112    Situação similar é observada por Acemoglu e Robinson, op. cit.

113    STIGLITZ, op. cit.

114    SOLOMON, Lawrence B.. Public Legal Reason. Virginia Law Review, Vol.92, p. 1449-1501. Washington, Georgetown Law Faculty Publications and Other Works, paper 877, 2006. Disponível em: <http://scholarship.law.georgetown.edu/facpub/877/>. Acesso em: 05 de setembro de 2016.

115    Ibidem.

116    Tal explicação é inspirada na diferença entre princípios e regras formulada por HABERMAS, Jürgen. Direito e democracia: entre facticidade e validade. Volume I. Tradução de Flávio Beno. Rio de Janeiro: Tempo Brasileiro, 1997, p. 314-323.

117    GALA, op. cit.

118    MAZZUCATO, op. cit.

119    GALA, op. cit.

120    MAZZUCATO, op. cit.

121    O fomento é conceituado pela doutrina de direito administrativo nos seguintes termos: segundo Marçal Justem Filho: "Fomento é uma atividade administrativa de intervenção no domínio econômico para incentivar condutas dos sujeitos privados mediante outorga de benefícios diferenciados, inclusive mediante aplicação de recursos financeiros, visando promover o desenvolvimento econômico e social." JUSTEN FILHO, Marçal. Curso de Direito Administrativo. 11. ed. São Paulo: Revista dos Tribunais, 2015. p. 711. Segundo Diogo Figueiredo Moreira Neto: "Em suma, nessas condições, pode-se conceituar a função administrativa do fomen-

to público como o estímulo oferecido direta, imediata e concretamente pela Administração na forma da lei, a iniciativas da sociedade que sejam de reconhecido interesse público. " MOREIRA NETO, Diogo de Figueiredo. Curso de Direito Administrativo. Rio de Janeiro: Forense. 2009. p. 584. Marcos Jururena Villela Souto explica que uma das espécies de fomento é o empréstimo em condições favoráveis, acrescentando o seguinte: "Ainda existe a função de fomento exercida pelo Banco Central, que, apesar de possuir natureza autárquica da moeda e fiscalização do sistema financeiro -, ainda estimula o fortalecimento de entidades integrantes do sistema financeiro, utilizando os depósitos compulsórios de tais instituições e não receitas públicas..." VILLELA SOUTO, Marcos Jururena. Direito Administrativo da Economia. Lumen Juris: Rio de Janeiro. 2003. Para José Vicente Santos de Mendonça "Fomento é atividade pública de apoio à iniciativa privada, quando esta desenvolve atividades de interesse social, por meios persuasivos – ou é a atividade de dispensação não- devolutiva de bens e direitos a administrados, em razão de suas atividades, para estes a realizarem de modo mais facilitado" MENDONÇA, José Vicente Santos de. Direito Constitucional Econômico: a intervenção do Estado na economia à luz da razão pública e do pragmatismo. Belo Horizonte: Forum, 2014. p. 301.
122    Segundo a classificação de fomento elaborada por Mendonça (2014).

Capítulo 2    **A estrutura normativa do BNDES**

Esse capítulo tem como finalidade identificar a estrutura de atuação do BNDES. O capítulo é dividido da seguinte forma: (I) busca-se analisar sua estrutura organizacional e objetivo institucional, (II) diferenciar as operações e formas de apoio do banco para a concessão de colaboração financeira, (III) analisar as taxas de juros utilizadas pelo BNDES e distingui-las das praticadas usualmente no mercado nacional, (IV) classificar as regras de garantias exigidas e, por fim, (V) realizar considerações parciais daquilo que foi exposto.

## Organização do BNDES

A Lei nº 5.662/1971 é a legislação criadora do BNDES como empresa pública. Ela destaca que o BNDES deve direcionar suas atividades para o desenvolvimento da economia nacional por meio de todas as operações bancárias necessárias. A Lei nº 4.595/1964 trata o BNDES como o principal instrumento de execução da política de investimento do Governo Federal. Enquanto a legislação federal orienta o BNDES delimitando sua atividade e traçando seu propósito, o estatuto do banco trata especificamente da sua divisão institucional e dos instrumentos que serão utilizados por ele para alcançar os seus objetivos.

Com foro em Brasília, Distrito Federal, e atuação em todo o território nacional[1], seu estatuto diz que o objetivo do BNDES é de "apoiar programas, projetos, obras e serviços que se relacionem com o desenvolvimento econômico e social do País"[2]. Essas atividades do BNDES, explica o art. 4º do seu Estatuto de 2002, são realizadas com a finalidade de se estimular a iniciativa privada, sem desconsiderar os possíveis investimentos no setor público cujo empreendimento seja de interesse nacional. Para o cumprimento dos seus objetivos, o BNDES poderá criar empresas subsidiárias no Brasil ou no exterior, especificamente neste último, desde que relacionadas ao desenvolvimento econômico e social do país.

Institucionalmente, o BNDES é composto pela sua Diretoria, pelo Conselho de Administração, pelo Conselho Fiscal, pelo Comitê de Auditoria e pela sua Ouvidoria, além da organização interna e de pessoal do Banco. A estrutura organizacional e divisão de competências da instituição são definidas pela sua Diretoria. A Diretoria do BNDES possui a função de administrar o banco, ou seja, sua função é precipuamente executiva, sendo constituídos pelo seu Presidente e mais oito Diretores[3], todos nomeados pelo Presidente da República[4].

Entre as competências[5] da Diretoria do BNDES, merece destaque: (1) a aprovação das linhas de ação do banco, (2) a aprovação das normas operacionais, administrativas e administrativas de pessoal do BNDES por meio de expedição de regulamentos específicos, (3) a aprovação das normas de organização interna do BNDES e a sua distribuição de competência; (4) a deliberação sobre as operações de responsabilidade de um cliente ou sobre limites de crédito de certo grupo econômico;

(5) a autorização das colaborações financeiras não reembolsáveis; (6) a autorização para a realização de colaborações financeiras, cujo valor pré-definido, necessitem de autorização direta da sua Diretoria.

O Conselho de Administração do BNDES é órgão de orientação superior formado por doze membros, entre eles o Presidente do BNDES que exerce o cargo de Vice-Presidência do Conselho, um representante dos empregados do BNDES e por dez membros, entre eles seu Presidente, indicados pelos Ministros de Estado do Planejamento, Orçamento e Gestão (um membro), do Trabalho e Emprego (um membro), da Fazenda (um membro), das Relações Exteriores (um membro) e pelo Ministro de Estado do Desenvolvimento, Indústria e Comércio Exterior (seis membros).

Dentre as competências[6] do Conselho de Administração do BNDES é possível elencar algumas que ajudam a compreender melhor a estruturação do banco:

aconselhar o Presidente do BNDES sobre as linhas orientadoras da ação do banco,

promover a divulgação dos objetivos, programas e atuação do banco diante das principais instituições do setor econômico e social, (3) examinar e aprovar as propostas do Presidente do BNDES sobre as políticas gerais e programas de atuação de longo prazo, verificando a sua compatibilidade com a política econômico-financeira do Governo Federal, (4) definir os níveis de competência decisória da Diretoria do BNDES com fito de aprovação de operações.

O Conselho Fiscal é competente para examinar e emitir parecer sobre todas as demonstrações financeiras do BNDES, inclusive o balanço patrimonial, assim como as prestações de contas da Diretoria do BNDES e todas as outras atribuições que estejam previstas na Lei das Sociedades por Ações. O Conselho Fiscal é formado por três membros e três suplentes, sendo dois deles (membros e suplentes) indicados pelo Ministro de Estado do Desenvolvimento, Indústria e Comércio Exterior e um deles (membro e suplente) indicado pelo Ministro de Estado da Fazenda, como representantes do Tesouro Nacional e todos nomeados pelo Presidente da República em qualquer dos casos.

O Comitê de Auditoria é único em todo o Sistema BNDES[7], o que significa dizer que inclui todas as suas subsidiárias. Suas atribuições são basicamente de fiscalização das atividades do Banco e controle interno da instituição[8]. O Comitê de Auditoria é formado por seis membros, todos indicados pelo Conselho de Administração do BNDES.

A Ouvidoria do BNDES, de acordo com o art. 22-D do seu Estatuto, atua como mediadora do conflito entre as empresas que constituem o Sistema BNDES e seus clientes, assim como é o canal de comunicação entre eles.

Cumpre esclarecer que o BNDES é, no sistema jurídico atual, fiscalizado pela União (Governo Federal – controlador e regulador), pelo Tribunal de Contas da União (fiscalizador), BACEN (fiscalizador), Congresso Nacional (regulador e fiscalizador), Conselho Monetário Nacional (fiscalizador e regulador), Comissão de Valores Mobiliários (fiscalizador e regulador), Secretaria do Tesouro Nacional (fiscalizador e regulador), Superintendência de Seguros Privados (fiscalizador e regulador), Secretaria da Receita Federal (fiscalizador e regulador) e pela Secretaria de Coordenação de Governança das Empresas Estatais (fiscalizador e regulador).

## Política do Governo Federal

A atuação do BNDES depende da política econômico-financeira do Governo Federal. Isso ocorre porque o BNDES, além de ser empresa pública, é instituição financeira pública considerada como o principal instrumento da política de investimentos do Governo Federal. É o Governo Federal quem determina a prioridade e o direcionamento da sua atividade. O BNDES, como agencia financeira oficial de fomento, tem a sua prioridade definida todos os anos pela Lei de diretrizes orçamentárias, lei de iniciativa do poder executivo, com o fundamento do art. 165, §2° da Constituição da República de 1988[9].

O plano plurianual também é importante para a atuação do BNDES, pois, nele são escolhidas diretrizes políticas e econômicas, que funcionam orientando o país dentro do prazo estipulado da Lei, buscando definir prioridades e planejamento do Estado brasileiro. O plano plurianual possui implicação direta na atividade do BNDES, conforme dispõe as inúmeras legislações de diretrizes orçamentárias[10].

É importante destacar que, apesar da previsão constitucional de que deva existir um plano de desenvolvimento econômico nacional[11], tal legislação não existe. De tal forma que o planejamento econômico do Estado voltado para o seu desenvolvimento só pode ser analisado por meio do estudo de diversas ferramentas utilizadas pelo Estado e das várias legislações que direcionam o Estado. Isso torna o estudo muito mais difícil para se descobrir qual a linha, no plano formal, de desenvolvimento adotado no país, de tal forma que estudos dos resultados no plano fático podem também indicar o que se tem realizado e conquistado.

No Anexo 1 deste trabalho é possível observar no Quadro 4 e Quadro 5 as diferenças entre as prioridades estabelecidas ao BNDES nas Leis de diretrizes orçamentárias referente aos anos de 2009 até 2016. É possível perceber que a diferença é pontual, tendo, ao longo dos anos, sofrido alguns acréscimos e algumas pequenas modificações.

Dentre as especificidades de cada Lei presente no Anexo 1 destacam-se as seguintes linhas gerais prioritárias destinadas ao BNDES nos anos selecionados: (1) reestruturação da capacidade produtiva visando estimular a competitividade do mercado interno, assim como das empresas nacionais no mercado exterior; (2) desenvolvimento das cooperativas de produção, micro, pequenas e médias empresas; (3) financiamento dos programas dos planos plurianuais (2008-2011, 2012-2015 e 2016-2019) principalmente aqueles que aumentem a capacidade produtiva e que proporcionem a redução das desigualdades de gênero e étnico-raciais; (4) redução das desigualdades regionais, sociais, étnico-raciais e de gênero, por meio do aumento da atividade produtiva; (5) financiamento direcionado para o aumento da geração de renda e geração de emprego por meio do microcrédito com ênfase em empreendimentos protagonizados por afro-brasileiros, indígenas, mulheres e pessoas com deficiência física; (6) desenvolvimento de projetos voltados para produção e distribuição de gás nacional e biocombustíveis; (7) financiamento de apoio para expansão e desenvolvimento das empresas de economia solidária, arranjos locais produtivos, cooperativas e empreendimentos de afro-brasileiros e indígenas; (8) financiamento destinado a toda área de atuação de geração, transmissão e distribuição de energia elétrica, assim como programas destinados a eficiências das fontes energéticas e fontes alternativas.

A Lei de diretrizes orçamentárias do ano de 2016, Lei nº 13.242/2015, difere das legislações precedentes, inserindo expressamente como prioridade geral de todas as agencias oficiais de fomento a preservação e a geração do emprego.

Sobre os planos plurianuais é importante ressaltar a presença do Programa de Aceleração do Crescimento – PAC nos três planos destacados (2008-2011[12], 2012-2015[13] e 2016-2019[14]). Nos planos de 2012-2015 e 2016-2019 é incluso o Programa Brasil sem Miséria – PBSM. O plano de 2012-2015 traça algumas diretrizes gerais que devem orientar o planejamento governamental, objetivos e metas da administração pública federal. São eles:

> I – a garantia dos direitos humanos com redução das desigualdades sociais, regionais, étnico-raciais e de gênero;
> II – a ampliação da participação social;
> III – a promoção da sustentabilidade ambiental;
> IV – a valorização da diversidade cultural e da identidade nacional;
> V – a excelência na gestão para garantir o provimento de bens e serviços à sociedade;
> VI – a garantia da soberania nacional;
> VII – o aumento da eficiência dos gastos públicos;
> VIII – o crescimento econômico sustentável; e
> IX – o estímulo e a valorização da educação, da ciência e da tecnologia.[15]

O plano de 2016-2019 também traça diretrizes para a administração pública federal nesse período, sendo:

> I – O desenvolvimento sustentável orientado pela inclusão social;

II - A melhoria contínua da qualidade dos serviços públicos;

III – A garantia dos direitos humanos com redução das desigualdades sociais, regionais, étnico-raciais, geracionais e de gênero;

VI – O estímulo e a valorização da educação, ciência, tecnologia e inovação e competitividade;

V – A participação social como direito do cidadão;

VI- A valorização e o respeito à diversidade cultural;

VII – O aperfeiçoamento da gestão pública com foco no cidadão, na eficiência do gasto público, na transparência, e no enfrentamento à corrupção; e

VIII – A garantia do equilíbrio das contas públicas.

O destaque dado a esses instrumentos diretivos serve para que se possa perceber a importância dada, ao menos do ponto vista formal, da redução das desigualdades sociais e regionais, com destaque para a inclusão no plano de 2016-2019 da redução da desigualdade intergeracional, todos vinculados com a garantia dos direitos humanos. Ou melhor, a garantia dos direitos humanos com as respectivas reduções dessas desigualdades. Outro ponto de interesse é a relevância dada à necessidade de aumento da participação do cidadão na esfera social e pública, além da busca por inclusão social por meio do desenvolvimento sustentável inclusivo. Ademais, evidencia-se a busca do aperfeiçoamento público no que tange à gestão pública, da transparência e o contingenciamento das contas públicas.

Por fim, verifica-se no plano de 2012-2015 diretriz que visa estimular e valorizar a educação, ciência, tecnologia, ficando o texto acrescido em 2016-2019 com  a inovação e a competitividade.

Essas são diretrizes gerais para toda a administração pública e não especificamente ao BNDES, mas se ressalta a ênfase do espírito da administração pública nesses períodos. Isso importa ao presente trabalho somente quando se forem analisar as aplicações no mundo real feitas pelo BNDES no capítulo 4.

## Composição do Sistema BNDES

O Banco Nacional do Desenvolvimento Econômico e Social com mais três instituições subsidiárias, forma o Sistema BNDES; São elas: a BNDES PARTICIPAÇÕES S/A – BNDESPAR, a Agência Especial de Financiamento Industrial – FINAME e o BNDES Limited.

A BNDESPAR é uma sociedade por ações que possui uma única ação ordinária nominativa, sem valor nominal, de propriedade do BNDES. Essa subsidiária do BNDES tem como objetivo fortalecer o mercado de capitais, realizando operações de capitalização de empreendimentos controlados por grupos privados[16]. O apoio financeiro desta subsidiária se dá com empresas constituídas sob as leis brasileiras e excepcionalmente com aquelas constituídas sob a legislação estrangeira e se instrumentaliza nas seguintes formas de colaboração: subscrição e integralização de valores mobiliários e, em se tratando de ações, preferencialmente em proporções minoritárias; garantia de subscrição de ações ou de debêntures conversíveis em ações ou de bônus de subscrição; aquisição e venda de valores mobiliários no mercado secundário; e outras formas de colaboração compatíveis com o objeto social da BNDES-PAR[17].

A Agência Especial de Financiamento Industrial – FINAME – foi criada para funcionar junto ao BNDES pelo Decreto nº 59.170/1966 como autarquia federal para gerir o Fundo de Financiamento para Aquisição de Máquinas e Equipamentos Industriais[18], sendo transformada, pela Lei nº 5.662/1971, em empresa pública Federal constituída sob a forma de sociedade anônima com o seu capital total pertencente ao BNDES. A FINAME possui autonomia administrativa, personalidade jurídica de direito privado, patrimônio próprio e é vinculada, pelo BNDES, ao Ministério de Estado do Planejamento, Desenvolvimento e Gestão. A partir da Lei nº 5.662/1971, o Decreto nº 59.170/1966 e o Decreto nº 45/1966 passam a funcionar como Estatuto da empresa pública FINAME, sendo que suas alterações subsequentes serão feitas por meio de decreto presidencial. Os objetivos da FINAME são de financiar operações de compra e venda de máquinas e equipamentos de produção nacional e operações de exportação e importação de máquinas e equipamentos. A Agência poderá ainda, por decisão da Diretoria Executiva, "realizar operações de acceptance para suprimento de capital de giro às empresas instaladas em setores industriais básicos da economia"[19], podendo ser garantidos pelo BNDES, além de poder "subscrever ações de empresas industriais para posterior repasse ao público, e, mediante convênio, aplicar recursos e valores mobiliários de outras agências públicas"[20].

O BNDES Limited é uma subsidiária do BNDES no exterior, com sede em Londres. O BNDES possui outras operações no exterior, como os escritórios de representação em Montevideo no Uruguai e o BNDES África localizada em Johanesburgo na África do Sul. O BNDES Limited não é mero escritório de representação, é pessoa jurídica de direito privado com registro e sede em Londres. Criada em 2009, teve seu nome alterado em 2013 para BNDES PLC (Public limited company), sendo novamente alterada em 2017 para BNDES Limited. Seu objetivo é de atuar como uma empresa de participação societária fora do Brasil, buscar recursos do exterior e ficar atento para oportunidades de negócio no exterior que possam se alinhar com os objetivos do BNDES[21].

Todas as subsidiárias, acrescido da atuação do BNDES em si, formam o que resolveu chamar de Sistema BNDES, cujo objetivo é de estimular e promover o desenvolvimento da economia nacional.

## Operações: tipos de apoio

O BNDES opera financeiramente, buscando o cumprimento do seu objetivo, direta ou indiretamente por meio de suas subsidiárias, agentes financeiros ou outras entidades.

Objetivamente o apoio do BNDES é concedido, em sua maioria, por meio de três formas: financiamento (colaboração financeira), recursos não reembolsáveis e mercado de capitais. Os financiamentos possuem natureza jurídica de mútuo bancário, com prazo de carência, juros, grau do subsídio e tempo para pagamento variáveis de acordo com o tipo de produto, programa, linha de financiamento e porte da empresa requerente. Os recursos não reembolsáveis se tratam de aplicação financeira do banco sem que haja contraprestação no contrato, ou seja, não há compensação financeira devida ao banco nesta modalidade; normalmente destinada para setores sociais, culturais e científicos. O apoio no mercado de capitais se dá principalmente com a BNDES-PAR por meio da aquisição de valores mobiliários ou auxiliando as empresas a entrarem no mercado de capitais.

Com exceção das operações no mercado de capitais, as operações do BNDES podem ser mais bem compreendidas se classificadas como: operações automáticas e não automáticas, operações reembolsáveis e não reembolsáveis e operações diretas, indiretas ou mistas.

São diretas as operações em que o BNDES atua diretamente com o tomador de crédito ou quando realiza qualquer outra operação de sua competência sem a presença de intermediários. São indiretas as operações em que o BNDES atua por meio de agentes financeiros, instituições financeiras intermediadoras, suas subsidiárias ou qualquer outra entidade. Os critérios de diferenciação das operações diretas e indiretas são definidos pela sua Diretoria, devendo, contudo, ser previamente aprovado pelo seu Conselho de Administração e estar em harmonia com a política econômica governamental. As operações diretas são normalmente destinadas a operações acima de R$ 20 milhões. As operações podem ainda ser mistas quando o BNDES e a instituição financeira ou agente financeiro compartilham o crédito e o risco da operação.

As operações indiretas são classificadas como automáticas e não automáticas. As operações são automáticas quando o crédito é aprovado pela instituição financeira credenciada sem necessidade de consulta prévia ao BNDES, sendo necessária somente homologação e liberação dos recursos pelo BNDES, o que significa que a instituição financeira credenciada corre risco de arcar sozinha com o custo do crédito caso não cumpra os requisitos exigidos pelo BNDES. As operações indiretas não automáticas necessitam de consulta prévia ao BNDES realizada pela instituição financeira credenciada para análise do crédito e são destinadas como forma de apoio para projetos acima de R$20 milhões.

São reembolsáveis as operações em que o banco realiza mútuo bancário, ou seja, a operação possui custo financeiro para o beneficiário. São não reembolsáveis quando o banco não recebe nenhuma compensação pela quantia disponibilizada. O comum é que as operações sejam reembolsáveis. O estatuto do BNDES destaca, em seu art. 9º, três possibilidades de se efetuar desembolsos não reembolsáveis:

> [...] IV - efetuar aplicações não reembolsáveis
> em projetos ou programas de ensino e pesqui-
> sa, de natureza científica ou tecnológica, in-
> clusive mediante doação de equipamentos téc-
> nicos ou científicos e de publicações técnicas a

instituições que se dediquem à realização dos referidos projetos ou programas ou tenham dele recebido colaboração financeira com essa finalidade específica;

V - efetuar aplicações não reembolsáveis, destinadas especificamente a apoiar projetos, investimentos de caráter social, nas áreas de geração de emprego e renda, serviços urbanos, saúde, educação e desportos, justiça, alimentação, habitação, meio ambiente, recursos hídricos, desenvolvimento rural e outras vinculadas ao desenvolvimento regional e social, bem como projetos de natureza cultural, observadas as normas regulamentares expedidas pela Diretoria;

VI - contratar estudos técnicos e prestar apoio técnico e financeiro, inclusive não reembolsável, para a estruturação de projetos que promovam o desenvolvimento econômico e social do País ou sua integração à América Latina; [...][22]

O Quadro 1 abaixo faz uma distinção entre essas operações e as classifica com o intuito de facilitar a compreensão.

## Quadro 1: Distinção das operações diretas e indiretas do BNDES

| Opera-ções | Automáticas | Não Automáticas | Reembolsáveis | Não Reembolsáveis |
|---|---|---|---|---|
| Diretas | Não é possível, pois, todas as opera-ções diretas necessitam de expressa autorização da Diretoria do BNDES. | Por sempre dependerem de autoriza-ção da sua Diretoria, essas opera-ções podem ser entendidas sempre como não automá-ticas. | Essa é a regra das colabora-ções financeiras do BNDES nos termos dos regulamen-tos internos, sendo variável a aplicação dos juros, prazo de pagamento e carência no interesse da operação. | Sim, nas moda-lidades previstas no estatuto e criadas por meio de pro-gramas ou produtos. |
| Indire-tas | Essa é a regra dessas operações desde que cumpridos os requisitos e exigências formais e de valor da colaboração. | A possibili-dade existe quando o va-lor envolvido na colabora-ção ou algum outro requisi-to vantajoso (juros, prazo ou carência) sejam dife-rentes do que estipulado regularmente. | Essa é a regra das colabora-ções financeiras do BNDES nos termos dos regulamen-tos internos, sendo variável a aplicação dos juros, prazo de pagamento e carência no interesse da operação. | Não existe tal possibi-lidade nos produtos e programas do BNDES, devendo sempre haver au-torização direta da Diretoria. |

Fonte: org. pelo autor, 2017.

## *Etapas do pedido de colaboração financeira*

No apoio direto, o interessado em se tornar beneficiário do BNDES é submetido a algumas fases de avaliação do projeto. A primeira fase é a de enquadramento e ocorre na apresentação do projeto ao BNDES, sendo o mesmo encaminhado ao Departamento de Prioridades e Enquadramento (DEPRI). Nessa etapa é realizada uma análise técnica preliminar sobre a adequação do projeto as políticas operacionais e de crédito do BNDES. Posteriormente é encaminhado ao Comitê de Enquadramento e Crédito e Mercado de Capitais (CEC) composto por superintendentes do BNDES que deliberam sobre o enquadramento e encaminham para a análise de Área Operacional onde se inicia a próxima fase. Na fase de análise, um grupo específico da área operacional enquadrada do projeto faz uma avaliação mais detalhada do mesmo, incluindo análise de viabilidade econômico-financeira, classificação de risco de crédito, avaliação das garantias oferecidas para cobertura dos riscos, análise jurídica, regularidade fiscal e previdenciária e atendimento às normas ambientais.

Após tais análises, sendo o projeto aprovado, o mesmo é submetido à Diretoria do BNDES para deliberação sobre a aprovação ou não do financiamento. Aprovado pela Diretoria inicia-se a fase de contratação. Nova verificação das condições precedentes é realizada e formalizasse o contrato de financiamento. A nova fase iniciada é a de acompanhamento, no qual os recursos do financiamento são liberados ao beneficiário e o BNDES então passa a acompanhar/verificar o cumprimento e a evolução do projeto financiado.

**Imagem 1: Etapa do pedido nas operações diretas**

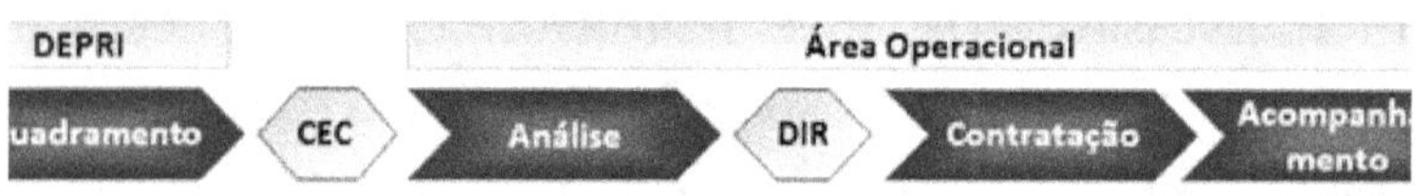


Fonte: BNDES, 2017.

Nas operações indiretas automáticas o pedido de financiamento é dirigido para uma das instituições financeiras credenciadas no BNDES. A fase de enquadramento e análise do projeto, inclusive a análise de risco do financiamento, a necessidade de garantias, a viabilidade econômico-financeira e qualquer outra exigência são realizadas pela instituição financeira. Ela compartilha o risco da operação e, portanto, aplica seus próprios critérios de análise do empreendimento, devendo, contudo, observar os critérios exigidos pelo BNDES para cada produto, além de demais normas e regulamentos do Banco Central e a legislação aplicável.

Após o enquadramento do projeto, sua análise e a aprovação do financiamento, a instituição financeira encaminha a operação para homologação do BNDES. O BNDES avalia o enquadramento do pedido, verificando seus requisitos e, estando tudo correto, homologa a operação. Posteriormente a instituição financeira e o beneficiário formalizam a operação por meio da assinatura do contrato e pedem ao BNDES a liberação do crédito, em parcela única ou não, conforme dispuser cada contrato. Ato contínuo, o BNDES encaminha os recursos para a instituição financeira.

Imagem 2: Etapa do pedido nas operações indiretas

Fonte: BNDES, 2017.

As operações indiretas automáticas, ou seja, aquelas cujo valor do financiamento seja superior a R$ 20 milhões dependem de consulta prévia junto ao BNDES e se assemelha as etapas das operações diretas. A diferença reside no fato de que se trata ainda de operação indireta e, portanto, surge situação de duplicidade nas fases de enquadramento e análise de área operacional, pois, há, obrigatoriamente, a análise pelo BNDES, além da instituição financeira. Essa análise do BNDES que passa pelo sua Diretoria, nesse caso, é requisito para a realização da operação.

## Taxa de juros

A taxa de juros das operações financeiras do BNDES é realizada de acordo com o somatório do custo financeiro da operação, da remuneração do BNDES, da remuneração da instituição financeira, taxa de risco de crédito, taxa de intermediação financeira e sobretaxa quando couber.[23]

O custo financeiro pode ser a aplicado na forma de: Taxa de juros de longo prazo (TJLP), de taxa média de juros do Sistema Especial de Liquidação e de Custódia (Selic), de UMBNDES/Cesta[24] ou a variação do dólar norte-americano acrescida do encargo de moedas (US$/cesta). A TJLP é a taxa padrão do BNDES, já a cesta de moedas do BNDES (US$/cesta e a UMBNDES/cesta) se aplica nos casos de captação de moeda estrangeira e a taxa Selic é a taxa comum do mercado financeiro.

A TJLP foi criada pela medida provisória n° 684 de 1994, sendo instituída como a composição de juros básico do BNDES. Após inúmeras alterações, a Lei n° 9.365/1996 passa a regular a TJLP[25]. A TJLP tem fixação trimestral determinada pelo Conselho Monetário Nacional (CMN), cuja divulgação é de responsabilidade do BACEN. O cálculo da TJLP tem como parâmetro a meta da inflação calculada para os doze meses seguintes ao mês de vigência da taxa e o prémio de risco relativo probabilidade de perda de investimento de título público em relação a outro investimento seguro[26].

A taxa Selic é utilizada pelo BNDES para negócios jurídicos celebrados em operações que não são prioritárias aos interesses do banco do desenvolvimento, tornado o contrato mais custoso para os seus beneficiários. Já a TJLP torna esses contratos menos onerosos. O Quadro 2 abaixo ilustra a diferença de custo entre essas taxas de juros.

Além do custo financeiro da operação, a remuneração do BNDES compõe a taxa de juros do banco. Essa remuneração reflete as despesas administrativas e operacionais do banco e é estabelecida em cada produto, linha de financiamento e programas. Nas operações indiretas, a taxa de remuneração dos agentes financeiros é negociada diretamente entre as partes, sem a participação do BNDES, desde que se respeite eventual limite imposto por produto, linha de financiamento ou programa.

Já a taxa de risco de crédito se refere à possibilidade de perda decorrente do não pagamento, parcial ou total, dos beneficiários pelas operações do BNDES. A taxa é definida de acordo com a classificação de risco do BNDES. Nas operações indiretas não se aplica essa taxa, pois, já que o risco da operação é compartilhado com a instituição financeira credenciada, o risco do crédito é incluído na sua remuneração.

**Quadro 2: Comparação entre a TJLP com a taxa de juros Selic entre 2009 e 2016.**

| Ano | TJLP ao ano aplicado ao período | Selic ao ano aplicado ao período |
|---|---|---|
| 2009 | 6,25% (janeiro a junho)<br>6% (julho a dezembro) | 13,75% (11/12/2008 - 21/01/2009)<br>12,75% (22/01/2009-11/03/2009)<br>11,25% (12/03/2009 - 29/04/2009)<br>10,25% (30/04/2009 - 10/06/2009)<br>9,25% (11/06/2009 - 22/07/2009)<br>8,75% (23/07/2009 - 31/12/2009) |
| 2010 | 6% | 8,75% (até 28/04/2010)<br>9,5% (29/04/2010 - 09/06/2010)<br>10,25% (10/06/2010 - 21/07/2010)<br>10,75% (22/07/2010 - 31/12/2010) |
| 2011 | 6% | 10,75 (até 19/01/2011)<br>11,25% (20/01/2011 - 02/03/2011)<br>11,75% (03/03/2011 - 20/04/2011)<br>12% (21/04/2011 - 08/06/2011)<br>12,25% (09/06/2011 - 20/07/2011)<br>12,5% (21/07/2011 - 31/08/2011)<br>12% (01/09/2011 - 19/10/2011)<br>11,5% (20/10/2011 - 30/11/2011)<br>11% (01/12/2011 - 31/12/2011) |
| 2012 | 6% (janeiro a junho)<br>5,5% (julho a dezembro) | 11% (até 18/01/2012)<br>10,5% (19/01/2012 - 07/03/2012)<br>9,75% (08/03/2012 - 18/04/2012)<br>9% (19/04/2012 - 30/05/2012)<br>8,5% (31/05/2012 - 11/07/2012)<br>8% (12/07/2012 - 29/08/2012)<br>7,5% (30/08/2012 - 10/10/2012)<br>7,25% (11/10/2012 - 31/12/2012) |

| | | |
|---|---|---|
| 2013 | 5% | 7,25% (até 17/04/2013)<br>7,5% (18/04/2013 - 29/05/2013)<br>8% (30/05/2013 - 10/07/2013)<br>8,5% (11/07/2013 - 28/08/2013)<br>9% (29/08/2013 - 09/10/2013)<br>9,5% (10/10/2013 - 27/11/2013)<br>10% (28/11/2013- 31/12/2013) |
| 2014 | 5% | 10% (até 15/01/2014)<br>10,5% (16/01/2014 – 26/02/2014)<br>10,75% (27/02/2014 – 02/04/2014)<br>11% (03/04/2014 – 29/10/2014)<br>11,25% (30/10/2014 – 03/12/2014)<br>11,75% (04/12/2014 – 31/12/2014) |
| 2015 | 5,5% (janeiro a março)<br>6% (abril a junho)<br>6,5% (julho a setembro)<br>7% (outubro a dezembro) | 11,75% (até 21/01/2015)<br>12,25% (22/01/2015 - 04/03/2015)<br>12,75% (05/03/2015 - 29/04/2015)<br>13,25% (30/04/2015 - 03/06/2015)<br>13,75% (04/06/2015 - 29/07/2015)<br>14,25% (30/07/2015 - 31/12/2015) |
| 2016 | 7,5% | 14,25% (até 19/10/2016)<br>14% (20/10/2016 - 30/11/2016)<br>13,75% (01/12/2016 - 31/12/2016 ) |

Fonte: Dados do BNDES e do BACEN, 2017.

A taxa de intermediação financeira reflete a chance de risco sistêmico do sistema financeiro e atualmente é de 0,4% a.a. para qualquer cliente. Outros encargos ou comissões são possíveis de acordo com cada tipo de produto, linha de financiamento ou programa estipulado.

Existe ainda a possibilidade de taxa cobrada sobre o saldo do financiamento contratado não utilizado, sua aplicabilidade depende da existência de reserva de determinadas quantias monetárias presente no financiamento, chamada pelo anexo da Resolução do BNDES nº 665/87, Disposições Aplicáveis aos Contratos do BNDES, em seu art. 37 de crédito reserva.

Salvo a incidência de determinadas taxas específicas, é possível afirmar que as operações diretas e indiretas funcionam com as taxas de juros já descritas e organizadas no Quadro 3 abaixo para facilitar a compreensão.

**Quadro 3: Distinção entre as taxas de juros nas operações diretas e indiretas**

| Operações Diretas |
| --- |
| Taxa de juros = Custo Financeiro + Remuneração básica do BNDES + Taxa de Risco de Crédito |
| |
| Operações Indiretas |
| Taxa de juros = Custo Financeiro + Remuneração básica do BNDES + Taxa de intermediação financeira + taxa do Agente Financeiro. |

Fonte: BNDES, 2017.
Org. pelo autor.

## Garantias

O inciso II do art. 10 do Decreto nº 4.418/2002 Estatuto do BNDES, destaca a necessidade de se procurar segurança no reembolso do banco nos casos das operações reembolsáveis. Essa segurança só se faz possível com o estabelecimento das garantias da própria colaboração financeira a ser celebrada. Apesar de ser critério de concessão da colaboração, sendo os critérios gerais e específicos objetos de análise do capítulo 3 do presente trabalho, optou-se por expor as garantias neste capítulo, posto que estende continuidade à compreensão da taxa de juros do BNDES. O que significa dizer que além do custo das operações, existe também risco, motivo pelo qual surgem as garantias e a suas exigências. De toda forma é necessário considerar igualmente as garantias para a análise dos critérios.

O Capítulo V do anexo da Resolução do BNDES nº 665/87 trata das Garantias da Colaboração Financeira, compreendendo os art. 19º ao art. 33º. As garantias dos contratos celebrados no BNDES podem ser reais ou pessoais. A definição do art. 19º do anexo da Resolução do BNDES nº 665/87 é de que as garantias pessoais são o aval e a fiança, prestada por terceiro na condição de devedor solidário e principal pagador das obrigações assumidas no contrato, com a necessidade de renúncia expressa dos direitos concebidos nos art. 366, 827 e 838 do Código Civil, Lei 10.406/2002. Segundo o mesmo artigo, serão reais as garantias fundadas em direitos dessa natureza que autorizem o BNDES a execução da garantia do bem ou do direito, extrajudicialmente ou judicialmente[27].

A beneficiária do contrato celebrado com o BNDES é obrigada a registrar as garantias no local competente para tornar o ato válido e eficaz. Qualquer modificação do imóvel dado em garantia deve ser averbada no respetivo cartório competente, podendo o próprio BNDES realizar tais averbações, registros ou arquivamentos, debitando da beneficiária as devidas despesas. Os bens dados em garantias no contrato celebrado com o BNDES não podem ser alienados, onerados, arrendados, cedidos nem removidos sem prévio consentimento, por escrito, do banco do desenvolvimento, além de que é obrigatória a conservação do bem e a quitação dos tributos e demais encargos fiscais incidentes sobre o mesmo.

O BNDES exige que as garantias reais sejam prestadas em no mínimo 130% do valor do valor do contrato, exceto se o produto, a linha de financiamento ou o programa dispor de forma contrária. Qualquer ocorrência durante a duração do contrato que importe a diminuição ou depreciação da garantia importa obrigação para o beneficiário de providenciar o seu reforço até o percentual destacado ou a substituição da garantia, da mesma forma se obriga o terceiro que preste a garantia real. De acordo com o art. 27, parágrafo terceiro do anexo da Resolução do BNDES nº 665/87 o critério para a determinação do valor das garantias é próprio do BNDES, podendo reavaliar sempre que julgar necessário.

A beneficiária é obrigada a contratar seguro de todos os bens dados em garantia nas contratações com o BNDES durante o prazo de duração do contrato com o banco[28]. A critério da Diretoria e quando o financiamento se destinar a projetos de infraestrutura, implantação, ampliação de projetos industriais, bem como construção e/ou expansão de Shopping Centers, o BNDES pode exigir a contratação de seguro-garantia. Em tal modalidade, as apólices devem conter cláusula especial favorecendo o BNDES quanto à exclusão ou cancelamento da apólice, assim como conferindo poderes ao mesmo de acionar a seguradora com o objetivo de resguardar os direitos estabelecidos na apólice. O seguro-garantia se torna obrigatório durante a duração da obrigação da beneficiária com o BNDES, devendo a mesma comprovar a renovação do seguro.[29]

As garantias são essenciais para a celebração da colaboração financeira com o BNDES, podendo as mesmas serem prestadas pelo BNDES, nas hipóteses do art. 5, VII e VIII do anexo da Resolução do BNDES nº 665/87. Nas operações diretas cabe ao BNDES a avaliação da garantia e o risco da operação envolvida; já nas operações indiretas cabe a instituição financeira essa avaliação, destacando que a ausência de garantias na operação indireta implica a assunção do risco pela instituição financeira.

## *Fundo Garantidor para Investimentos – FGI*

Criado em 2009, o BNDES FGI é um fundo privado, com estrutura de cotas[30] e CNPJ próprio[31], constituído e administrado pelo BNDES (responsável pela gestão dos ativos e das garantias) que compõe a estrutura de governança do fundo junto com a assembleia de cotistas[32]. Seu objetivo, diretamente ou indiretamente, é de garantir o risco nas operações do BNDES com micro, pequenas e médias empresas, microempreendedores individuais, e autônomos transportadores rodoviários de carga, na aquisição de bens de capital inerentes a sua atividade. A justificativa de criação do fundo é de permitir que as micro, pequenas e médias empresas tenham mais acesso aos produtos, linhas de financiamento e programas do BNDES[33] mesmo possuindo conjunto de garantias limitadas ou não as possuindo.

Na maioria dos casos, o FGI será operacionalizado por meio das operações indiretas do sistema BNDES, o que significa que haverá a participação direta de instituição financeira habilitada a operar com o fundo. É a instituição financeira quem avalia o risco da operação de crédito e a classifica de acordo com a Resolução nº 2.682, de 21 de dezembro de 1999 do CMN. Essa classificação do risco é feita sem considerar a garantia do fundo. O valor máximo de exposição do fundo permitida é de doze vezes o seu patrimônio, sendo que essa exposição é ainda limitada a quatro vezes o seu patrimônio para cada conglomerado financeiro. A instituição financeira possui ainda o limite de duzentas vezes o valor integralizado em cotas do BNDES FGI para a utilização do fundo.

O fundo garante somente até 80% do valor total do financiamento com limite de R$ 10 milhões por financiado. Contudo, para conseguir a garantia do fundo nos financiamentos onde se admite a sua participação é necessário prestar, cumulativamente, garantia pessoal e real ao fundo. As garantias prestadas ao fundo serão pessoais quando o valor do financiamento não ultrapassar o limite estabelecido pelo fundo de R$ 3 milhões[34] e serão reais mais pessoais ou somente reais quando o valor ultrapassar R$ 3 milhões e US$ 1,5 milhão (dólares americanos) quando se tratar de operação de comércio exterior. As garantias pessoais são dispensáveis quando se tratar de operações realizadas com autônomos transportadores rodoviários de carga e quando há prestação de garantia real no valor de 100% do financiamento.

Caso o financiado se torne inadimplente no pagamento do financiamento, o agente financeiro que intermediou pode requerer ao fundo a liberação do valor garantido antecipadamente na proporção do risco assumido pelo BNDES FGI, ficando o agente financeiro responsável pelo pagamento ao BNDES da parcela não garantida no financiamento. Contudo, a cobertura de inadimplência do FGI é limitada a 7% do somatório dos valores liberados das operações do agente financeiro com base no que dispõe o Regulamento de Operações do FGI. Esse mecanismo é chamado de stop-loss e o mesmo atua como limite para as perdas da carteira de cada agente financeiro, contribuindo para a preservação do patrimônio do fundo e trazendo o risco e a responsabilidade da operação também para o agente financeiro.

Cada operação do fundo possui um custo de utilização chamado de Encargo por Concessão de Garantia (ECG), cujo valor é calculado por meio de fórmula financeira prevista no regulamento de operações do fundo[35]. Tal encargo é repassado ao financiado e passa a englobar a totalidade do custo de financiamento.

As garantias do FGI são prestadas diretamente nas operações de crédito contratadas por (a) microempreendedores individuais, microempresas e empresas de pequeno porte; (b) empresas de médio ou menor porte, consideradas como tal, para fins do disposto no FGI, aquelas cujo faturamento bruto anual não ultrapasse a R$ 90 milhões e (c) autônomos transportadores rodoviários de carga, na aquisição de bens de capital inerentes a sua atividade.

Serão prestadas garantias indiretas nos riscos assumidos nas operações mencionadas acima mediante (a) garantia a operações cobertas por fundos ou sociedades de garantia de crédito; (b) aquisição de cotas de outros fundos garantidores ou de fundos de investimento em direitos creditórios; e (c) garantia do risco de crédito dos beneficiários referidos no item anterior, na aquisição de bens de capital comercializados por meio de operações de repasse de agente financeiro para fabricante habilitado[36].

Não é permitido ao FGI prestar garantias nas operações cuja empresa ou empreendedor estiver inadimplente em operação com garantia outorgada pelo FGI, cuja empresa ou empreendedor tiver apresentado parcelas em atraso, por mais de 60 dias, em qualquer modalidade de operação com o agente financeiro, nos 12 meses anteriores à data da solicitação de outorga de garantia, cuja empresa ou empreendedor seja, direta ou indiretamente, controlada por pessoa jurídica de direito público interno, operações indexadas em moeda estrangeira ou cesta de moedas que contemple moeda estrangeira e operações contratadas sob quaisquer linhas ou programas agrícolas[37], inclusive do governo federal[38].

## Considerações parciais

O BNDES é instituição financeira, é agente de fomento da União, é instituição pública e é instrumento de política de investimento do Governo Federal. Ou seja, o BNDES é uma instituição complexa que ocupa papel central na economia brasileira. Identificam-se, no mínimo, quatro dimensões ao qual o BNDES está sujeito: dimensão financeira; dimensão fomentadora, dimensão pública e dimensão política. Essa maneira de enxergar o BNDES pode facilitar a compreensão das influências que ele sofre na sua organização.

A dimensão financeira é onde se situa a sua organização enquanto instituição financeira; é onde se observa a sua preocupação com o risco das operações bancárias praticadas. É onde também se nota a vinculação do BNDES ao CMN e ao BACEN, os quais impõe essa lógica financeira, incluindo ai a análise de risco, as boas práticas bancárias e classificação dos riscos das operações praticadas pela instituição. Essa dimensão possui limite na sua influência ao BNDES que é própria da sua visão estritamente financeira.

A dimensão fomentadora é aquela que busca direcionar a atividade do BNDES para os setores da economia ou atividades econômicas onde se identifica a necessidade de auxílio e crescimento. A missão de fomento do BNDES é ampla, pois, visa estimular a iniciativa privada, com possibilidades de auxílio à administração pública, de toda a economia nacional, em qualquer setor e atividade, com exceção daquelas atividades ou setores que o banco declaradamente não apoia. A missão de fomento tem haver também com ideia de se estimular, por meio do crédito, setores econômicos no qual o mercado financeiro estabelecido não tenha tanto interesse, abrindo o cenário econômico para novas possibilidades.

A dimensão pública do BNDES não pode ser entendida somente com relação a sua criação de entidade pública nacional, mas é muito melhor observada quando se tem em razão a sua finalidade pública. Isto significa dizer que a instituição é voltada para o cumprimento do interesse público, com vistas a auxiliar o Estado na busca do seu objetivo finalístico. Isso porque o BNDES utiliza de recursos públicos para atuar no mercado, assim, ele passa a ter a necessidade de voltar sua atuação para combater preocupações públicas, como é o caso do combate à pobreza e à desigualdade, constitucionalmente designadas.

A dimensão política tem ligação direta com as escolhas que são realizadas pelo BNDES na criação de estratégias e critérios apontados para sua finalidade ou pela escolha do Governo Federal das prioridades do fomento. A questão é que a instituição faz inúmeras escolhas que repercutem no cenário brasileiro e outras escolhas lhe são impostas pelo Governo Federal e devem ser colocadas em práticas por ela com fito na sua instrumentalidade de investimento. Essa escolha é discricionária, recaindo muito mais sobre o Governo Federal do que sobre o BNDES, mas cabe ao último a aplicação dessa escolha no cenário nacional, além da criação de critérios para essa atuação que possibilita ao mercado receber seus recursos nos setores que entender prioritários. Sempre que há a definição de qual será a política adotada, caminhos são abertos e outros são fechados. A dificuldade reside na identificação da aplicação dessas políticas.

Com esse espírito, torna-se possível compreender melhor a estruturação do BNDES e também como cada uma dessas dimensões o influencia. Cada dimensão, no BNDES, orienta-se para a sua finalidade, ou seja, para o desenvolvimento da economia nacional. Esse é o ponto em comum em todas as dimensões citadas e que devem estar alinhados com tal finalidade. Todavia, conflitos são possíveis entre as dimensões, assim como determinada dimensão pode ser preponderante em diferentes aspectos do BNDES. Essa percepção dimensional é útil para compreendê-lo e será utilizada ao longo do restante do trabalho.

No primeiro capítulo nota-se a preponderância das discussões em torno das dimensões públicas, dos possíveis objetivos da dimensão fomentadora e da dimensão política. Neste capítulo se atenta para a dimensão financeira principalmente quando se trata das garantias e da análise de risco das operações, além da estruturação da instituição como instituição financeira; para a dimensão pública quando se estabelece finalidades relacionadas com o objetivo público, sobretudo do desenvolvimento; para a dimensão política quando aborda o estabelecimento de princípios-finalidades da atividade fomentadora do Estado e do BNDES. A dimensão fomentadora não foi preponderantemente abordada neste capítulo, sendo analisada com mais atenção nos próximos capítulos, quando se observa quais os setores mais ou menos incentivados.

Uma observação sobre a dimensão política se faz necessária. A variável política da instituição é muito importante para uma análise mais apurada sobre o BNDES. Entretanto, essa variável está também relacionada com a finalidade desenvolvimentista do banco; com isso; se quer dizer que, apesar de ser importante saber das intenções políticas dos agentes do Estado e do seu impacto para a atividade do BNDES, o mais importante neste trabalho é reconhecer quais são os resultados dessas escolhas e como os critérios de atuação do banco autorizam esses resultados. Mesmo já tendo sido afirmado anteriormente, esse destaque é necessário para se compreender os próprios limites desta investigação.

A crítica de utilização política do BNDES, despreocupada ou desvirtuada de sua missão desenvolvimentista fica a cargo de LAZZARINI[39]. Autor que expõe a existência de relacionamentos dos agentes políticos com empresários privados, associando esses relacionamentos com a concessão de colaboração financeira por parte do BNDES. Não é o escopo desse trabalho verificar esses relacionamentos e buscar uma razão para a formação da manifestação da dimensão politica. Sabidamente eles são capazes de colocar em xeque o propósito do banco, além serem capazes de sugerir uma supremacia do privado sobre o público. Contudo, o importante é descobrir o tipo de desenvolvimento praticado pelo BNDES e, mesmo com as escolhas destacadas, se o mesmo cumpre com os objetivos públicos que lhe são traçados.

Considerando as leis de diretrizes orçamentárias referente aos anos do período de 2009 até 2016, torna-se possível perceber que o BNDES não é o único instrumento de fomento financeiro do Estado. Observando as leis do plano plurianual destacadas neste trabalho, especificamente os anexos dessas legislações, torna-se perceptível ainda que existem inúmeros outros instrumentos da administração pública federal voltada para a atuação no cenário econômico com fito da redução das desigualdades regionais e sociais, com o desenvolvimento do mercado e da atividade econômica e com a busca de aumento da efetividade da prestação de serviços pela administração pública.

Somado a isso, tem-se as agencias de fomento estaduais[40] e os fundos de financiamento regionais, destacados na Lei n° 7.827/1989[41], com o propósito de contribuir com o desenvolvimento econômico por meio do financiamento. Igualmente e direcionado para o desenvolvimento regional temos ainda, como instrumento a disposição do estado, a Superintendência do Desenvolvimento do Nordeste (SUDENE), a Superintendência do Desenvolvimento da Amazônia (SUDAM), a Superintendência do Desenvolvimento do Centro-Oeste (SUDECO), o Departamento Nacional de Obras Contra as Secas (DNOCS), a Companhia de Desenvolvimento dos Vales do São Francisco e do Parnaíba (CODEVASF), todos vinculados ao Ministério da Integração Nacional.

Isso tudo indica que, no mínimo, o BNDES não é o único instrumento a disposição do Estado brasileiro com o objetivo de auxiliar no desenvolvimento econômico e social, na redução das desigualdades sociais e regionais e não é a única agencia financeira do Estado que visa estimular a iniciativa privada. Assim, não se pode atribuir ao BNDES todas as glórias ou derrotas do desenvolvimento nacional. Essa é uma questão importante, pois o BNDES não pode ser confundido com o objetivo do próprio Estado ou como se o próprio Estado fosse; ele é mero instrumento para a finalidade estatal.

Contudo, o BNDES, no cenário brasileiro, tem participação de enorme destaque, sendo factualmente o principal instrumento do Governo Federal no crédito de longo prazo. Em 2013, o BNDES foi responsável por 22,9% do ativo de crédito nacional voltado para o setor privado e possuindo ativos referentes à 15,2% do PIB nacional[42]. Isso indica a força e a capacidade financeira do BNDES no cenário econômico nacional.

A história legislativa do BNDES revela que no início o banco possuía finalidade para o desenvolvimento mais restrita ou direcionada, inclusive elencando os setores apoiados, enquanto que hoje tal determinação fica a cargo de outras legislações definidas pelo Poder Executivo ou outros atos do Executivo. Somado a tal fato se tem a falta de uma legislação de planejamento do Estado para o desenvolvimento, o que se entende como ruim no sentido em que se perde a noção de cumprimento de etapas na busca de um todo no longo prazo. Quer-se dizer que o país carece de uma legislação que mantenha em foco o desenvolvimento do Estado, ou seja, uma visão mais estadista.

Isso pode fazer com que cada Governo Federal de situação crie etapas de acordo com seu projeto de Estado, podendo estar desconectado com o que fora construído por outros governos. Como o conceito de desenvolvimento é finalístico, seu conteúdo é extremamente maleável, fazendo com que as estratégias diferentes de diferentes Governos possam não evoluir satisfatoriamente no longo prazo pelo fato de não serem congruentes. Isso é fruto de uma visão ideológica que o desenvolvimento carrega.

De toda forma, é preciso lembrar que o Direito não é capaz de alterar a realidade simplesmente por que assim deseja. Tal leitura se estende a Constituição Federal e a sua leitura feita no último capítulo. A previsão de uma legislação estadista, leitura que fizemos acima, não necessariamente seria capaz de alterar a realidade fática, até porque o grande problema é a verificação de que o que está contido na legislação está ou não sendo perseguido na sua aplicação prática. Alias, o propósito dessa dissertação é verificar exatamente isso, mas sob o enfoque no BNDES.

A estrutura de atuação do BNDES sofre controle político direto do Governo Federal pela forma de indicação de membros da Diretoria e do Conselho de Administração do banco. Com isso, o Governo Federal garante que o banco do desenvolvimento nacional siga as suas políticas econômico-financeiras e consiga programar quais serão as diretrizes e prioridades de atuação do banco. A interferência no funcionamento do BNDES pode ser ainda maior por parte do Governo Federal, sobretudo com as indicações de negócios que devem ser incentivados.

As legislações destacadas no capítulo deixam claro o sentido da política de se criar mais renda e de se gerar mais emprego. Um questionamento que já se tornou clássico seria descobrir o que pode significar para o BNDES se certo projeto tiver como objetivo modificar determinada atividade produtiva, mas impactar negativamente sobre a empregabilidade ou renda. Ele poderia ser rejeitado. Isso parece ser contra alguns dos conceitos de desenvolvimento tratados no Capítulo 1, principalmente quanto à característica disruptiva do próprio desenvolvimento – no que tange as inovações por exemplo – e quanto à criação de um sistema econômico inclusivo, o que é identificado como saudável tanto para o desenvolvimento da economia quanto para o bem estar do Estado democrático de acordo com Acemoglu e Robinson[43]. Além disso, esse tipo de escolha pode tornar o país pouco competitivo no cenário internacional. Isso deve ser considerado juto com o fato de que não existe um critério legal de investimentos do BNDES, o que significa dizer que se trata de um limbo jurídico onde prevalecem ideologias econômicas. Ou seja, não existe um normativo orientador ao BNDES que irradiem diretamente na criação de critérios que consiga lidar com possíveis conflitos. Se o propósito do banco é com o desenvolvimento, limitar a sua atuação por conta de um fator como a empregabilidade do investimento quando o investimento tem capacidade de ampliar a estrutura produtiva é limitar o próprio desenvolvimento.

No que tange às taxas de juros, o BNDES trabalha como regra com taxas inferiores as do mercado tradicional, o que significa que os clientes beneficiários da colaboração financeira dessa empresa pública possuem vantagem em relação aos outros agentes do mercado. Mais do que uma simples questão de justiça distributiva que possa se aventar por tal motivo, a questão parece mais importante seria como essa vantagem poderia trazer benefícios coletivos para o sistema econômico[44].

Não se pode desconsiderar o fato de que todos os agentes de mercado que recebem a colaboração financeira do BNDES estão sujeitos ao risco do mercado, assim como o próprio BNDES está sujeito aos riscos inerentes à própria atividade financeira. Logo, trabalhar com uma taxa de juros menor tenciona certa vantagem considerável a ser buscada pelos agentes do mercado. Vantagem esta que irá atrair os agentes mais competitivos do mercado. Com essa postura, o banco pode passar a ser mais procurado por todos os tipos de possíveis clientes, desde os mais necessitados no mercado até os que menos teriam necessidade, desde os com maior potencial de negócio até os com potencial reduzido. Escolher quais são os melhores investimentos e quais colaborações financeiras que mais se alinham com o propósito do BNDES é o objetivo da análise dos critérios da colaboração financeira realizada no próximo capítulo.

Contudo, considerando que o banco atua no mercado com juros menores, é notória a preocupação do BNDES com a exigência de oferecimento de garantias para a contratação da colaboração. Analisando o requisito de garantia definidos pelo BNDES, assim como aqueles previstos no FGI, verifica-se que a sua incidência é capaz de afastar aquele empreendedor que não possui garantias para oferecer. Esse é o paradoxo do sistema financeiro (dimensão financeira). Uma lição de PIKETTY[45] parece incidente nesse cenário.

> Na prática, a única coisa que os credores podem fazer para se certificar de que recuperarão sua aposta é exigir do tomador de empréstimos que ele deposite uma cauço ou, o que dá no mesmo, que o tomador do empréstimo financie com seu próprio capital inicial parte do investimento, firmando assim com o credor um compromisso confiável quanto à viabilidade do projeto. Eis porque o volume de crédito que uma pessoa física ou jurídica pode obter para financiar determinado investimento é na prática proporcional ao volume de fundos de que dispõe o tomador de empréstimos. Em outros termos, 'só se empresta aos ricos'. Esse fenômeno é eficiente para os emprestadores, embora ineficiente para a sociedade como um todo: a renda total poderia ser mais elevada se o capital fosse redistribuído de modo que todos os investimentos rentáveis pudessem ser efetuados.[46]

Isso quer dizer que para que o banco possa rever aquilo que foi investido, ele tem de exigir as melhores garantias, arriscando pouco nos investimentos e, de acordo com PIKETTY[47], fazendo com que os financiamentos em geral somente procurem aqueles que possam ofertar tais garantias. Isso seria capaz de tornar o financiamento eficiente para o banco, já que minimiza seus riscos, mas torna-o ineficiente socialmente, pois, esses valores restariam empregados fatalmente para os menos necessitados da sociedade e impedindo que sua distribuição na base faça florescer mais negócios e mais competitividade. Esse é um conflito possível entre as dimensões financeira e fomentadora.

Todavia, essa não é uma assunção que se faz no momento, mas é um questionamento que parece relevante, ou seja: é possível que a exigência excessiva de garantias impeça que os menos favorecidos economicamente tenham acesso a esses financiamentos do BNDES? Não se tem pressa nessa resposta e não se faz afirmativa nesse sentido sem que se tenha considerado os critérios de concessão da colaboração financeira do BNDES, assim como a hipótese de outras espécies de garantias incidentes especificamente. Contudo, a exigência de garantias da maneira como foi exposta pode levar a essa conclusão de afastamento dos menos favorecidos por essa razão, sendo que não ficou demonstrada neste trabalho a relação de causalidade e consequência do estabelecimento de garantias com a exclusão financeira mencionada[48].

Não se pode esquecer que o BNDES é empresa pública que interfere na economia nacional e ainda que seu objetivo finalístico não seja o lucro, a empresa não pode também ter prejuízo financeiro, sob pena de prejudicar ou até interromper sua atividade. Logo, a lógica das garantias é necessária nesse sentido, além de que a sua ausência é considerado ato de improbidade administrativa, conforme o art. 10, VI da Lei nº 8.429/1992. Nesse aspecto a tensão entre a dimensão financeira, auxiliada pelo comando legal mencionado, e a dimensão fomentadora e pública é muito grande. Nesse sentido, considerando as dimensões e o propósito do BNDES, o que se percebe é a imposição na busca de uma eficiência dos recursos de forma subótima. O que significa dizer que o recurso pode ser alocado de forma mais eficiente com o objetivo social do banco, mas sem a existência de garantias o negócio não pode ser realizado, logo a eficiência almejada tem de equilibrar nesse requisito e na finalidade almejada.

As diferentes estratégias de operações do BNDES no mercado parecem permitir uma maior abrangência de atuação e flexibilidade de controle das atividades do banco. Entretanto, além das análises formais destacadas nas etapas do pedido de colaboração financeira, não se trabalhou em quais são os critérios para se classificar determinado projeto como positivo do ponto de vista social e ambiental. Quer dizer, quais seriam os critérios adotados pelo BNDES para avaliar as externalidades positivas dos projetos apresentados na realidade das coisas? E porque motivo algum deles poderia ser rejeitado por esses motivos?

Realçamento tem de ser dado ao fato de que a palavra final nas colaborações e investimentos de grande vulto financeiro necessita de aprovação da Diretoria do BNDES. O momento de a Diretoria analisar o pedido é posterior a todas as avaliações técnicas internas do banco. A Diretoria faz de alguma forma espécie de controle finalístico do projeto aprovado, verificando em última instância se o mesmo está alinhado com os objetivos institucionais do BNDES e com a política econômica do Governo Federal. É tranquilo afirmar que se trata de uma decisão discricionária, mas não arbitrária. A Diretoria tem decisão em todas as operações diretas e nas indiretas não-automáticas. Isso significa dizer também que nas operações indiretas automáticas, em tese, a Diretoria não teria poder de decisão sobre a finalidade do projeto, pois, o mesmo estaria decidido pela norma instituída pelo banco.

Intuitivamente, é ainda provável supor que a burocracia em torno da liberação da colaboração financeira seja outro fator que afasta parte da sociedade, em especial a menos intelectualizada. Isso porque se observa que nas etapas de liberação do financiamento há a exigência de apresentação de projeto para ser avaliado, num padrão exigido pelo banco. Esse requisito pode ser limitador dependendo do grau de informações necessárias e complexidade que deva conter no pedido ao BNDES.

Além das considerações pertinentes ao capítulo com base no que foi exposto, se fez alguns questionamentos e digressões que podem ser incidentes, sem, todavia, estarem, elas testadas minimamente. Entretanto, o capítulo apresenta o sentido de estruturação do BNDES institucionalmente, destacando sua missão institucional, percebendo os tipos de operações que o mesmo realiza, a vantagem do tipo de juros que utiliza e a necessidade de garantias para a celebração do contrato de colaboração financeira.

Avançar na análise dos critérios do banco, assim como analisar, para além das estruturas gerais, qual a forma concreta de atuação do BNDES e quais seus produtos no mercado, é o passo necessário para melhor compreender a sua forma de atuação no mercado nacional.

## NOTAS

1        Art. 2º do Decreto nº 4.418/2002.

2        Art. 3º do Decreto nº 4.418/2002.

3        Essa é a redação do art. 14 do seu Estatuto em 2016 pela alteração realizada pelo Decreto nº 8.843/2016. Até 2008, a Diretoria do BNDES era constituída pelo seu Presidente, Vice-Presidente e mais cinco Diretores, alterado pelo Decreto nº 6.575/2008 passou a contar com seis Diretores e com a alteração do Decreto nº 7.989/2013 passou a contar com sete Diretores.

4        Art. 14º do Decreto nº 4.418/2002.

5        "Art. 15. Compete à Diretoria: I - aprovar, em harmonia com a política econômico-financeira do Governo Federal e com as diretrizes do Conselho de Administração: a) as linhas orientadoras da ação do BNDES; e b) as normas de operações e de administração do BNDES, mediante expedição dos
regulamentos específicos; II - apreciar e submeter ao Conselho de Administração o Programa de Dispêndios Globais e aprovar o orçamento gerencial do BNDES, que reflete o fluxo financeiro do período; III - aprovar as normas gerais de administração de pessoal, inclusive as relativas à fixação do quadro; IV - aprovar a organização interna do BNDES e a respectiva distribuição de competência, bem como a criação de escritórios, representações, agências ou subsidiárias; V - deliberar sobre operações de responsabilidade de um só cliente ou sobre limites de crédito para determinado grupo  econômico, situados no respectivo nível de alçada decisória estabelecido pelo Conselho de Administração; VI - autorizar aplicações não reembolsáveis, para os fins previstos nos

incisos IV, V e VI do art. 9o; VII - autorizar a contratação de obras e serviços e a aquisição, locação, alienação e oneração de bens móveis, imóveis e valores mobiliários, bem como a renúncia de direitos, transações e compromisso arbitral, situados no respectivo nível de alçada decisória estabelecido pelo Conselho de Administração, podendo estabelecer normas e delegar poderes; VIII - pronunciar-se sobre as demonstrações financeiras trimestrais, encaminhando-as ao Conselho Fiscal; IX - autorizar a realização de acordos, contratos e convênios que constituam ônus, obrigações ou compromissos para o BNDES, podendo estabelecer normas e delegar poderes, quando estes instrumentos possuírem natureza exclusivamente administrativa; X - pronunciar-se sobre todas as matérias que devam ser submetidas ao Conselho de Administração; XI - conceder férias e licenças aos membros da Diretoria; e XII - fazer publicar, no Diário Oficial da União, depois de aprovado pelo Ministro de Estado do Desenvolvimento, Indústria e Comércio Exterior, observada a legislação específica em cada caso: a) o regulamento de licitação; b) o regulamento de pessoal, com os direitos e deveres dos empregados, o regime disciplinar e as normas sobre apuração de responsabilidade; c) o quadro de pessoal, com a indicação, em três colunas, do total de empregados e os números de empregos providos e vagos, discriminados por carreira ou categoria, em 30 de junho e 31 de dezembro de cada ano; e d) o plano de salários, benefícios, vantagens e quaisquer outras parcelas que componham a retribuição de seus empregados. Parágrafo único. A Diretoria do BNDES poderá delegar a um Diretor a aprovação de operações de responsabilidade de um só cliente, cujo valor esteja contido no limite de crédito previamente aprovado para o respectivo grupo econômico, na forma do inciso V do caput." (BNDES, 2002, art. 15).

6        "Art. 12. Compete ao Conselho de Administração: I - opinar, quando solicitado pelo Ministro de Estado do Desenvolvimento, Indústria e Comércio Exterior sobre questões relevantes pertinentes ao desenvolvimento econômico e social do País e que mais diretamente se relacionem com a ação do BNDES; II - aconselhar o Presidente do BNDES sobre as linhas gerais orientadoras da ação do Banco e promover, perante as principais instituições do setor econômico e social, a divulgação dos objetivos, programas e resultados da atuação do Banco; III - examinar e aprovar, por proposta do Presidente do BNDES, políticas gerais e programas de atuação a longo prazo, em harmonia com a política econômico- financeira do Governo Federal; IV - definir os níveis de alçada decisória da Diretoria e do Presidente, para fins de aprovação de operações; V - aprovar o Programa de Dispêndios Globais e acompanhar a sua execução; VI - apreciar os relatórios anuais de auditoria e as informações sobre os resultados da ação do BNDES, bem como sobre os principais projetos por este apoiados; VII - manifestar-se sobre os balanços patrimoniais e as demais demonstrações financeiras, propondo a criação de reservas e opinando sobre a destinação dos resultados; VIII - deliberar sobre o aumento do capital do BNDES mediante incorporação de reservas de capital constituídas nos termos dos arts. 167 e 182, § 2º, da Lei nº 6.404, de 1976; IX - opinar sobre a proposta de criação, extinção, associação, fusão ou incorporação de empresas subsidiárias, para a realização de serviços auxiliares

ou para a execução de empreendimentos cujos objetivos estejam compreendidos na área de atuação do BNDES; X - decidir sobre os vetos do Presidente do BNDES às deliberações da Diretoria; XI - designar o Chefe da Auditoria, por proposta do Presidente do BNDES; e XII - dirimir questões em que não haja previsão estatutária, aplicando, subsidiariamente, a Lei n° 6.404, de 1976." (BNDES, 2002, art. 12).

7     O Sistema BNDES é tratado no item 2.1.2 do presente trabalho.

8     "Art. 22-C. São atribuições do Comitê de Auditoria: I - recomendar à administração do BNDES a entidade a ser contratada, para prestação de serviços de auditoria independente, e a sua substituição, caso necessária; II - revisar, previamente à publicação, as demonstrações contábeis semestrais, inclusive notas explicativas, relatórios de administração e parecer do auditor independente; III - avaliar a efetividade das auditorias independente e interna, incluindo-se a verificação do cumprimento de dispositivos legais e regulamentares aplicáveis às empresas que constituem o Sistema BNDES, além de seus atos normativos internos; IV - avaliar o cumprimento, pela administração do BNDES, das recomendações feitas pelo auditor independente ou pelo auditor interno; V - estabelecer e divulgar procedimentos para recepção e tratamento de informações acerca do descumprimento de dispositivos legais e regulamentares aplicáveis às empresas que constituem o Sistema BNDES, incluídos seus atos normativos internos, prevendo procedimentos específicos para proteção do prestador e da confidencialidade da informação; VI - recomendar à Diretoria do BNDES correção ou aprimoramento de po-

líticas, práticas e procedimentos identificados no âmbito de suas atribuições; VII - reunir-se, no mínimo, trimestralmente, com a Diretoria do BNDES, com a auditoria independente e com a auditoria interna, para verificar o cumprimento de suas recomendações ou indagações, inclusive no que se refere ao planejamento dos trabalhos de auditoria, formalizando, em atas, os conteúdos de tais encontros; VIII - reunir-se com o Conselho Fiscal e Conselho de Administração do BNDES, por solicitação desses órgãos estatutários, para discutir acerca de políticas, práticas e procedimentos identificados no âmbito das suas respectivas competências; IX - elaborar, ao final dos semestres findos em 30 de junho e 31 de dezembro, documento denominado Relatório do Comitê de Auditoria, contendo as seguintes informações: a) atividades exercidas no âmbito de suas atribuições, no período; b) avaliação da efetividade dos sistemas de controle interno das empresas que constituem o Sistema BNDES, observado o disposto na legislação vigente e destacando as deficiências identificadas; c) descrição das recomendações apresentadas à Diretoria do BNDES, destacando as que não foram acatadas, acompanhadas das respectivas justificativas; d) avaliação da efetividade das auditorias independente e interna, inclusive quanto à verificação do cumprimento de dispositivos legais, regulamentares e normativos internos, aplicáveis às empresas que constituem o Sistema BNDES, destacando as deficiências identificadas; e) avaliação da qualidade das demonstrações contábeis relativas aos respectivos períodos, com ênfase na aplicação das práticas contábeis adotadas no Brasil e no cumprimento de normas editadas pelo Banco Central do Brasil, destacando as deficiências identificadas;

X - manter à disposição do Banco Central do Brasil e do Conselho de Administração do BNDES o Relatório do Comitê de Auditoria, pelo prazo mínimo de cinco anos, contados de sua elaboração; XI - publicar, em conjunto com as demonstrações contábeis semestrais, resumo do Relatório do Comitê de Auditoria, destacando as principais informações contidas nesse documento; XII - outras que vierem a ser fixadas pelo Conselho Monetário Nacional, pelo Banco Central do Brasil ou pelo Conselho de Administração do BNDES.

9        "Art. 165. Leis de iniciativa do Poder Executivo estabelecerão: [...] II - as diretrizes orçamentárias; [...]§ 2º A lei de diretrizes orçamentárias compreenderá as metas e prioridades da administração pública federal, incluindo as despesas de capital para o exercício financeiro subseqüente, orientará a elaboração da lei orçamentária anual, disporá sobre as alterações na legislação tributária e estabelecerá a política de aplicação das agências financeiras oficiais de fomento." (BRASIL, 1988, art.165)

10        Ver as disposições sobre a política de aplicação da agencias financeiras de fomento, em especial sobre o BNDES, nas legislações citadas: Lei nº 11.178/2008, Lei nº 12.017/2009, Lei nº 12.309/2010, Lei nº 12.465/2011, Lei nº 12.708/2012, Lei nº 12.919/2013, Lei nº 13.080/2015 e Lei nº 13.242/2015.

11        O art. 21, IX da Constituição Federal de 1988 destaca que compete a União à elaboração e execução de planos nacionais e regionais de desenvolvimento econômico e social, sendo que compete ao Congresso Nacional, com a sanção do Presidente da República, dispor sobre os planos e programas nacionais de desenvolvi-

mento, segundo o art. 48, IV da Constituição Federal de 1988.

12      Lei nº 11.653/2008.

13      Lei nº 12.593/2012.

14      Lei nº 13.249/2016.

15      Art. 4º da Lei nº 12.593/2012.

16      "Art. 4º A BNDESPAR tem por objeto social: I - realizar operações visando a capitalização de empreendimentos controlados por grupos privados, observados os planos e políticas do BANCO NACIONAL DE DESENVOLVIMENTO ECONÔMICO E SOCIAL - BNDES; II - apoiar empresas que reúnam condições de eficiência econômica, tecnológica e de gestão e, ainda, que apresentem perspectivas adequadas de retorno para o investimento, em condições e prazos compatíveis com o risco e a natureza de sua atividade; III - apoiar o desenvolvimento de novos empreendimentos, em cujas atividades se incorporem novas tecnologias; IV -contribuir para o fortalecimento do mercado de capitais, por intermédio do acréscimo de oferta de valores mobiliários e da democratização da propriedade do capital de empresas, e V - administrar carteira de valores mobiliários, próprios e de terceiros." (art. 4º do Estatuto da BNDESPAR)

17      Art. 5º, 6º, 6º-A e 6º-B, todos do Estatuto da BNDESPAR.

18      O Fundo de Financiamento para Aquisição de Máquinas e Equipamentos Industriais, também chamado de FINAME, foi criado em 1964 pelo Decreto 55.275/1964. Com a criação da Agência Especial de Financiamento Industrial a sigla FINAME foi mantida para representa-la.

19    Art. 5º do Decreto 59.170/1966. "Art. 5º Por decisão da Diretoria-Executiva, a FINAME poderá realizar operações de acceptance para suprimento de capital de giro às empresas instaladas em setores industriais básicos da economia, definidos na forma do inciso II do caput do art. 10-A. § 1º O BNDES,  no exercício das atividades bancárias a que está autorizado pelo art. 10 da Lei nº 1.628, de 20 de junho de

1952, e dentro das áreas de aplicação fixadas na Lei nº 1.474, de 26 de novembro de 1951, e na Lei nº 1.518, de 24 de dezembro de 1951, com a ampliação introduzida pela Lei nº 4.457, de 6 de novembro de 1964, poderá outorgar aval na forma de aceite ou co-aceite dos títulos respectivos das operações de acceptance que vierem a ser realizadas pela FINAME." (Grifos do original) A mesma disposição pode  ser vista na instrução normativa nº 48/1998 no seu art. 2º.

 20    Art.5, §2º do Decreto 59.170/1966. "§ 2º A FINAME poderá subscrever ações de empresas industriais para posterior repasse ao público, e, mediante convênio, aplicar recursos e valores mobiliários de outras agências públicas, federais ou estaduais, nos fins a que se destina." A mesma disposição pode ser vista na instrução normativa nº 48/1998 no seu art. 3º.

 21    Todos os objetivos do BNDES Limited podem ser visto no seu contrato social registrado no Reino Unido e     acessado     neste endereço     eletrônico: <https://beta.companieshouse.gov.uk/company/06823603/filing-history?page=6>.

22    BRASIL, 2002, art. 9º

23    Isso pode ser observado em todas as circulares e

regulamentos do BNDES citadas nesse trabalho que tratam dos produtos e programas do banco, como a Circular SUP/AOI N° 21/2017-BNDES, Circular SUP/AOI N° 20/2017-BNDES, Circular SUP/AOI n° 17/2017-BNDES, Circular SUP/AOI N° 13/2016- BNDES, Circular AEX n° 002/2014-BNDES, Circular SUP/AOI n° 27/2014-BNDES, entre tantas outras. Outra referência as taxas de juros pode ser visualizada no próprio site do BNDES de forma explicativa: In: BNDES, 2017. Disponível em: <https://www.bndes.gov.br/wps/portal/site/home/financiamento/guia/taxa-de-juros>. Acesso em: 23 de agosto de 2017..

24      "É o custo dos financiamentos do BNDES que tenham base nos recursos captados em moeda estrangeira, sem vinculação a repasse em condições específicas. [...] É definido a partir do custo médio das captações do Banco no mercado internacional [...].A variação da UMBNDES reflete a média ponderada das variações cambiais das moedas existentes na Cesta de Moedas do BNDES. Sempre que o BNDES efetua novas captações externas e/ou amortiza operações existentes, sua composição é alterada." In: BNDES, 2017, disponível em: <http://www.bndes.gov.br/ >.  Acesso em: 23 de agosto de 2017..

25      Importante destacar que a partir de janeiro de 2018 a TJLP será substituída pela Taxa de Longo Prazo (TLP) de acordo com a MP 777 de 2017, aprovada pelo Senado Federal em 5/09/2017.

26      "Art. 1° A partir de 1o de outubro de 1999, a Taxa de Juros de Longo Prazo - TJLP terá período de vigência de um trimestre-calendário e será calculada a partir dos seguintes parâmetros: I - meta de inflação calculada pro rata para os doze meses seguin-

tes ao primeiro mês de vigência da taxa, inclusive, baseada nas metas anuais fixadas pelo Conselho Monetário Nacional; II - prêmio de risco." (Art. 1º da Lei nº 9.365/1996).

27      Sobre as garantias reais ver a dogmática jurídica de ROSENVALD, Nelson; FARIAS, Cristiano Chaves de. Direitos Reais. 6ª Edição. Rio de Janeiro: Lumen Juris, 2009, p. 579-589.

28      Art. 29 do anexo da Resolução do BNDES nº 665/87.

29      Art. 33 do anexo da Resolução do BNDES nº 665/87.

30      Os cotistas não recebem nenhum tipo de remuneração.

31      Por isso não sujeito ao contingenciamento orçamentário.

32      A Assembleia Geral de Cotistas tem competência para examinar, anualmente, as contas relativas ao FGI, aprovar as alterações ao Estatuto do FGI e deliberar sobre: demonstrações contábeis e financeiras; substituição do Administrador; fusão, incorporação, cisão, transformação, dissolução ou liquidação do FGI; alteração da remuneração do Administrador; Plano de Contratação de Serviços; e relatório da administração.

33      Linhas e programas do BNDES passíveis de garantia - BNDES FGI: (1) Produto BNDES Finame – linha BK Aquisição e Comercialização, linha BK Produção e linha Moderniza BK; (2) Produto BNDES Automático – projetos de investimento e linha emergencial; (3) produto BNDES Soluções Tecnológicas; (4) Programas: BNDES Progeren, BNDES MPME Inovadora, BNDES MPE Aprendiz – Programa Micro e Pequena Empresa

Aprendiz; Programa Fundo Clima (subprogramas: mobilidade urbana [operações no âmbito do produto BNDES Automático]; máquinas e equipamentos eficientes [operações no âmbito dos produtos BNDES Finame e BNDES Automático]; energias renováveis [operações no âmbito do produto BNDES Automático]; cidades sustentáveis e mudança do clima [operações no âmbito do produto BNDES Automático]; florestas nativas [operações no âmbito do produto BNDES Automático]; gestão e serviços de carbono [operações no âmbito do produto BNDES Automático] e resíduos sólidos [operações no âmbito do produto BNDES Automático]); (5) Linhas de exportação – BNDES Exim Pré-embarque, BNDES Exim Pré-embarque Empresa Âncora e BNDES Exim Pré-embarque Empresa Inovadora.

34      Valor estipulado atualmente para as garantias diretas pelo Regulamento de Operações do FGI, alterado pela circular AEX nº 05/2017- BNDES, disponível em: <http://www.bndes.gov.br/wps/wcm/connect/site/46e7308c-9d2f-455b-bcb8-5c0ebac869c0/Circular+AEX+05.17+-+Regulamento+FGI+-+Repasse.pdf?MOD=AJPERES&CVID=lHMYpZB&CVID=-lHMYpZB&CVID=lHMYpZB&CVID=lkN6KRd&CVID=lkN6KRd&CVID=lkN6KRd&CVID=lkN6KRd&CVID=lkN6KRd&CVID=lkN6KRd&VID=lkN6KRd&CVID=lkN6KRd&CVID=lkN6KRd&CVID=lkN6KRd&CVID=lkN6KRd&CVID=lkN6KRd&CVID=lkN6KRd&CVID=lkN6KRd&CVID=lkN6KRd&CVID=lkN6KRd&CVID=lgxsyob>.        Acesso e      m 07/08/2017. Para as garantias indiretas o valor estipulado é de R$ 1 milhão, conforme o anexo à Circular AC nº 06/2015 disponível em < http://www.bndes.gov.br/

wps/wcm/connect/site/50c2f680-4ab9-4075-8caa-1b-49f453f8ef/Circ006_15_AC.pdf?MOD=AJPERES&C-VID=lkN7cJH&CVID=lkN7cJH&CVID=lkN7cJH&CVID=lkN7cJH&CVID=lkN7cJH&CVID=lkN7c-JH&CVID=lkN7cJH&CVID=lkN7cJH&CVID=lkN-7cJH&CVID=lkN7cJH&CVID=lkN7cJH&CVI-D=lkN7cJH&CVID=lkN7cJH&CVID=lkN7cJH&C-VID=lkN7cJH&CVID=lkN7cJH&CVID=lkN7cJH&-CVID=lgxsxJd>. Acesso em 07/08/2017.

35      A fórmula mencionada, no que tange as operações diretas do fundo, pode ser visualizada no anexo à Circular AEX nº 11/2017,  de 30.08.2017, no seguinte link:     <https://www.bndes.gov.br/wps/wcm/connect/site/677eef22-c8d5-461d-8dca-b709e0817d24/Circular--AEX-11-17-Regulamento-FGI-Repasse.pdf?MOD=A-JPERES&CVID=lUUJSqy>. Acesso em 30/09/2017..

36      Independentemente do porte e observada a compatibilidade com os riscos assumidos e com os mitigadores adicionais adotados, nos termos dos regulamentos do FGI.

37      Salvo para a aquisição de máquinas e utilitários, cuja maioria está vinculada ao produto BNDES Finame.

38      "Além disso, em operações de repasses do Sistema BNDES, o Fundo não garante operações: contratadas anteriormente à solicitação de outorga de garantia pelo FGI e em operações com recursos das próprias instituições financeiras ou provenientes de outras fontes distintas ao BNDES, na modalidade FGI Crédito Livre, o Fundo não garante operações: cuja contratação tenha ocorrido sem a adoção das exigências normativas do FGI; cuja Liberação de Parcela tenha ocorrido mais de 30 dias antes da Solicitação de Outorga de Garantia pelo

FGI; nas quais já tenha havido vencimento de amortização do saldo devedor da Operação antes da Solicitação de Outorga de Garantia pelo FGI; agrícolas ou de crédito rural; de arrendamento mercantil; de microcrédito no âmbito do Programa Nacional de Microcrédito Produtivo Orientado – PNMPO e no âmbito do Produto BNDES Microcrédito; de crédito imobiliário; de crédito rotativo; cuja empresa ou empreendedor seja classificada nos códigos de Classificação Nacional de Atividades Econômicas (CNAE) ligados a comércio de armas no país (CNAE 4789-0/09), atividades bancárias / financeiras (CNAE Divisão 64 e Grupo 661), motéis, saunas e termas (CNAE 5510-8/03 e 9609-2/05) e relacionados a jogos de prognósticos e assemelhados (CNAE 8299-7/06 e Classe 9200-3); de empreendimentos imobiliários, tais como edificações residenciais, edificações comerciais destinadas à revenda, empreendimentos comerciais destinados a aluguéis de escritórios, time-sharing, hotel-residência e loteamento; empreendimentos do setor de mineração que incorporem processo de lavra rudimentar ou garimpo; e ações e projetos sociais contemplados com incentivos fiscais" In, BNDES, 2017, disponível em: < http://www.bndes.gov.br/wps/portal/site/home/financiamento/bndes-fgi/informacoes-a-instituicoes-financeiras/informacoes-instituicoes-financeiras/!ut/p/z1/tVRfU6MwEP8sPvBIs0Ci7b0hg9aWjh2r1vLSCTRAbkqCIbbbnt7-A3J1z06KOyguzyWZ_f7IbFKMHFAu64znVXAq6NfEqPl1Ho2k4xtcQXS6ic_CjqTM_v3Kd4IKgZZsARz4fUHz8PL4l6B7FKE6FrnSBVonYsHrNRa25fkpbBhYUsmQWZFxQkXJaMqFlbeKcW8BFJlVJU8lquzvF2-Alm3FF6_dlNSyqlG_QapOdZgTYxnZxRm0MDtjUdR07ZThJMR45mXfWqe6x-

Je43ZfKWLcZ3V82CWW5oUV3YjQb00PpjG-n-NPv_5-Bj7xjwpNPulu90PuPev2rKRbwhNhlEwHm-GI4OKGgD-_vfFCPPFg4XYJfxlfX3kh-OMgIjicOp-cjr0vo0bwynp0d9eweo-WOsz26E81lbdHig1cy-fhOBfBKht_wC4HvLu99b3vlk-d6ObibicEe_aza_ot-m_8KkwUvOtTF5eR18k3tBoUixjiqnBkzLLhdbV-Dwss2O_3g5bpIJe7QaLMSmVgKql0w7fmmh1k_Wo4X8_pAbxC1saN_3FQVd6VQ-_ZjpNnD_i8D-JLhLPRIXq7DRJyHYX-ScnvwGP3_yv/dz/d5/L2dBISEvZ0FBIS9nQSEh/>. Acesso em 07/08/2017

39    LAZZARINI, Sergio G. Capitalismo de laços: os donos do brasil e suas conexões. Rio de Janeiro: Elsevier, 2011.

40    São exemplos: Banco de Desenvolvimento de Minas Gerais (BDMG), Banco Regional de Desenvolvimento do Extremo Sul (BRDE), Banco do Nordeste (BNB), Agência Estadual de Fomento (AgeRio), Agência de Desenvolvimento de Roraima (Aferr) entre tantas outras. Para educação e inovação científica e tecnológica, além do BNDES, existem, como órgãos federais, o Conselho Nacional de Desenvolvimento Científico e Tecnológico (CNPq) e a Financiadora de Estudos e Projetos (FINEP). Como agências de fomento estaduais de educação e inovação científica e tecnológica existem várias fundações estaduais como, por exemplo, a Fundação de Amparo à Pesquisa do Estado de São Paulo (FAFESP), a Fundação de Amparo à Pesquisa do Estado do Rio de Janeiro ( FAPERJ), a Fundação de Amparo à Pesquisa do Estado do Amazonas (FAPEAM), entre outras.

41    Fundo Constitucional de Financiamento do Norte (FNO), o Fundo Constitucional de Financiamento do Nordeste (FNE) e o Fundo Constitucional de Financia-

mento do Centro-Oeste (FCO). Existem inúmeros outros fundos com esse propósito além dos previstos nessa legislação, como o Fundo de Desenvolvimento Econômico e Social do Estado de Roraima (FUNDER) e tantos outros.

42 ALÉM, Ana Cláudia Duarte de; MADEIRA, Rodrigo Ferreira. As instituições financeiras públicas de desenvolvimento e o financiamento de longo prazo. Revista do BNDES, Rio de Janeiro, n.43, p. 5- 39, jun. 2015. Disponível em: <https://web.bndes.gov.br/bib/jspui/bitstream/1408/6244/1/RB%2043%20As%20institui%C3%A7%C3%B5es%20financeiras%20p%-C3%BAblicas%20de%20desenvolvimento_P.pdf>. Acesso em: 08 de novembro de 2017. Salienta-se que a relação com o PIB diz respeito ao total de ativos do BNDES naquele ano, não significando os desembolsos praticados pelo banco no mesmo ano. A relação dos desembolsos praticados pelo BNDES no ano de 2013 citado com o PIB é de 3,57%.

43 ACEMOGLU; ROBINSON, 2012.

44 É bom deixar registrado que uma mudança legislativa ocorrida em 2017, Lei 13.483/2017, transformou a TJLP em TLP (taxa de longo prazo) cujo objetivo é também aproximar essa taxa da Selic. A proposto do governo nesse período é de reduzir os juros da Selic igualmente. Essa informação é importante, pois, no curso de desenvolvimento dessa pesquisa ocorreu essa modificação que acabou ficando fora da análise, principalmente pelo fato de que o período analisado no último capítulo é referente aos anos de 2009 até 2016, não afetado pela mudança.

45 PIKETTY, Thomas. A economia da desigualda-

de. Tradução de André Telles. 1ªed. Rio de Janeiro: Intrínseca, 2015.

46      Ibidem, p. 70-71, grifos nossos.

47      Ibidem.

48      A exclusão financeira do BNDES não é um tema desconhecido para o mesmo, tendo sido tratado com rigor por LANA, Tonyedson Pereira e. Exclusão financeira e sua relação com a pobreza e a desigualdade de renda no Brasil. Rio de Janeiro: BNDES, 2015.

Capítulo 3

# Os critérios da colaboração financeira do BNDES

O propósito deste capítulo é o de analisar os critérios de concessão da colaboração financeira do BNDES e observar essa influência nos requisitos impostos em cada produto. É crucial começar afirmando que este trabalho considera uma distinção entre critério e requisito.

Esta pesquisa considera requisito nada mais do que a criação de uma condição que deve ser observada para a realização de determinada finalidade. A organização do BNDES para a concessão de colaboração financeira estabelece inúmeros requisitos exigidos e variáveis em cada produto, linha de financiamento ou programa incidente. Esses requisitos obrigam os beneficiários ao seu cumprimento para a realização da colaboração junto ao BNDES. Portanto, os requisitos carregam consigo uma lógica binária. Além dos requisitos que se observa nos produtos, existem requisitos mais abrangentes, como é o caso da exigência de garantias para a concessão de colaboração financeira. Esse requisito é imposto pela legislação.

Os critérios não são meros requisitos. A palavra critério é utilizada aqui como a faculdade de discernir e identificar a razão adotada para a utilização dos recursos do BNDES. Assim, parece possível identificar o juízo escolhido para avaliar a utilização dos recursos financeiros do BNDES em prol da sua finalidade. Somente buscando entender os critérios é que seria capaz de compreender a avaliação escolhida pelo banco como referência para distinguir o verdadeiro do falso no momento de realizar as colaborações.

Os critérios expõem as razões da criação dos requisitos, notadamente nos produtos. Os requisitos que possuem origem na legislação, como as garantias, bem como requisitos de origem nas agências reguladoras incidentes, neste caso principalmente do BACEN, influenciam na criação dos critérios do BNDES, já que a sua observância é obrigatória. Esses requisitos legais e regulatórios que se impõe são frutos de uma razão externa ao BNDES, devendo, contudo, ser aplicados pelo mesmo. Assim, a exigência de garantias é um requisito que influencia diretamente na criação da razão dos critérios de concessão da colaboração financeira desenvolvido pelo BNDES, notadamente pela sua imposição hierárquica.

Iniciamos a investigação do presente capitulo com a análise dos critérios de concessão de colaboração financeira desenvolvidos pelo BNDES para somente depois analisar os requisitos e a divisão de atividade de cada produto da instituição. Em cada produto será possível observar a materialização dos critérios da instituição.

Outro ponto central do capítulo no que tange aos produtos do BNDES é possibilidade de se observar sua aplicação nas mais diversas atividades econômicas, sendo tais divisões a constatação da razão do banco no que tange ao seu propósito fomentador e desenvolvimentista. Ou seja, constata-se a importância que o BNDES cria a cada atividade e setor econômico, grau de colaboração financeira, maiores e menores incentivos por porte de empresa.

Somente por meio dos produtos é que se torna possível compreender onde e como atua o banco do desenvolvimento, ao menos numa perspectiva organizacional e formal dos produtos. É também pelos produtos que se observa a criação de uma razão de desenvolvimento do BNDES, ou seja, por meio dos produtos se observará o critério de estimulo ao mercado visando o desenvolvimento da economia nacional. Aqui, nota- se a dimensão fomentadora do BNDES na sua estruturação de apoio financeiro.

## Critérios gerais de concessão de colaboração financeira do BNDES

O art. 10 do Decreto nº 4.418/2002[1] trata dos critérios gerais exigidos para a concessão de colaboração financeira do BNDES, sendo organizado da seguinte maneira:

(1) avaliação técnica do empreendimento, projeto ou plano de negócio; (2) avaliação econômico-financeira do empreendimento, projeto ou plano de negócio; (3) avaliação das implicações sociais do empreendimento, projeto ou plano de negócio; (4) avaliações das implicações ambientais do empreendimento, projeto ou plano de negócio; (5) a checagem da segurança do reembolso, excetuando os riscos, que por sua natureza, sejam naturais do empreendimento ou as operações não reembolsáveis; (6) a apuração de restrições à idoneidade da empresa, a critério do BNDES; (7) a apuração de restrições à idoneidade dos titulares das empresas, a critério do BNDES; e, (8) a apuração de restrições à idoneidade dos administradores das empresas, a critério do BNDES.

Parte desses critérios denota uma preocupação substancial, eis que dizem respeito à qualidade identificada no empreendimento, projeto ou plano de negócio. Por outro lado, existe uma preocupação do

BNDES que é meramente formal para a viabilidade da colaboração financeira, como as exigências jurídicas de registro da empresa na junta comercial, de documentação que ateste a regularidade fiscal, das obrigações trabalhistas da empresa, de documentação que comprove a regularidade da atividade junto aos órgãos de controle, de certidões ambientais, entre outros.

Os critérios elencados de 1 a 8 servem tanto para as operações diretas como para as indiretas. Todavia, as instituições que trabalham com as operações indiretas do BNDES possuem a obrigação de observar esses critérios. Na prática, essas instituições trabalham com produtos específicos do BNDES, no qual devem cumprir seus requisitos para a liberação de recursos financeiros do BNDES e devem realizar análise eficiente do risco do negócio, sob pena de sua responsabilidade na operação junto ao BNDES[2].

Além desses critérios, a Constituição da República Federativa do Brasil de 1988 em seu art. 239, §1°, determina que 40% da arrecadação do PIS (Programa de Integração Social) e PASEP (Programa de Formação do Patrimônio do Servidor Público) sejam investidos pelo BNDES em programas de desenvolvimento econômico, exigindo, entretanto, que os critérios utilizados pelo banco preservem o valor do recurso disponibilizado. O que significa dizer que com esses recursos, o banco tem obrigação constitucional de aplica-los de forma mais segura e rentável, sem perder de vista o seu propósito.

É perceptível a preocupação do BNDES e até mesmo da Constituição da República de1988 com a segurança na utilização dos recursos. O importante é observar que o preenchimento desses critérios tem de permitir que o BNDES cumpra a sua missão institucional, mas não deixa de ser um limitador.

Nesse sentido, Lima e Guimarães[3] destacam que na alocação de crédito, dado a existência de múltiplos projetos de fins diversos e para satisfazer as necessidades ilimitadas do desenvolvimento econômico e social brasileiro, "busca-se maximizar o retorno econômico e social do crédito concedido de forma sustentável"[4]. Com isso os autores indicam que os recursos do BNDES têm de ser utilizados nos melhores projetos possíveis. Os autores Lima e Guimarães[5], então, identificam as seguintes dimensões para que possam ser utilizadas como critérios para uma melhor classificação dos investimentos do BNDES: (a) a qualidade do projeto; (b) o retorno econômico; (c) o impacto social; (d) o impacto ambiental; (e) o prazo do financiamento; (f) e o risco do crédito. Identificam também mais três dimensões finalísticas do BNDES, sendo: (I) a capacidade de geração de emprego, (II) a capacidade de redução das desigualdades sociais e (III) a capacidade de redução das capacidades regionais. Sugerem, contudo, que podem existir outras dimensões que não foram objeto daquele estudo.

Essas primeiras dimensões observadas pelos autores são identificadas nos critérios formalmente estabelecidos pelo BNDES, com a exceção do prazo do financiamento. O prazo do financiamento não aparece como critério, mas pode ser entendido da seguinte forma: um dos propósitos do BNDES é de fornecer crédito em longo prazo, no entanto, o projeto que possuir o melhor impacto social, menor risco de crédito e menor tempo (prazo) de financiamento é preferível ao que possua uma maior tempo de financiamento, considerando que a velocidade de retorno dos recursos possibilita que os mesmos sejam disponibilizados em outro projeto. Essa é justificativa dada por Lima e Guimarães[6].

Sobre o aspecto finalístico destacado por esses autores, todos são encontrados nas legislações que indicam o caminho político que deve seguir a administração pública em geral e naquelas que orientam o BNDES especificamente, conforme destacado no capítulo anterior. Entretanto, os autores desconsideram inúmeras características do desenvolvimento tratadas no capítulo 1, reduzindo o desenvolvimento a ser praticado pelo BNDES a somente a três dimensões escolhidas.

Considerando o que foi exposto e considerando a estruturação do BNDES, é possível verificar que existem seis critérios que orientam a formação da colaboração financeira: (1) Risco do crédito: envolvendo a lógica das garantias, da qualidade[7] dos negócios e da empresa, a possibilidade de inadimplência e o risco sistêmico do SFN; (2) Expectativa de lucro: como parte da lógica que considera o custo do recurso somado ao custo administrativo da instituição mais o lucro. O lucro faz parte da necessidade do BNDES de ampliar as suas atividades e, portanto, aumentar sua capacidade de contribuir para o desenvolvimento; (3) Impacto social: considera os impactos positivos e negativos na sociedade, analisados mais abaixo; (4) Impacto ambiental: analisa os efeitos positivos ou negativos das colaborações para o ambiente; (5) Prazo do recurso: tendo em vista a necessidade de se atender outras necessidades econômicas; (6) Qualidade do projeto: observando a capacidade que o mesmo possui para a economia e o desenvolvimento.

Em setembro de 2016, o BNDES aderiu à metodologia da Tese de Impacto de Investimento em Projetos (Tiip) como forma de melhorar a sua análise dos projetos. Essa metodologia considera fatores econômicos, sociais, ambientais, regionais (impactos na região) e a qualidade do cliente em cada projeto, atribuindo uma nota de 0 a 5 em cada item. Um impacto neutro teria uma avaliação 2, ao mesmo tempo em que acima de 2 é considerado positivo e abaixo de 2 o impacto seria negativo. Contudo, desde 1999 o BNDES classifica os projetos em três níveis de categoria ambiental considerando o risco ao ambiente. No aspecto ambiental os impactos são negativos quando se considera: (i) consumo de água e de energia; (ii) emissões atmosféricas, de efluentes líquidos ou de resíduos sólidos; e (iii) alteração de ecossistemas. Os projetos são classificados se o mesmo traz soluções ou mitigações de problemas ambientais, ou se de acordo com o impacto da contribuição, diretamente decorrente do projeto ou indiretamente realizado pelo projeto. Isso compreende a percepção de impacto ambiental do BNDES.

Quanto ao impacto social, o BNDES considera fatores como a emprego e renda, infraestrutura básica (habitação, saneamento, transporte urbano de passageiros), serviços essenciais (saúde, educação,/ capacitações, segurança, gestão pública), desigualdade de renda (inclusão produtiva de população vulnerável) e identidade (engajamento social, gestão comunitária, patrimônio cultural). Da mesma forma que o ambiental, os projetos são classificados na dimensão social quanto ao seu impacto direto ou indireto.

Essas são as características das avaliações dos projetos como critérios para a seleção das colaborações do BNDES.

## Produtos do BNDES: requisitos e direcionamento

O BNDES estrutura seus produtos por meio de normativos institucionais. Todas as operações indiretas do BNDES são tratadas como produtos, assim como as indiretas aqui mencionadas. Contudo, nem todos os itens aqui chamados de produtos são exatamente produtos do BNDES. O que se quer dizer é que se escolheu reunir todos os produtos do BNDES e acrescentar todas as outras atuações, que também fazem parte do seu sistema, chamando todos de produtos, com o propósito didático de facilitar a compreensão[8].

De tal forma, encontraríamos os seguintes principais produtos do BNDES: (1)BNDES Finem, (2) BNDES Finame, (3)BNDES-Exim, (4)BNDES Automático, (5)BNDES mercado de capitais, (6)Cartão BNDES, (7)BNDES Finame agrícola, (8)BNDES não reembolsável, (9)BNDES Finame Leasing, (10) BNDES Microcrédito, (11)BNDES Soluções Tecnológicas.

Cada produto pode possuir própria metodologia de taxa de juros, podendo diferir da metodologia geral que foi apresentada no capítulo anterior. Assim como cada um deles possui diferentes prazos para pagamento e exigência de garantias. Além disso, cada produto é destinado a cobrir diversas áreas da economia, sendo essa divisão o maior objetivo dessa sistematização do BNDES.

Neste tópico, analisa-se cada um dos produtos elencados e seus requisitos de concessão da colaboração financeira. São muitos os programas do BNDES, portanto, por uma questão metodológica, se fará apenas menção a alguns deles, focando a discussão nos produtos e, quando necessário, de suas linhas de financiamento. A operacionalização do objetivo do BNDES se dá por meio desses produtos, linhas de financiamento e programas, consubstanciando um rol plural de formas de fomento público.

É crucial destacar que, no final de 2016 e início de 2017, o BNDES passou por algumas transformações, modificando sua forma de avaliar e classificar os projetos, assim como o seu grau de participação nos financiamentos, dando preferência de colaboração para determinadas qualificações[9] que se traduzem em requisitos para maiores incentivos com destaque para as MPMEs (Micro, pequenas e médias empresas).Ao longo do trabalho far-se-á menção a essa modificação de 2017 e sempre que não trouxer prejuízo ao período avaliado nos capítulos seguintes se utilizará das definições do apoio público das modificações recentes.

Os produtos do BNDES caracterizam-se por

conter um conjunto de regras e procedimentos que definem uma sistemática própria. Dentro de cada produto existem linhas de financiamento próprias para o cumprimento dos seus objetivos, sendo tais linhas apenas subdivisões do produto em razão das suas prioridades e voltadas para a sua operacionalização. Já os programas[10] do BNDES são criados com uma finalidade específica para atender demanda não contemplada nas linhas de crédito dos produtos ou para oferecer melhores condições para determinada setor, região do país ou tipo de beneficiário. Os programas são sempre operacionalizados por meio da sistemática dos produtos, obedecendo a suas normas e procedimentos, podendo, contudo, abranger mais de um produto. Entretanto, na sua criação, os programas podem conter condições, nível de participação do BNDES ou taxas de juros melhores do que as oferecidas regularmente pelos produtos.

Como regra, não podem figurar como beneficiários dos produtos do BNDES as organizações religiosas e partidos políticos, os setores de comércio de armas, atividades bancárias/financeiras, motéis, saunas e termas, relacionados a jogos de prognósticos e assemelhados, além dos empreendimentos do setor de mineração que incorporem processo de lavra rudimentar ou garimpo, ações e projetos sociais contemplados com incentivos fiscais, atividades de contratação de mão-de-obra para atuação na agricultura ou pecuária e atividade de produção florestal em florestas nativas.

## *BNDES Finem*

O BNDES Finem é voltado principalmente ao financiamento de empreendimentos realizados de forma direta para projetos de valor acima de R$20 milhões com custos financeiros distintos para cada setor de atuação e qualificação. Algumas linhas de financiamento do produto admitem operações indiretas. O BNDES Finem foi afetado pela modificação dos financiamentos ocorrido em 2017, passando a possuir uma linha incentivada e uma linha padrão de financiamento. Na linha incentivada o BNDES colabora com o financiamento almejado com 60%[11] ou 80%[12] do valor total em TJLP para projetos com maiores impactos sociais. A linha padrão tem uma participação máxima de 30%[13] do valor total do financiamento em TJLP quando se tratar de projetos voltados para a expansão da capacidade produtiva e uma participação de 0% em TJLP quando se tratar de outros investimentos. A participação máxima no financiamento desse produto é de 80% e quando o mesmo não for contemplado com a TJLP nesse valor máximo se aplica a totalmente ou complementando a diferença com a taxa Selic. Pelo menos 20% do financiamento devem ser aplicados pelo beneficiário com recursos próprios.

Os projetos de infraestrutura possuem uma qualificação distinta, variando de 25% a 80% do total do financiamento de participação do BNDES em TJLP de acordo com o grau de importância do investimento conferido pelo banco[14] de acordo com a política de investimentos do Governo Federal, podendo ou não haver complementação do investimento com custo de mercado[15].

A possibilidade de a operação ser realizada de forma indireta é exceção neste produto e ocorre em três momentos distintos:

Financiamento em Investimento Sociais de Empresas (ISE) destinados à expansão ou consolidação de projetos de investimentos sociais realizados isoladamente ou em parceria com instituições públicas sem limite mínimo de financiamento.

Investimentos com valor mínimo de R$ 10 milhões para apoio à modernização da administração pública das receitas e da gestão fiscal, financeira e patrimonial das Administrações Estaduais e Distrital (PMAE), investimentos em produtos para a saúde humana e animal, apoio à inovação, investimentos em plantas industriais com características inéditas ou que tenham como objetivo a produção de bens não-fabricados no Brasil, de forma a promover a expansão da fronteira tecnológica do País, investimentos na redução do uso de recursos naturais e materiais, investimentos na Recuperação e Conservação de Ecossistemas e Biodiversidade, investimentos em Planejamento e Gestão Ambiental, investimentos em recuperação de passivos ambientais, investimentos para redução do consumo de energia ou aumento da eficiência energética, investimentos em produtos ou processos produtivos que utilizem insumos provenientes de fontes renováveis como matérias primas, ou que possuam um menor impacto socioambiental, investimento em infraestruturas culturais, investimento em Capacidade Produtiva dos setores de Aeroespacial e Defesa, investimentos na cadeia de fornecedores da cadeia de P&G (Petróleo e Gás), Automotiva e Metroferroviária, investimento em capacidade de produção de bens de capital, apoio à produção de bens de capital sob encomenda, investimentos em engenharia nacional, investimentos no desenvolvimento da indústria nacional de software e serviços correlatos, investimento na produção e distribuição de conteúdos culturais e editorais (exceto investimentos em inovação e educação), investimentos em design e fortalecimento de marcas, projetos relacionados à aquicultura - no BNDES Finem Agropecuária e Biocombustíveis, investimentos em Data center e ITES-BPO[16], investimento em transformados de plástico, investimento em papéis, integrados ou não à celulose, aquisição de papel e serviços de impressão para o setor editorial e investimento em projetos de internacionalização.

Investimentos de no mínimo R$ 5 milhões relacionados com a Política de Dinamização Regional da Rede de Cidades (PDRC)[17] destinados a determinados setores e focado na redução das desigualdades regionais.

A taxa de juros desse produto compreende o custo financeiro da operação mais a taxa do BNDES que varia de 2,1% até 6,5% ao ano. Os prazos da colaboração financeira nesse produto são variáveis de acordo com a linha de financiamento do mesmo, sendo em todos os casos é determinado em função da capacidade de pagamento do empreendimento, da empresa ou do grupo econômico a que pertença, inclusive no que tange aos prazos de carência.

As principais linhas de financiamento do BNDES Finem são: BNDES Finem – Inovação, BNDES Finem - Geração de energia, BNDES Finem - Eficiência Energética, BNDES Finem - Modernização da Administração Tributária e da Gestão dos Setores Sociais Básicos – PMAT, BNDES Finem - Educação, Saúde e Assistência Social, BNDES Finem – Agropecuária, BNDES Finem - Outras linhas de financiamento.

BNDES Finem – Inovação é voltado para empresas de pesquisa e desenvolvimento com o foco em desenvolvimento de inovações para o mercado[18]. O prazo total do financiamento é limitado a 12 anos.

O BNDES Finem - Geração de energia pode ser operacionalizado diretamente ou indiretamente e é voltado para a expansão e modernização da infraestrutura de geração de energia. O prazo máximo dos financiamentos é de 20 anos para projetos de energia solar, hidrelétricas, biomassa, cogeração, entre outras fontes alternativas, e 16 anos para projetos de Energia eólica e termelétricas a gás natural em ciclo combinado. Os beneficiários contam ainda com período de carência[19] de pagamento de até 6 meses após a entrada do projeto em operação comercial, período em que os juros são capitalizados.

O BNDES Finem - Eficiência Energética é destinado à redução do consumo de energia elétrica e aumento da eficiência do sistema energético nacional, podendo se dar na modalidade de operação direta e indireta. Os financiamentos que envolverem projetos de iluminação pública tem prazo máximo de financiamento de 15 anos, os demais projetos possuem prazo de até 10 anos, contando com o mesmo sistema de carência do parágrafo anterior.

O BNDES Finem - Modernização da Administração Tributária e da Gestão dos Setores Sociais Básicos – PMAT é voltado para a modernização da administração tributária, financeira, gerencial e patrimonial das administrações municipais[20]. O apoio pode se dar de forma direta ou indireta. O prazo do financiamento é de até 8 anos, incluindo prazo máximo de até 2 anos de carência. Ressalta-se que os municípios considerados como prioritários pelo Governo Federal tem prazo de financiamento ampliado para até 10 anos, incluindo prazo máximo de até 2 anos de carência.

O BNDES Finem - Educação, Saúde e Assistência Social é destinado à melhoria e expansão de serviços de educação, saúde e assistência social[21]. Essa linha  de financiamento é operacionalizada diretamente pelo BNDES ou indiretamente.

BNDES Finem – Agropecuária é dirigido à produção, armazenagem e processamento de alimentos para uso humano e animal. Funciona de forma direta ou indireta. O prazo total do financiamento é de até 20 anos.

BNDES Finem - Outras linhas de financiamento compreende os financiamentos não contemplado nas outras linhas[22], tais como ampliação de capacidade produtiva de grandes empresas, internacionalização e outros, desde que os itens sejam passíveis de financiamento pelo BNDES Finem[23]. Pode ser operacionalizado de forma direta ou indireta. O prazo total de financiamento é de até 20 anos, exceto para atividades que envolvam transformados de plástico e papel cujo prazo máximo é de 10 anos. O prazo compreende período máximo de carência de até 3 anos.

## *BNDES Finame*

O BNDES Finame é um produto de operações indiretas que se operacionaliza por meio de Instituições Financeiras credenciadas e pode ocorrer de forma automática ou não automática. Esse produto é voltado para financiar a aquisição, produção e comercialização de máquinas, equipamentos, sistemas industriais, componentes e bens de informática e automação, novos, de fabricação nacional, credenciados no Credenciamento de Fornecedores Informatizado – CFI[24] do BNDES, bem como a aquisição e fornecimento de serviços de modernização, realizada no Brasil, de máquinas e equipamentos.

Esse produto é dividido em três[25] linhas de financiamento: (1) aquisição e comercialização de bens de capital (BK aquisição e comercialização) destinado à aquisição e comercialização de máquinas, equipamentos, sistemas industriais, componentes e bens de informática e automação, novos, de fabricação nacional[26]; (2) produção de bens de capital (BK produção) voltado para financiamento de capital de giro destinado ao ciclo de produção de máquinas, equipamentos, sistemas industriais, componentes e bens de informática e automação, fabricados sob encomenda e com fornecimento contratado com as respectivas compradoras; (3) modernização de máquinas e equipamentos (moderniza BK) direcionados para o financiamento à prestação de serviços de modernização, realizada no Brasil, de máquinas e equipamentos instalados no país, com fornecimento contratado com os respectivos proprietários dos bens a serem modernizados.

A taxa de remuneração do BNDES Finame é de 1,5% a.a. e a taxa de intermediação financeira é de 0,1% a.a. para micro, pequenas e médias empresas e 0,5%

a.a. para médias-grande e grandes empresas[27]. A remuneração da instituição financeira credenciada deverá ser negociada entre o agente financeiro e a beneficiária final[28].

Os bens objetos do financiamento, com exceção dos componentes, serão constituídos em garantia da colaboração financeira[29] e somente na hipótese de impossibilidade de se constituir a propriedade fiduciária que se admitirá outra forma de garantia. Em todos os outros casos, fica a critério da instituição financeira credenciada a instituição da garantia, desde que respeitadas as normas legais e as normas do BACEN, sendo inadmissível propriedade fiduciária ou o penhor de componentes. É admissível nesse produto a utilização do FGI, observada a regulação do mesmo.

A Linha de financiamento BK Aquisição e Comercialização tem prazo total de financiamento de até 10 anos, com prazo de carência de até 2 anos. A BK Produção tem prazo de total de financiamento de até 2,5 anos e prazo de carência de até 2 anos. A linha Moderniza BK tem prazo total de até 5 anos e prazo de carência de até 2 anos. Os prazos da colaboração financeira são determinados em função da capacidade de pagamento do empreendimento, da empresa ou do grupo econômico a que pertença, inclusive no que tange aos prazos de carência.

Alguns dos programas vinculados ao BNDES Finame são: BNDES Procaminhoneiro, BNDES PSI[30] (Programa de Sustentação do Investimento), BNDES PRONAMP[31] (Programa Nacional de Apoio ao Médio Produtor Rural), BNDES INOVAGRO[32] (Programa de Incentivo à Inovação Tecnológica na Produção Agropecuária), BNDES MODERAGRO[33] (Programa de Modernização da Agricultura e Conservação dos Recursos Naturais), entre tantos outros.

## BNDES-Exim

O BNDES Exim financia a produção para a exportação e a exportação de bens e serviços brasileiros. Ele é composto de dois produtos, são eles: BNDES Exim Pré- embarque, BNDES Exim Pós--embarque.

O BNDES Exim Pré-embarque tem como finalidade financiar, na fase de pré- embarque a produção para exportação de bens e/ou serviços aprovados pelo BNDES. O financiamento se dá indiretamente com a participação de agente financeiro no Brasil. Este produto possui três linhas de financiamento: o BNDES Exim Pré-embarque, o BNDES Exim Pré--embarque Empresa Âncora[34] e o BNDES Exim Pré--embarque Empresa Inovadora[35]. Nesta linha de financiamento o exportador procura uma instituição financeira credenciada que aprova o crédito e encaminha para análise do BNDES[36] ou a instituição financeira e o exportador realizam consulta prévia junto ao BNDES antes da aprovação do crédito[37]. Após aprovação, o BNDES desembolsa os recursos financeiros para a instituição financeira que repassa ao exportador. O exportador produz e exporta os bens, sendo fiscalizado[38] pelo BNDES quanto à exportação. Neste caso a instituição financeira participa do risco da operação assumindo responsabilidade integral da mesma. O beneficiário do crédito se torna devedor do BNDES. A taxa de juros é composta pela remuneração do banco, pelo custo financeiro da operação[39] e pela remuneração do agente financeiro. A remuneração do agente financeiro é negociada entre o agente e o beneficiário do crédito, a remuneração do BNDES é variável de 1,6% a 2,1% a.a. a depender da classificação do grupo de bens ou serviços a serem exportados, assim como é variável o custo financeiro da operação de acordo com tal classificação[40], havendo ligeira vantagem para as MPME, que contam inclusive com o apoio do Fundo Garantidor para Investimentos – FGI. O prazo para os financiamentos pré-embarque são de até 36 meses, variando de acordo com classificação dos bens do regulamento[41].

O BNDES Exim pós-embarque é composto pelas seguintes linhas de financiamentos: BNDES Exim Pós-embarque Bens[42], BNDES Exim Pós-embarque Serviços[43], BNDES Exim Pós-embarque Aeronaves[44] e BNDES Exim Automático. Este produto tem como finalidade financiar a comercialização de bens e serviços brasileiros. O BNDES antecipa à empresa brasileira os valores devidos pelo importador estrangeiro e o mesmo se torna devedor do BNDES. Trata-se de uma operação direta realizada por intermédio de banco mandatário, onde o pagamento do importador estrangeiro e a liberação dos recursos ao exportador são intermediados pelo banco mandatário no Brasil. O prazo total de financiamento é de até 15 anos para o BNDES Exim pós-embarque. Esse produto possui duas modalidades operacionais – além da especificidade do BNDES Exim automático analisado abaixo – que são: o supplier credit ou buyer credit.

Na modalidade supplier credit, após análise prévia do BNDES e aprovada a operação, o exportador pode embarcar com os produtos para o importador.

Este importador estrangeiro emite títulos ou cartas de crédito em favor do exportador nacional que os endossa ou cede ao BNDES, tais títulos são apresentados ao BNDES por meio do banco mandatário e, após análise da documentação, o BNDES realiza os desembolsos para o banco mandatário que os repassa ao exportador. O importador estrangeiro se torna devedor do BNDES e realiza os pagamentos por meio do banco mandatário. Na modalidade de buyer credit o financiamento ocorre por meio da celebração de um contrato entre o BNDES e o importador estrangeiro com interveniência do exportador no Brasil. Num primeiro momento o importador estrangeiro celebra contrato comercial com o exportador, este por sua vez encaminha ao BNDES para consulta prévia com as informações da operação. Em caso de aprovação, um contrato de financiamento é firmado entre o importador estrangeiro (devedor) e o BNDES com a participação do exportador. Após a embarcação dos produtos e a comprovação da exportação junto ao banco mandatário, o BNDES verifica e, se estiver tudo em ordem, aprova a liberação dos recursos financeiros ao exportador. O importador estrangeiro realiza os pagamentos para o banco mandatário que os repassa ao BNDES. O banco mandatário não possui responsabilidade em nenhuma das operações em que funciona e é recompensado somente pelos seus serviços de administração e de cobrança dos títulos de crédito.

O BNDES Exim automático tem como objetivo apoiar, na fase pós-embarque, a comercialização, no exterior, de bens de fabricação nacional, observadas as disposições das normas operacionais[45] e a legislação que disciplina o financiamento à exportação[46], assim como todos os outros produtos do BNDES Exim. O financiamento ocorre por meio de operações indiretas com instituição financeira credenciada do exterior e banco mandatário nacional. Nesta linha de financiamento o importador localizado no exterior tem um crédito aprovado em instituição bancária no exterior; o exportador nacional procura o BNDES e apresenta toda a documentação requerida. Sendo aprovado pelo BNDES o exportador remete o produto ou serviço ao exterior e comprova tal ato junto ao BNDES, que após análise desembolsa o recurso financeiro para um banco mandatário nacional e ato contínuo entrega o recurso financeiro ao exportador nacional. Dessa forma, a instituição financeira do exterior é quem paga o BNDES, também por meio de banco mandatário. Dessa forma os desembolsos do BNDES não saem do país. O valor financiado é de até 100% do valor da exportação brasileira, limitado a US$10 milhões por pedido de financiamento. A taxa de juros é composta pela remuneração do banco e pelo custo financeiro da operação[47]. A remuneração do BNDES é de no mínimo 0,4% a.a. de acordo com o risco do país da OCDE[48] atribuído na data da homologação da operação. O banco mandatário não assume nenhum tipo de risco com o crédito e é remunerado em 1% do valor principal de cada desembolso efetuado pelo BNDES ao exportador em parcela única ou até US$ 10 mil de cada operação homologada. O prazo do financiamento é de até 5 anos.

Em todos os casos os prazos da colaboração financeira são determinados em função da capacidade de pagamento do empreendimento, da empresa ou do grupo econômico a que pertença, inclusive no que tange aos prazos de carência.

## BNDES Automático

O BNDES automático é um produto de operações indiretas que tem como finalidade financiar, por intermédio de instituições financeiras credenciadas, projetos de investimento ou capital de giro isolado. A circular SUP/AOI n°01/2017-BNDES alterou as linhas de financiamentos desse produto. Antes, com o regulamento da circular SUP/AOI n° 09/2014-BNDES existia limite de R$ 20 milhões por beneficiária final  num período de doze meses, contado da data de homologação da operação e existiam três linhas de financiamento: (1) Micro, Pequenas e Médias Empresas (MPME investimento), (2) Médias-Grandes e Grandes Empresas – Setores Prioritários (MGGE setores prioritários)[49], (3) Médias-Grandes e Grandes Empresas – Demais Setores (MGGE demais setores)[50]. A diferenciação ocorria em função do porte da empresa e sua classificação e na vantagem da taxa de juros empregada.

A partir de 2017 esse produto passa a ter duas linhas de financiamento: (1) Linha Projeto de Investimento com propósito de apoiar em até R$ 20 milhões por beneficiária final a cada período de doze meses, contados a partir da data de homologação da operação pelo BNDES e (2) Linha Emergencial com o objetivo de apoiar a retomada da atividade econômica em Municípios afetados por desastres naturais, por mcio de capital de giro isolado, até R$ 2.5 milhões (dois milhões e quinhentos mil reais) por beneficiária final a cada período de doze meses, contados a partir da data de homologação da operação pelo BNDES.

Podem ser beneficiárias desse produto pessoas jurídicas de direito privado, sediadas no país; pessoas jurídicas de direito público interno, à exceção da União; pessoas físicas residentes e domiciliadas no país, para investimento nos setores agropecuário, de produção florestal, de pesca e aquícola, inclusive nos serviços diretamente relacionados; e empresários individuais[51]. Não são financiáveis os empreendimentos imobiliários, tais como edificações residenciais, edificações comerciais destinadas à revenda, empreendimentos comerciais destinados a aluguéis de escritórios, time-sharing, hotel-residência e loteamento; empreendimentos do setor de mineração que incorporem processo de lavra rudimentar ou garimpo.

Poderão ser financiados investimentos para implantação, ampliação, recuperação e modernização de ativos fixos, bem como investimentos em meio ambiente e projetos de Pesquisa, Desenvolvimento e Inovação (P, D & I), nos setores de indústria, infraestrutura, comércio, prestação de serviços, agropecuária, produção florestal, pesca e aquicultura. Existem empreendimentos e itens cujo apoio financeiro é condicionada[52] ao cumprimento de determinados requisitos, como por exemplo, a obrigação de possuir plano de manejo sustentável para reflorestamento certificado pelas autoridades competentes ou algum outro certificado específico a depender da atividade, assim como itens que possuam determinado grau de nacionalização. Não são financiáveis (1) as aquisição de terrenos e desapropriações; (2) custeio e gastos com manutenção corrente; (3) quaisquer gastos que impliquem remessa de divisas, incluindo taxa de franquia paga no exterior, (4) aquisição de animais para revenda, (5) itens isolados que não constituam projeto de investimento, exceto licença e transferência, total ou parcial, de propriedade intelectual de programas de computador nacionais somente quando de fornecedores credenciados no BNDES; (6) máquinas, equipamentos e bens de informática e automação, dentre outros gastos do projeto, já financiados pelo BNDES; (7) aquisição de máquinas, equipamentos e bens de informática e automação importados, bem como custos decorrentes da internação  desses itens; (8) despesas financeiras.

De acordo com a circular SUP/AOI n°01/2017-BNDES de 2017, os incentivos para as grandes empresas passam a ser de linha incentivada ou padrão. São incentivadas quando os investimentos são dos setores de saneamento, geração de energia renovável, modais ferroviário e hidroviário, portos, educação, saúde humana, agricultura, pecuária, pesca, aquicultura, fabricação de produtos alimentícios e armazenagem de itens provenientes desses setores, indústria de bens de capital – exceto a fabricação de veículos automotores – e produção de biocombustíveis. A linha incentivada das grandes empresas tem participação máxima do BNDES de 60% com custo de TJLP, podendo  ser complementado com mais 20% com custo da taxa Selic, UMBNDES/Cesta ou US$/Cesta. A linha padrão tem participação máxima do BNDES de 80% com custo da taxa Selic, UMBNDES/Cesta ou US$/Cesta. As MPME tem investimento máximo do BNDES de 80% com custo de TJLP. A linha emergencial conta com participação de 100% do BNDES com custo de TJLP. Em todos os casos a remuneração do BNDES é de 2,1% [53]a.a. e a remuneração da instituição financeira credenciada deve ser negociadas pela beneficiária, respeitadas as operações com garantia do BNDES FGI.

A constituição de garantias nesse produto fica a critério da instituição financeira credenciada, desde que respeitadas as normas estabelecidas pela legislação em vigor e as normas do BACEN, sendo admissível a outorga de garantia pelo FGI, observando a regulamentação do fundo. O prazo total de financiamento do BNDES Automático é de até 20 anos, com prazo de carência de até 6 meses após a entrada em operação do empreendimento. Os prazos da colaboração financeira são determinados em função da capacidade de pagamento do empreendimento, da empresa ou do grupo econômico a que pertença, inclusive no que tange aos prazos de carência.

## *Cartão BNDES*

É um produto voltado para as microempresas, pequenas empresas, médias empresas e microempreendedores individuais. Em todos os casos é necessário que as empresas, com faturamento anual de até R$300 milhões, possuam sede e controle nacional, CNPJ regularmente constituído e não pode estar em dívida com os tributos federais. O Cartão BNDES é um produto indireto e automático que mistura os conceitos de cartão de crédito com os financiamentos do BNDES. Trata-se de um crédito rotativo pré-aprovado para a compra de bens e serviços credenciados no Portal de Operações online do Cartão BNDES.

O limite de crédito atual imposto pelo BNDES é de R$ 2 milhões para cada beneficiário por banco emissor[54]. O Cartão BNDES é emitido por instituição financeira credenciada. A instituição financeira credenciada é quem analisa os documentos exigidos[55] pelo BNDES e quem confecciona o cartão ao beneficiário. Por integrar o risco, a instituição financeira credenciada pode exigir garantia do beneficiário, assim como é ela quem decide qual será o limite de crédito por beneficiário, respeitado o limite máximo informado.

O Cartão BNDES só pode ser utilizado no seu Portal de Operações para a compra de produtos ou serviços lá registrados. Isso significa que o produto Cartão BNDES possui como público-alvo também as empresas vendedoras. Os vendedores são os fabricantes de bens ou serviços ou as empresas distribuidoras[56] que podem se registrar no Portal de Operações do Cartão BNDES e, sendo aprovadas, estarão aptas a vender seus produtos e serviços no Cartão BNDES. Para se registrar não há limite de faturamento das empresas fabricantes de produtos, o que significa que as empresas de qualquer porte estão aptas. O registro do Cartão BNDES não se confunde com o credenciamento do CFI do BNDES Finame, sendo absolutamente independentes.

Os itens autorizados a participar do produto Cartão BNDES devem ser: (a) bens novos e insumos de origem nacional ou que recebam agregação de valor econômico no Brasil, perfazendo um índice de nacionalização[57] mínimo de 60% em valor e em peso, podendo, no caso de alguns bens, ser dispensado o parâmetro peso, a critério do BNDES; (b) serviços específicos, desde que autorizados pelo BNDES; e (c) máquinas e equipamentos importados ou com índice de nacionalização inferior a 60% em valor e peso, novos e sem similar nacional, desde que autorizados pelo BNDES.

As taxas de juros do Cartão BNDES segue a metodologia adotada pela Diretoria do banco, sendo disponibilizada no Portal de Operações do Cartão BNDES, possuindo as seguintes taxas ao longo dos anos: em 2009 variou de 1,13% a.m. até 0,97% a.m.; em 2010 variou de 1% a.m. até 0,97% a.m.; em 2011 variou de 1,02% a.m. até 0,97% a.m.; em 2012 variou de 0,97% a.m. até 0,91% a.m.; em 2013 variou de 0,86% a.m. até 0,93% a.m.; em 2014 variou de 1,01% a.m. até 0,92% a.m.; em 2015 variou de 1,34% a.m. até 0,99% a.m.; e em 2016 variou de 1,19% a.m. até 1,38% a.m.

A constituição de garantias é admissível e fica a critério de cada instituição financeira emissora do Cartão BNDES, não sendo admitida como garantia a constituição de penhor de direitos creditórios decorrentes de aplicação financeira. O prazo total do parcelamento do financiamento é de 3 a 48 meses.

## BNDES Finame agrícola

É um produto de operações indiretas que ocorre de forma automática e não automática. Destina-se a financiar a aquisição de máquinas, equipamentos, implementos agrícolas e bens de informática e automação novos de fabricação nacional[58]. Tal produto é operacionalizado pela linha de financiamento Aquisição de Bens de Capital (BK Aquisição)[59]. Podem ser beneficiadas sociedades e fundações, com sede e administração no Brasil, empresários individuais, desde que estejam inscritos no Cadastro Nacional de Pessoas Jurídicas (CNPJ) e no Registro Público de Empresas Mercantis (RPEM), pessoas jurídicas de Direito Público, nas esferas federal, estadual, municipal e distrital, pessoas físicas, residentes e domiciliadas no país, associações, sindicatos, cooperativas, condomínios e assemelhados, clubes e empresas individuais de responsabilidade limitada inscritas no RPEM; de qualquer porte, em todos os casos, classificados de acordo com a receita operacional bruta anual (ROB).

São financiáveis máquinas, equipamentos, implementos agrícolas e bens de informática e automação, novos, aí incluídos conjuntos e sistemas industriais, produzidos no País e constantes do Credenciamento de Fabricantes Informatizado (CFI) do BNDES, identificados como agrícolas, desde que: (a) apresentem índices de nacionalização, em valor e peso, iguais ou superiores a 60%, segundo os critérios de calculo do índice, (b) cumpram o processo produtivo básico (PPB)[60] e (c) apresentem índices de nacionalização inferiores a 60% e constantes no CFI contanto que seja autorizado pelo BNDES mediante consulta prévia[61].

Não são passíveis de apoio as operações de financiamento em que o bem adquirido por este produto seja destinado à: atividades de contratação de mão-de-obra para atuação na agricultura ou pecuária, incluindo serviço de gato, atividades de produção florestal em florestas nativas e ações e projetos sociais contemplados com incentivos fiscais.

Será adotada como custo financeiro a UMBNDES/Cesta ou a US$/Cesta de moedas nas operações de qualquer valor realizadas com empresas brasileiras sob controle de capital estrangeiro para investimentos de qualquer natureza em atividade econômica não amparada pelo Decreto nº 2.233, de 23.05.1997. Será ainda adotada como custo financeiro a Selic, UMBNDES/Cesta ou a US$/Cesta nas operações cujo nível de participação do BNDES tenha sido ampliado para 80%, incidindo somente sobre o valor adicional de crédito e nas operações em que as máquinas ou equipamentos apresentem índices de nacionalização inferiores a 60% e não cumpram o PPB.

O apoio a bens de informática e automação com tecnologia nacional e o apoio a máquinas e equipamentos eficientes terão participação de até 80% do BNDES com custo de TJLP, assim como as micro, pequenas e médias empresas no caso de apoio para outros tipos de máquinas e equipamentos. As médias-grandes e grandes empresas terão 70% de custo em TJLP quando se tratar de apoio para outros tipos de máquinas e equipamentos.

A remuneração básica do BNDES é de 1,5% a.a.. A taxa de intermediação financeira é de 0,5% a.a. para médias-grandes e grandes empresas e 0,1% a.a. para micro, pequenas e médias empresas. A remuneração da instituição financeira credenciada deve ser negociada diretamente com o beneficiário do financiamento.

Não será admitida como garantia a constituição de penhor de direitos creditórios decorrentes de aplicação financeira e não é admitida a outorga de garantia do FGI. Os bens objeto de financiamento serão constituídos em garantia, na forma de propriedade fiduciária ou penhor, não se admitindo substituição, exceto nos casos de sinistros ou problemas de performance durante o prazo da garantia e devidamente comprovadas ao BNDES.

Alguns dos programas vinculados ao BNDES Finame Agrícola: Programa Nacional de Apoio ao Médio Produtor Rural – PRONAMP Investimento; Programa Nacional de Fortalecimento da Agricultura Familiar – PRONAF Investimento; Programa de Desenvolvimento Cooperativo para Agregação de Valor à Produção Agropecuária – PRODECO-OP; Programa para Construção e Ampliação de Armazéns – PCA; Programa de Incentivo à Irrigação e à Produção em Ambiente Protegido – MODERINFRA; Programa de Modernização da Frota de Tratores Agrícolas e Implementos Associados e Colheitadeiras – MODERFROTA; Programa de Modernização da Agricultura e Conservação dos Recursos Naturais – MODERAGRO; Programa de Incentivo à Inovação Tecnológica na Produção Agropecuária – INOVAGRO; Programa para Construção e Ampliação de Armazéns – PCA; Programa de Desenvolvimento Cooperativo para Agregação de Valor à Produção Agropecuária – PRODECO-OP.

As informações deste item foram retiradas da Circular nº 197, de 18 de agosto de 2006, alterada pela Circular SUP/AOI nº43/2015-BNDES[62]. O site do BNDES informa que este produto do BNDES não esta mais sendo operacionalizado segundo essa sistemática desde 2017, tendo sido englobado pelo

BNDES Finame.

## *BNDES Finame Leasing*

Este produto é indireto e automático, salvo as hipóteses de consulta prévia especificadas na sua normatização[63]. O BNDES Finame Leasing tem como objetivo financiar a aquisição de máquinas, equipamentos, e bens de informática e automação, novos, de fabricação nacional, credenciados no BNDES pela arrendadora, destinados a operações de arrendamento mercantil financeiro ou operacional. Os bens financiados devem ser, ao serem adquiridos, simultaneamente arrendados à arrendatária. A operacionalização desse produto se dá pela linha de financiamento leasing bens de capital (BK leasing) e se destina à aquisição de máquinas, equipamentos, e bens de informática e automação, nacionais e novos.

Podem ser arrendadoras as sociedades de arrendamento mercantil ou bancos com carteira de arrendamento mercantil, devidamente registrados no Banco Central do Brasil e credenciados no BNDES. Podem ser arrendatárias as sociedades nacionais e estrangeiras, e fundações, todas com sede e administração no Brasil, empresas individuais de responsabilidade limitada inscritas no RPEM, empresários individuais inscritos no CNPJ e no RPEM, pessoas jurídicas de direito público, nas esferas federal, estadual, municipal, transportadores autônomos de carga residentes e domiciliados no País[64], associações, sindicatos, cooperativas, condomínios e assemelhados e clubes. A arrendatária tem de ser a usuária final do bem financiado, não sendo admitida a sua locação pela arrendatária.

Podem ser financiados máquinas e equipamentos novos, aí incluídos conjuntos e sistemas industriais, produzidos no País e constantes do CFI do BNDES que apresentem índice de nacionalização mínimo de 60%, segundo os critérios estabelecidos pelo BNDES, cumpram o PPB ou que possuam menos de 60% do índice de nacionalização e que não cumpram o PPB, mediante consulta prévia ao BNDES. São igualmente financiáveis os bens de informática e automação, previstos pela Lei nº 8.248/1991 (Lei de Informática), e suas alterações, que cumpram o PPB e sejam credenciados no CFI do BNDES como sendo possuidores de tecnologia nacional.

O nível de participação do BNDES será de 70% como regra, exceto: (1) nível de participação de 50% na aquisição de ônibus, chassis e carrocerias para ônibus, caminhões, caminhões-tratores, cavalos-mecânicos, reboques, semirreboques, chassis e carrocerias para caminhões, carros-fortes e equipamentos especiais adaptáveis a chassis, tais como plataformas, guindastes, betoneiras, compactadores de lixo e tanques, nacionais novos; (2) participação de 90% na aquisição de bens de informática e automação, abarcados pela Lei nº 8.248/1991, que cumpram o PPB e credenciados no CFI do BNDES como sendo possuidores de tecnologia nacional; (3) participação será de até 90% na aquisição de ônibus elétricos, híbridos ou outros modelos com tração elétrica, e demais máquinas e equipamentos com maiores índices de eficiência energética ou que contribuam para a redução de emissão de gases de efeitos estufa, conforme estabelecido no regulamento do produto.

O nível de participação do BNDES pode ser ampliado para 90% em todos os casos, respeitado o custo diferenciado para a ampliação e com exceção da aquisição de aeronaves executivas e comerciais, cujo limite é de 85%.

O custo financeiro básico do produto é de TJLP, admitindo a aplicação de UMBNDES/Cesta ou a US$/Cesta nos casos de produtos que possuam índices de nacionalização, em valor e peso, inferiores a 60% e que não cumpram o PPB e no caso de ampliação do limite de participação do BNDES, somente sobre o crédito adicional. A remuneração do BNDES será de 3% a.a. e em caso de ampliação do nível de participação do BNDES se aplica 1,2% a.a. sobre o crédito adicional. A taxa de intermediação financeira é de 0,5% a.a. e a remuneração da instituição financeira credenciada deve ser negociada diretamente entre a arrendadora e a arrendatária.

Não é admitida a outorga de garantia pelo FGI e é obrigatória a constituição de penhor dos direitos creditórios do contrato de arrendamento. O prazo total de financiamento é de até 5 anos para máquinas, equipamentos, bens de informática e automação, até 10 anos para aeronaves executivas e comerciais e de 6 a 9 anos para veículos sobre pneus para transporte de passageiros. Em todos os casos os prazos da colaboração financeira são determinados em função da capacidade de pagamento do empreendimento, da empresa ou do grupo econômico a que pertença, inclusive no que tange aos prazos de carência.

Um aviso no site do BNDES informa que este produto não é mais operacionalizado desde o início de 2017.

## *BNDES não reembolsável*

Trata-se de operação direta do BNDES. Por se tratar de operações não reembolsáveis, a maioria dos casos envolve o lançamento público de edital, no qual os concorrentes do benefício devem oferecer as suas propostas, sendo classificados de acordo com o propósito de cada edital, suas exigências e o impacto da proposta. Os principais financiamentos de operações não reembolsáveis: BNDES Restauração Ecológica, BNDES Fundo Social, BNDES Funtec e BNDES Fundo Cultural - Apoio ao Patrimônio Cultural Brasileiro.

O BNDES Restauração Ecológica apoia projetos de restauração dos biomas brasileiros, com exceção do bioma da Amazônia, no qual o banco dispõe do Fundo da Amazônia[65]. O objetivo da Restauração Ecológica é o aumento da cobertura vegetal com espécies nativas, além do fortalecimento da estrutura técnica e de gestão da cadeia produtiva desse setor.

As pessoas jurídicas de direito privado sem fins lucrativos e as pessoas jurídicas de direito público podem participar do processo de seleção do BNDES Restauração Ecológica, contudo, é necessário ficar atento ao lançamento do edital que contempla tal modalidade, no qual devem enviar as suas propostas que serão avaliadas e classificadas de acordo com o edital. O BNDES financia até 100% dos itens dos projetos.

O BNDES Fundo Social financia projetos de caráter social nas áreas de inclusão produtiva, serviços urbanos, saúde, educação, desportos, justiça, meio ambiente e outras vinculadas ao desenvolvimento regional e social, destinados, principalmente, a geração de renda e emprego. O BNDES Fundo Social é constituído de uma parcela do dos lucros anuais do BNDES e se destina as entidades e órgãos públicos e instituições privadas, tais como empresas e fundações, sediadas no país, com ou sem fins lucrativos. Os projetos são avaliados e devem ser capazes de se manter após os investimentos do BNDES, ou seja, o projeto deve ser autossustentável após os investimentos do banco. A participação do BNDES é de 100% dos itens financiados dos projetos. A seleção dos projetos se dá por meio da publicação prévia de edital.

O BNDES Fundo Cultural - Apoio ao Patrimônio Cultural Brasileiro tem como objetivo a preservação do patrimônio cultural brasileiro (material e imaterial, acervos memoriais e instituições culturais reconhecidamente portadoras da identidade cultural brasileira) e incentivar à cadeia produtiva cultural. As diretrizes gerais do BNDES Fundo Cultural são de: (1) fortalecer as cadeias produtivas da economia da cultura no país; (2) descentralizar e aumentar a oferta de bens e serviços culturais no país; (3) promover a articulação entre instituições culturais, governo, empresas e sociedade civil, visando dinamizar a atividade econômica; (4) promover a inclusão social por meio da arte e da cultura, da educação patrimonial e da capacitação de mão de obra.

Sua finalidade específica é de: (1) potencializar externalidades positivas, ou seja, de efeitos benéficos decorrentes da preservação e revitalização do patrimônio cultural brasileiro; (2) preservar a memória cultural nacional tangível e intangível; (3) ampliar o uso do patrimônio cultural brasileiro e de seu acesso pela sociedade; promover a sustentabilidade do patrimônio cultural brasileiro; (4) fortalecer a gestão de instituição cultural ou histórica responsável pela preservação do patrimônio cultural brasileiro; (5) e promover a diversidade cultural.

Os projetos são aceitos a qualquer tempo e são apreciados três vezes por ano pelo Comitê de Patrimônio Cultural e Economia da Cultura do BNDES. O BNDES participa com até 100% dos itens financiáveis, contudo, caso a propriedade do patrimônio cultural seja de entidades ou órgãos público, há a necessidade de contrapartida financeira ou não financeira.

O BNDES Funtec se destina a apoiar projetos de pesquisa aplicada, desenvolvimento tecnológico e inovação executados por Instituições Tecnológicas (IT), selecionados de acordo com os focos de atuação divulgados anualmente pelo BNDES. Podem receber esses recursos as IT e as Instituições de Apoio (IA), essas somente se possuírem uma IT responsável pelo projeto.

A finalidade do Funtec é de: (1) acelerar a busca de soluções para gargalos e oportunidades tecnológicas para o desenvolvimento sustentável do país; (2) concentrar esforços e recursos para que as empresas brasileiras possam vir a assumir papel de destaque ou mesmo de liderança no plano mundial, evitando-se a pulverização de recursos; (3) assegurar a continuidade dos esforços desenvolvidos nas áreas financiadas, objetivando acelerar a obtenção dos resultados das pesquisas e conjugar os esforços de Institutos de Pesquisas e empresas, mediante a utilização da capacidade do BNDES de congregar e articular parceiros; (4) apoiar projetos que contenham mecanismos que prevejam a efetiva introdução de inovações no mercado; (5) fomentar a aproximação entre Instituições Tecnológicas e empresas, promovendo a aplicação de conhecimento gerado na academia ao setor produtivo; (6) incentivar a estruturação de projetos que combinem diferentes instrumentos de apoio (outros produtos, linhas de financiamento e programas previstos nas Políticas Operacionais do BNDES) com os recursos do BN-DES Funtec.

São financiáveis os seguintes itens relacionados com o projeto de pesquisa, desenvolvimento e inovação (P, D & I): a aquisição de equipamentos novos de pesquisa, produzidos no País e credenciados ou não no BNDES, ou equipamentos importados novos sem similar nacional, necessários à realização do projeto; a aquisição de software desenvolvido com tecnologia nacional ou, quando não houver similar nacional, com tecnologia de procedência estrangeira; investimentos em obras civis, instalações físicas e infraestruturas necessárias a realização do projeto; aquisição de material de consumo e permanente utilizado no projeto; despesas com remuneração da equipe de P, D & I, bem como respectivos tributos e encargos trabalhistas e/ou previdenciários; despesas com treinamento e capacitação tecnológica; despesas com viagens da equipe da IT e da IA; despesas com contratação de serviços técnicos especializados e consultoria externa, limitadas a 30% do valor dos itens apoiáveis; aquisição, transferência e absorção de tecnologia a ser utilizada no projcto, limitadas a 30% do valor dos itens apoiáveis, desde que não seja proveniente de empresas que integrem o mesmo grupo econômico da empresa interveniente, entretanto, não serão apoiados projetos cujo objetivo central seja a aquisição de tecnologia; despesas, no país e no exterior, relativas à propriedade intelectual resultante do projeto; e despesas operacionais e administrativas, limitadas a 5% do valor do projeto.

O BNDES financia até 90% dos itens financiáveis, devendo os 10% restantes serem investidos pela beneficiária.

## *BNDES mercado de capitais*

É por meio da subsidiária BNDESPAR que o BN-

DES atua no mercado de capitais, portanto, trata-se de um produto[66] de operação indireta do banco do desenvolvimento. Já a BNDESPAR tem operações diretas e indiretas, sendo diretas quando atua diretamente no mercado e indireta quando atua por meio de um intermediário. O objetivo da atuação da BNDESPAR é de realizar operações visando a capitalização de empreendimentos privados, observados os planos e diretrizes do BNDES; apoiar empresas que possuam características de eficiência econômica, tecnológica e de gestão e que apresentem perspectiva adequada de retorno financeiro do investimento, com condições e prazos compatíveis com o risco e a natureza da atividade realizada; apoiar o desenvolvimento de novos empreendimentos, especialmente se suas atividades incorporem novas tecnologias; contribuir para o fortalecimento do mercado de capitais; e administrar carteiras de valores mobiliários, próprios e de terceiros. A atuação do banco no desenvolvimento do mercado de capitais pode se dá em três modalidades de apoio: (1) investimento direto, (2) títulos de dívida corporativa e (3) fundos de investimento.

O investimento direto consiste na subscrição de ações diretamente pela BNDESPAR em empresas brasileiras. O investimento pode ocorrer em todas as fases de maturidade da empresa, seja o se capital fechado ou aberto. Essa modalidade de participação acionária pode acontecer na forma de oferta pública de ações ou de emissões privadas.

O BNDESPAR pode adquirir títulos de dívida corporativa. Esses títulos são valores mobiliários emitidos por empresas que buscam captar recursos para financiar a sua atividade ou investimentos. Outra forma de atuação do BNDESPAR no mercado de capitais se dá por meio de apoio aos fundos de investimentos. O BNDESPAR se torna cotista de determinados fundos com o objetivo de desenvolver empresas inovadoras e cadeias de produção que sejam consideradas prioritárias pelo BNDES. O BNDESPAR realiza um processo de seleção dos gestores dos fundos privados, além de que os valores disponibilizados pelo BNDESPAR devem possuir perspectiva de retorno acimado custo de captação dos recursos e contribuir para uma diluição dos riscos na sua carteira de ativos. Essa última afirmação vale para todas as modalidades do BNDESPAR.

## *BNDES Microcrédito*

O BNDES microcrédito é produto indireto automático e não automático. Seu objetivo é de fornecer crédito aos empreendedores que não teriam acesso pelas vias ordinárias e incentivar a economia. O público-alvo são pessoas físicas ou jurídicas cuja receita operacional bruta seja de até R$ 360 mil por ano. Tal produto possui duas linhas de financiamento:

BNDES Microcrédito – Empreendedor e o BNDES Microcrédito - Instituição de Microcrédito.

A linha de financiamento Microcrédito – Empreendedor é operacionalizado por meio de instituição de crédito denominada aqui de agente operador. A operação é automática, sendo analisada diretamente pelo agente operador. Essa linha é destinada a financiar capital de giro e investimentos como obras civis, aquisição de máquinas e equipamentos novos ou usados, e compra de insumos e materiais. O limite é de R$ 20 mil por beneficiário por ano. O valor do financiamento é determinado pelo agente operador, desde que se respeite o valor máximo de 4% de taxa de juros a.a., já considerando todos os encargos. É possível ainda cobrança de Taxa de Abertura de Crédito (TAC) pelo agente operador no momento da contratação, desde que tal valor não supere 3% sobre o valor financiado. O BNDES financia até 100% do financiamento com custo de TJLP. O agente operador negocia diretamente com o beneficiário as garantias do financiamento, não sendo exigidas garantias reais, já que a maior parte das transações tem como garantia o aval solidário.

O BNDES Microcrédito - Instituição de Microcrédito é destinado às instituições habilitadas no Ministério do Trabalho na esfera do Programa Nacional de Microcrédito Produtivo Orientado (PNMPO)[67]. Podem se habilitar as agências de fomento, as instituições financeiras públicas ou privadas, as cooperativas centrais de crédito, as cooperativas singulares de crédito, os bancos cooperativos, as Organizações da Sociedade Civil de Interesse Público (OSCIP) e as Sociedades de Crédito ao Microempreendedor[68]. As instituições podem ser agentes operadores de 1º piso, quando repassam diretamente para o beneficiário final, ou podem ser de 2º piso, quando repassam recursos para os agentes de 1º piso. As instituições financeiras credenciadas no BNDES podem atuar no 1º ou 2º piso, enquanto que instituições financeiras – ou outras instituições que sejam admitidas – não credenciadas no BNDES só podem atuar no 1º piso. Essa linha possui financiamento mínimo de R$ 1 milhão para essas instituições com taxa de juros variável de acordo com o piso. Os financiamentos aos agentes operadores de 1º piso tem custo financeiro em TJLP mais taxa de remuneração do BNDES de 1,7% a.a. e taxa de risco de crédito de 0,1% a.a. Os agentes de 2º piso tem custo financeiro em TJLP mais taxa de risco de crédito de 0,1% a.a., sem taxa de remuneração do BNDES. Para os agentes financeiros o BNDES tem participação máxima de 70% no financiamento, podendo ser ampliado para 80%, sendo tal adicional custo na taxa Selic mais remuneração do BNDES de 2,1% a.a. Para os agentes repassadores, aqueles que atuam exclusivamente no 2º piso, o BNDES tem participação de até 90% do financiamento.

Os prazos da colaboração financeira são determinados em função da capacidade de pagamento do empreendimento, da empresa ou do grupo econômico a que pertença, inclusive no que tange aos prazos de carência. O BNDES Microcrédito - Instituição de Microcrédito tem prazo total de financiamento de até 6 anos, com máximo de 3 anos de carência, para as instituições de 1º piso e até 8 anos, com até 5 anos de carência, para as instituições de 2º piso. O prazo do financiamento da linha BNDES Microcrédito – Empreendedor é negociado diretamente entre o beneficiário e o agente operador.

## *BNDES Soluções Tecnológicas*

É produto indireto operacionalizado de forma automática ou não automática. Somente serão não automáticos os casos que envolverem pedidos de financiamento acima de R$ 20 milhões e pedidos com prazo superior do previsto em regulamento[69].

O objetivo do produto é financiar a aquisição de soluções tecnológicas constantes no Credenciamento de Fornecedores de Soluções Tecnológicas (CFST) do BNDES. Destaca-se que solução tecnológica possui o sentido de "[...] aplicação de uma tecnologia orientada a satisfazer as necessidades de criação/modificação de produto ou processo da Beneficiária Final."[70]. A normatividade da circular

SUP/AOI Nº 13/2016- BNDES determina que a solução tecnológica deva possuir: (1) tecnologia disponível para imediata aplicação no mercado e gerar a solução tecnológica a que se propõe; (2) a possibilidade de adequação, customização ou adaptação a necessidade de cada comprador da solução tecnológica[71]; (3) a beneficiária da solução tecnológica deve ser capaz de operar a tecnologia que lhe foi fornecida, possuindo autonomia sobre seu processo produtivo.

Esse produto possui apenas uma linha de financiamento denominada de Soluções Tecnológicas. Podem ser beneficiárias desse produto as sociedades de controle nacional ou estrangeiro, associações e fundações, todas com sede e administração no País, empresários individuais inscritos no CNPJ e no RPEM, pessoas jurídicas de Direito Público Interno, nas esferas federal (exceto a União), estadual, municipal e do Distrito Federal, pessoas físicas residentes e domiciliadas no País, desde que produtores rurais para investimento no setor agropecuário, condomínios e assemelhados, clubes, empresas individuais de responsabilidade limitada inscritas no RPEM. As empresas de todos os portes podem ser beneficiárias desse produto. Os entes da administração pública direta, para efeitos de financiamento, se equiparam às grandes empresas em termos de condições.

Destaca-se que somente pode ser objeto de financiamento as soluções tecnológicas previamente cadastradas no CFST do BNDES, que estejam elas amparadas ou não por direito de propriedade intelectual/industrial[72]. Além das soluções, são também financiáveis os seguintes itens: (1) as despesas com mão de obra especializada, própria ou terceirizada, que seja objeto da adequação, adaptação ou customização da solução tecnológica; (2) serviços de Tecnologia Industrial Básica (TIB), (3) instalação, integração, certificação ou parametrização de programas de computador; (4) royalties provenientes do licenciamento da tecnologia relativa à solução tecnológica, pagos pela beneficiária final; (5) serviços de desenho industrial; (6) Modificações de layout para melhoria do processo organizacional; (7) treinamento/capacitação para a beneficiária final da tecnologia; (8) materiais e insumos necessários à implementação da solução tecnológica; (9) além de despesas com viagens realizadas pelo fornecedor da solução tecnológica, despesas com pagamento de taxas administrativas necessárias, assessoria jurídica para a elaboração do contrato de fornecimento de tecnologia, despesas com transferência ou licenciamento da tecnologia junto ao Instituto Nacional da Propriedade Industrial (INPI) e locação ou utilização de espaços provisórios.

A solução tecnológica financiada deve comtemplar no mínimo 70% do valor financiado, enquanto cada um dos outros itens limitação de valor ou porcentagem conforme o caso[73]. Não podem ser financiadas as taxas de renovação de licenciamento negociadas entre fornecedor e beneficiária final da solução, aquisição de máquinas, equipamentos, peças e componentes e gastos já financiados pelo BNDES.

O custo financeiro deste produto tem como regra a TJLP, na sua exceção aplica-se a Selic, UMBNDES/Cesta ou a US$/Cesta. A remuneração do BNDES é de 1,5% a.a. A taxa de intermediação financeira é de 0,1% a.a. para as MPME e de 0,5% a.a. para as médias-grandes e grandes empresas. A remuneração da instituição financeira é negociada diretamente com a beneficiária final. A participação do BNDES é de 80% do valor financiado para as MPME e de 70% para as médias-grandes e grandes empresas, devendo o restante do valor ser investido pela beneficiária. Há possibilidade de ampliação para 80% do valor financiado para as médias-grandes e grandes empresas, sendo que tal excedente possui custo financeiro de Selic, UMBNDES/Cesta ou US$/Cesta conforme o caso.[74]

As garantias da operação ficam a cargo da instituição financeira, respeitadas as legislações aplicáveis, assim como as normas do BACEN. É admitida a utilização do FGI, nos termos de utilização do regulamento do fundo. Todas as garantias devem, entretanto, constar no instrumento contratual e ser informadas ao BNDES.

Os prazos da colaboração financeira são determinados em função da capacidade de pagamento do empreendimento, da empresa ou do grupo econômico a que pertença, inclusive no que tange aos prazos de carência. O prazo máximo do financiamento é de até 5 anos, com carência de até 2 anos.

Importante destacar que esse produto do BNDES foi inaugurado em outubro 2016, motivo pelo qual não se apresentou dados para serem analisados no próximo capítulo.

## Considerações parciais

Sobre a proibição do BNDES de se fomentar atividades econômicas relacionadas a motéis, saunas e termas e aqueles relativos a jogos de prognósticos e assemelhados, percebe-se uma proibição de base exclusivamente moral para a proibição de incentivos nessas áreas da economia, não se vislumbrando nenhuma racionalidade econômica para a proibição[75]. Possivelmente a cultura religiosa seja influente no país fazendo que determinados segmentos econômicos que remetam a memória de atividade sexual, jogos de azar, prostituição e violência (incluindo aqui o comércio de armas) sejam vistos de forma negativa.

Outra forma de se encarar o ponto seria discutir o papel que essas atividades teriam no desenvolvimento visto num amplo espectro; ou seja, por exemplo, o impacto que essas atividades teriam no aumento da produtividade nacional. Outra indagação é qual seria o spill over gerado por essas atividades? O fato é que são atividades econômicas são amplamente reconhecidas e utilizadas por grande parte da população, com exceção do comércio de armas. Lembrando que o BNDES tem como papel estimular a iniciativa privada como foco no desenvolvimento e sendo essas atividades tipicamente privadas, o que se observa é que nesse ponto o BNDES faz uma escolha excluindo tais atividades da sua dimensão desenvolvimentista, ainda que sejam atividades que possam movimentar a economia local.

Os prazos de financiamento dos produtos do BNDES são, no geral, bastante longos, chegando até 20 anos. Esse financiamento de longo prazo no país é quase uma exclusividade do BNDES[76]. Em 2009, o BNDES foi responsável por 2/3 dos financiamentos com prazo acima de 5 anos no país, sendo que outros 20% foram detidos pelo Banco do Brasil e pela Caixa Econômica Federal[77]. Isso significa que os bancos públicos detêm 90% dessa modalidade de financiamento, restando 10% para o setor privado. Isso mostra a diferença de atuação do BNDES e o distanciamento do mercado financeiro privado nessa atuação, possivelmente associado à diferença de custos, já que o BNDES trabalha com o indexador da TJLP enquanto que o restante do mercado seria obrigado a utilizar a taxa Selic. Isso pode significar efeito crowding out, mas essa pesquisa não se debruçou sobre isso e os dados aqui coletados são insuficientes para esse tipo de aformação.

O BNDES, por meio dos seus produtos, tem uma ampla atuação no mercado nacional, tentando abarcar, das mais diversas formas, todos os processos de produção da economia nacional e incentivar processos inovadores. Tendo a inovação como um elemento importante do processo de desenvolvimento econômico, o BNDES utiliza de vários produtos para incentivá-la e para que os inventos nacionais sejam adquiridos pelo próprio sistema do BNDES, buscando incentivar uma rede colaborativa entre os diferentes agentes econômicos. Essa grande divisão de produtos já é, em si, critério diferenciador da incidência da colaboração financeira do próprio banco.

Dentre a exploração dos produtos do BNDES, um deles é importante para combater o mito que vem se criando no país de que o banco realizaria operações financeiras para favorecer países ou empresas estrangeiras, a não ser que o BNDES realize operações que não estejam dentro da lógica dos produtos descritos. As operações do banco com reflexo no exterior podem ser mais bem incidentes no produto BNDES Exim, cujo propósito é estimular a exportação de produtos ou serviços nacionais. A descrição do produto deixa claro que o recurso financeiro operacionalizado não se destina ao exterior do país.

O financiamento praticado pelo BNDES, em regra, não contempla 100% dos recursos necessários para o empreendimento ou projeto, o que significa que o beneficiário deve ser capaz de contribuir com parte, em geral cerca de 20%. Somente com essas informações não é possível afirmar que esse critério de crédito do BNDES afasta um possível beneficiário. Esse critério observado na maioria produtos do BNDES indica a preocupação do banco, com algum grau de imposição também, com o comprometimento dos beneficiários nos seus empreendimentos. Essa é uma regra geral do sistema financeiro, cujo objetivo é reduzir o risco moral do investimento.

Existe grande vantagem para as empresas que se classificam como MPME nos produtos do BNDES, como é observável nas suas descrições. Indica que está presente no banco a preocupação em auxiliar o crescimento dessas empresas, favorecendo um crescimento daqueles que são menores na economia. Essa é uma observação que analisa somente a regulação formal dos produtos, sendo importante verificar se isso é uma realidade do banco na sua prática.

Os critérios de concessão de colaboração financeira do BNDES incidentes em todas as suas operações tem como preocupação a sustentabilidade do empreendimento ou projeto e as garantias que possam ser ofertadas para diminuir o risco de exposição às perdas do banco. Somado a isso se têm a preocupação com os impactos sociais e ambientais do projeto, ainda que não exista uma clareza do que significam essas valorações, principalmente no que tange à medição de impactos sociais.

Uma grande dúvida que surge seria como o banco se posicionaria diante de um projeto que possuir a capacidade de reduzir a empregabilidade no país, mas que ao mesmo tempo reduzisse o tempo de produção e aumentasse a produtividade. Um exemplo hipotético seria a criação de motor para veículos terrestres que pudesse ser abastecido com água. Como o banco se posicionaria diante de tal projeto seria curioso: de um lado a proteção da grande indústria petroleira do país e da manutenção dos empregos dessa indústria, enquanto que, do outro uma grande vantagem, aparentemente, para a maioria da população no que tange aos custos de combustível. Isso leva inclusive ao questionamento de qual seria a capacidade do BNDES de se blindar contra os interesses de grandes indústrias e de grandes controladores do mercado, para investir livremente no desenvolvimento do país. Apenas uma digressão sobre o ponto.

Considerando a dimensão prospectiva de atuação do BNDES de desenvolver a economia nacional, observação importante é a de que os critérios formalmente elencados no art. 10 do Decreto nº 4.418/2002[78] não contemplam a capacidade de geração de emprego, a capacidade de redução das desigualdades sociais e a capacidade de redução das desigualdades regionais[79]. O que se observa é que, na construção dos produtos, essas dimensões são presumidas, não existindo nenhum requisito de observação de índices econômicos equivalentes ou qualquer outra metodologia que possa identificar ou indicar se ocorreu alguma contribuição na geração de emprego ou na redução da desigualdade, ou outro tipo de indicador social positivo. Tal presunção é fruto de um desenho observado nos produtos do BNDES. Ou seja, em cada produto se observa qual é o direcionamento dado ao desenvolvimento praticado pelo banco e as suas expectativas. Uma exceção a tal afirmação seriam os investimentos do BNDES nas áreas de pesquisa, desenvolvimento e inovação (P,D&I), dado ao caráter mais incerto dos resultados esperados.

Esse direcionamento do desenvolvimento para o BNDES pode ser resumido da seguinte forma: incentivos à produção de máquinas no país e à aquisição de máquinas nacionais; incentivo à exportação; incentivo à inovação de diversas formas e atividades, mas principalmente para startups; incentivo ao compartilhamento de tecnologia  nacional e fomento à criação de uma rede produtiva colaborativa; incentivos às grandes empresas; incentivo de diversas formas para as MPME; incentivo ao fortalecimento do mercado de capitais; incentivo à atividade agrícola; incentivo às atividades sociais e culturais de forma não reembolsável principalmente; incentivo à modernização empresarial (principalmente por meio da aquisição de equipamentos).

## NOTAS

1      Art. 10. Para a concessão de colaboração financeira, o BNDES procederá:

I - ao exame técnico e econômico-financeiro de empreendimento, projeto ou plano de negócio, incluindo a avaliação de suas implicações sociais e ambientais;

II - à verificação da segurança do reembolso, exceto nos casos de colaboração financeira que, por sua natureza, envolva a aceitação de riscos naturais ou não esteja sujeita a reembolso, na forma dos incisos IV, V e VI do art. 9°; e

III - a seu critério, à apuração da eventual existência de restrições à idoneidade da empresa postulante e dos respectivos titulares e administradores, a critério do BNDES.

Parágrafo único. A colaboração financeira do BNDES será limitada aos percentuais que forem aprovados pela Diretoria para programas ou projetos específicos.

2      O art. 52 do anexo da Resolução 667/1987 do BNDES que trata das Disposições Aplicáveis aos Contratos regula a matéria aplicável às instituições financeiras que repassam recursos do BNDES para as beneficiárias finais.

3      LIMA, Jorge Cláudio Cavalcante de Oliveira; GUIMARÃES, André Luiz de Souza. Desenvolvimento com Redução da Desigualdade Regional: Uma Abordagem Geométrica. Rio de Janeiro: Revista do BNDES, v. 16, n. 31, p.113-138, jun., 2009.

4      Ibidem, p. 120.

5      Ibidem.

6      Ibidem.

7       Qualidade aqui significando a sua competência no mercado ou a sua competência com o projeto, o que teria impacto para reduzir o nível do risco associado à colaboração.

8       Isso foi feito de tal maneira por dois motivos: o primeiro é que organizar as atuações do BNDES na economia, considerando somente os produtos stricto sensu, deixaria de lado atuações que são realizadas por empresas subsidiárias que são importantes atuações do BNDES no mercado, como é o caso do BNDESPAR. O mais correto seria separar para dar o sentido correto a atuação, contudo a junção facilita essa compreensão. Segundo por que o próprio BNDES ao prestar contas e publicar a sua atividade para a sociedade brasileira, a utiliza tal classificação, chamando todas essas atuações de produtos.

9       O termo qualificações é utilizados para indicar o grau de participação do BNDES nas colaborações financeiras, quer dizer, significa o preenchimento de determinados requisitos que indicam maior participação do BNDES, sendo o empreendimento mais ou menos qualificado. Como exemplo, se observam aqueles efetuados pela mudança de política operacional do banco em 2017, tendo como qualificadores que indicam maior participação do BNDES quando existirem qualquer essas condições e nas áreas destacadas: MPMEs (empresas com faturamento até R$ 300 milhões), Educação, Saúde, Segurança e Assistência Social (Poder Público), Investimento Social de Empresas (ISE), Modernização da Administração Pública Estadual, Distrital e Municipal, Inovação, Meio Ambiente. Quando se trata de projetos de infraestrutura, as melhores qualificações são as de:

Saneamento, Energia – Geração de energia solar, Mobilidade – sistema sob trilhos ou BRTs, Transporte de Gás e Biocombustíveis, Conectividade Inclusiva, Logística – Ferrovias e Hidrovias.

10      Muitos desses programas do BNDES são criados para atender a agenda dos programas criados pelo Governo Federal.

11      A modalidade de 60% de TJLP de participação em projetos se dá com esses qualificadores: Desenvolvimento Territorial dos Estados, DF e Municípios, Serviços de educação, cultura e saúde (atendimento privado), Indústria e serviços difusores de tecnologia, Indústria e serviços intensivos em conhecimento, Produção de alimentos e biocombustíveis. Nessa modalidade o tomador do crédito terá 20% do credito a custo de mercado, totalizando 80%, e os outros 20% devem ser investidos pelo empreendimento ou obtidos de outra forma. Esses qualificadores e porcentagem de participação do BNDES não se aplica para projetos de infraestrutura.

12      A modalidade de 80% de TJLP de participação em projetos se dá com esses qualificadores: MPMEs (empresas com faturamento até R$ 300 milhões), Educação, Saúde, Segurança e Assistência Social (Poder Público), Investimento Social de Empresas (ISE), Modernização da Administração Pública Estadual, Distrital e Municipal, Inovação, Meio Ambiente. Nessa modalidade o tomador do crédito terá 80% do credito a custo de TJLP e os outros 20% devem ser investidos pelo empreendimento ou obtidos de outra forma. Esses qualificadores e porcentagem de participação do BNDES não se aplica para projetos de infraestrutura.

13      Voltada para projetos de expansão da capacida-

de produtiva. 50% do financiamento devem ser obtidos a custo de mercado para que se complete a taxa máxima de participação de 80% do BNDES, podendo, em qualquer caso, ser completado com recurso próprio.

14    Esses são os qualificadores gerais e o grau de participação do BNDES em TJLP, entre parênteses estão os adicionais a custo de mercado: Saneamento 80% (não há), Energia – Geração de energia solar 80% (não há), Mobilidade – sistema sob trilhos ou BRTs 80% (não há), Energia - Geração de energias alternativas a partir de biomassa, eólica e pequenas centrais hidrelétricas 70% (não há), Energia – Geração de energia hidrelétrica e termoelétrica a gás natural 50% (não há), Logística – Rodovias primeiro ciclo 50% (não há), Mobilidade – Demais segmentos 50% (não há), Aeroportos de 1º ciclo 40% (não há), Energia – Distribuição de energia elétrica 25% (25%), Energia – Transmissão de energia elétrica 0% (80%), Logística – Ferrovias e Hidrovias 80% (não há), Conectividade Inclusiva 80% (não há), Transporte de Gás e Biocombustíveis 80% (não há), Logística – Portos e Terminais Operadores Logísticos 60% (20%), Distribuição de Gás e Biocombustíveis 60% (20%), Transporte de Petróleo Padrão 30% (50%), Telecomunicações 30% (50%).

15    Referencial para custo de mercado no BNDES: a) TS: equivalente à Taxa Média SELIC (TMS) acumulada, apurada pelo Banco Central do Brasil em base diária; b) TJ3: Custo flutuante de mercado em reais equivalente à taxa de juros, em reais, formada pela aplicação de encargo fixo sobre taxa fixa de juros de mercado, para o prazo de 3 meses, apurada e divulgada pela BM&F BOVESPA (código TJ3) com base nos preços de refe-

rência dos contratos de DI-Futuro; c) TJ6: Custo flutuante de mercado em reais equivalente à taxa de juros, em reais, formada pela aplicação de encargo fixo sobre taxa fixa de juros de mercado, para o prazo de 6 meses, apurada e divulgada pela BM&F BOVESPA (código TJ6) com base nos preços de referência dos contratos de DI-Futuro; d) IPCA: Índice de Preços ao Consumidor Amplo (IPCA) acrescido de encargos; e) TJFPE: Taxa de Juros Fixa Pré-Embarque (somente em linhas de apoio às exportações); f) Cesta: Encargos da Cesta de Moedas (ECM) acrescidos da Variação do US$ ou da Variação da UMBNDES ou, alternativamente, o Referencial de Custo Financeiro equivalente aos encargos da cesta de moedas (ECM), fixado quando da liberação do crédito, expresso sob a forma de: (i) taxa de juros fixa em US$ ou (ii) taxa de juros flutuante em US$, formada pela aplicação de encargo fixo sobre a Libor em US$ de 3 ou 6 meses; g) Taxa de juros fixa acrescida da variação do dólar norte- americano.

16      Relacionado com a linha de financiamento BNDES Finem - Tecnologia da Informação, destinados para investimentos e planos de negócios de empresas de software e serviços de TI (Antigo BNDES Prosoft Empresa). BPO (Business Process Outsourcing) significa a terceirização de processos de negócios que usam intensamente a tecnologia da informação. ITES é a sigla em inglês para serviço de tecnologia da informação.

17      "O BNDES enfatiza sua atuação de apoio ao desenvolvimento das regiões brasileiras por meio da Política de Dinamização Regional (PDR), focada na redução das desigualdades regionais e sociais de renda. A PDR dispõe de condições especiais para operações fei-

tas no âmbito de linhas de financiamento dos produtos BNDES Finem, BNDES Automático, BNDES Limite de Crédito e BNDES Project Finance desde que apóiem investimentos localizados nos municípios incentivados ou nas regiões Norte e Nordeste do Brasil. Observação: A PDR aplica-se a investimentos em ampliação de capacidade produtiva, desde que esses não impliquem fechamento de outras unidades produtivas do beneficiário.". In: BNDES, 2017, disponível em: <http://www.bndes. gov.br/>. Acesso em 15/07/2017.

18      Segue a descrição daquilo que pode ser financiado por essa linha de financiamento: "Inovações potencialmente disruptivas ou incrementais de produto, processo e marketing; atividades de P&D; investimentos em ambientes de inovação e suas estruturas de suporte localizados em parques tecnológicos, incubadoras, aceleradoras, etc; infraestrutura de inovação (laboratórios e centros de P&D), plantas-piloto e plantas demonstração; pesquisa e desenvolvimento de ativos geradores de direitos de propriedade intelectual em economia da cultura; novos modelos de negócio, produção e distribuição de conteúdos em novas plataformas de caráter digital, interativo, multiplataforma ou transmídia aplicados a cultura,educação ou saúde; inovação em software e serviços de TI; e plantas industriais com características inéditas ou que tenham como objetivo a produção de bens não-fabricados no Brasil, de forma a promover a expansão da fronteira tecnológica do País (valor mínimo do financiamento: R$ 10 milhões). Os seguintes itens podem ser financiados, desde que estejam associados ao plano de investimentos em inovação: estudos, projetos, pesquisas de P&D; ensaios, testes e certificações no

país e no exterior; obras civis, montagens e instalações; aquisição de material de consumo e permanente; despesas com mão-de-obra direta; máquinas e equipamentos nacionais novos credenciados no BNDES; máquinas e equipamentos importados sem similar nacional (inclui despesas de internalização); software nacional ou importado, caso não haja similar nacional; participação em feiras e eventos no país e no exterior e capacitações em geral; despesas com assuntos regulatórios e relativas à propriedade industrial gastos com captura, processamento e difusão do conhecimento relacionado ao processo de P&D; despesas de P&D correntes; aumento de escala de processos e ajuste de parâmetros; gastos em marketing (pesquisa de mercado, elaboração de marcas, campanha publicitária etc.); parques tecnológicos; despesas que impliquem remessa de divisas; investimentos fabris. [...] Despesas necessárias à introdução da inovação no mercado, incluindo investimentos em capacidade produtiva, são financiáveis e limitadas a 30% do valor do apoio ao plano de investimentos em inovação (regra não se aplica aos casos de planta-piloto ou planta de demonstração). Não são apoiáveis gastos e despesas indiretas, depreciação e quaisquer itens que não envolvam desembolso efetivo de recursos." In: BNDES, 2017, disponível em: <https://www.bndes.gov.br/wps/portal/site/home/financiamento/produto/BNDES-Inovacao>. Acesso em: 15/07/2017.

19    Definição do próprio BNDES para esse período: "A carência é o período compreendido entre a assinatura do contrato de financiamento e o pagamento da primeira parcela de amortização do principal" Normalmente, nesses períodos de carência são cobrados so-

mente os juros incidentes na operação, tendo o início do pagamento do encargo principal ao término do período de carência. In: BNDES, 2017, disponível em: <https://www.bndes.gov.br/wps/portal/site/home/faq/apoio-financeiro/1944455039/1896343297/1358286979 >. Acesso em: 15/07/2017.

20      Segue a descrição daquilo que pode ser financiado por essa linha de financiamento: "São financiáveis projetos de investimento destinados ao fortalecimento das capacidades gerencial, normativa, operacional e tecnológica da administração municipal com foco nas seguintes ações: Administração Geral: gestão de recursos humanos, licitações e compras, gestão de contratos, protocolo e controle de processos, gestão energética; Administração Tributária: arrecadação, cobranças administrativa e judicial, fiscalização, estudos econômicos e tributários, central de atendimento ao contribuinte; Administração Financeira e Patrimonial: orçamento, execução financeira, contabilidade e dívida pública, auditoria e controle interno, gestão e segurança do patrimônio; e Administração e Gestão das Secretarias, Órgãos e Unidades Municipais prestadores de serviços à coletividade: organização e gerência, sistemas e tecnologia de informação. O BNDES também apoia ações com foco em: planejamento, organização e gestão; legislação; sistemas e tecnologia de informação; central de atendimento ao cidadão; cadastros; georreferenciamento; relações intra e interinstitucionais; e integração de informações municipais, tanto na esfera intramunicipal quanto no intercâmbio de informações com os órgãos federais e estaduais. São passíveis de financiamento os itens a seguir relacionados, não isoladamente, associados aos

empreendimentos acima: Obras civis, montagem e instalações; máquinas e equipamentos novos produzidos no País e constantes dos Cadastros do BNDES, tais como: a) Equipamentos de informática: microcomputadores, estabilizadores, nobreaks, impressoras, roteadores, scanners, hubs, switchs, thin clients, projetor multimídia, servidores, notebooks, antenas de rádio transmissão, estações rádio base; b) Equipamentos de apoio à operação e à fiscalização: radiocomunicadores, leitoras de cartão, totens de atendimento e controles de frequência de pessoal; e c) Bens de informática e automação, abarcados pela Lei nº 8.248 (Lei de Informática), de 23.10.1991, que cumpram o Processo Produtivo Básico (PPB) e possuam tecnologia nacional na forma da Portaria MCT nº 950, de 12.12.2006, ou da que venha a substituí-la; móveis e utensílios; softwares nacionais; motocicletas e automóveis de passeio, desde que exclusivamente voltados para atividades de fiscalização da área de administração tributária, em e tecnológica da administração municipal com foco nas seguintes ações: Administração Geral: gestão de recursos humanos, licitações e compras, gestão de contratos, protocolo e controle de processos, gestão energética; Administração Tributária: arrecadação, cobranças administrativa e judicial, fiscalização, estudos econômicos e tributários, central de atendimento ao contribuinte; Administração Financeira e Patrimonial: orçamento, execução financeira, contabilidade e dívida pública, auditoria e controle interno, gestão e segurança do patrimônio; e Administração e Gestão das Secretarias, Órgãos e Unidades Municipais prestadores de serviços à coletividade: organização e gerência, sistemas e tecnologia de informação. O BNDES também apoia ações com foco em: planejamento, organização e gestão; legislação; sistemas e tecnologia de informação; central de atendimento ao cidadão; cadastros; georreferenciamento; relações intra e interinstitucionais; e integração de informações municipais, tanto na esfera intramunicipal quanto no intercâmbio de informações com os órgãos federais e estaduais. São passíveis de financiamento os itens a seguir relacionados, não isoladamente, associados aos empreendimentos acima: Obras civis, montagem e instalações; máquinas e equipamentos novos produzidos no País e constantes dos Cadastros do BNDES, tais como: a) Equipamentos de informática: microcomputadores, estabilizadores, nobreaks, impressoras, roteadores, scanners, hubs, switchs, thin clients, projetor multimídia, servidores, notebooks, antenas de rádio transmissão, estações rádio base; b) Equipamentos de apoio à operação e à fiscalização: radiocomunicadores, leitoras de cartão, totens de atendimento e controles de frequência de pessoal; e c) Bens de informática e automação, abarcados pela Lei nº 8.248 (Lei de Informática), de 23.10.1991, que cumpram o Processo Produtivo Básico (PPB) e possuam tecnologia nacional na forma da Portaria MCT nº 950, de 12.12.2006, ou da que venha a substituí-la; móveis e utensílios; softwares nacionais; motocicletas e automóveis de passeio, desde que exclusivamente voltados para atividades de fiscalização da área de administração tributária, em quantidade total limitada ao número de servidores públicos efetivos que comprovadamente, exerçam a função de fiscal; capacitação técnica e gerencial de servidores públicos efetivos; serviços técnicos especializados; serviços de tecnologia da informação, incluindo a customização de softwares, e com criação e atualização de cadastros, podendo incluir georreferenciamento, aerofotogrametria e demais gastos correlatos; O que não pode ser financiado no âmbito desta linha: obras civis, montagem, instalações e reaparelhamento de escolas, postos de saúde e postos de assistência; aquisição ou arrendamento de bens imóveis e benfeitorias; aquisição de máquinas e equipamentos usados; manutenção de atividades e de custeio, inclusive com pessoal ativo e inativo; cursos de graduação e pós-graduação; desapropriação ou aquisição de terrenos; e pavimentação e iluminação pública.". In: BNDES, 2017, disponível em: <https://www.bndes.gov.br/wps/portal/site/home/financiamento/produto/bndes-finem-pmat>. Acesso em: 15/07/2017.

21      Esses investimentos compreendem itens voltados para essa linha, como por exemplo: estudos e projetos; obras civis; montagens e instalações; móveis e utensílios; treinamento; despesas pré- operacionais; máquinas e equipamentos nacionais novos credenciados no BNDES; e máquinas e equipamentos importados sem similar nacional. In: BNDES, 2017, disponível em: <https://www.bndes.gov.br/wps/portal/site/home/financiamento/produto/bndes-finem-educacao-saude>. Acesso em: 15/07/2017. Para uma lista mais detalhada dos itens financiáveis pelo BNDES Finem ver o Glossário de itens financiáveis  pelo produto, disponível em: <https://www.bndes.gov.br/wps/wcm/connect/site/52603e4e-407a-4cc4-8122-e0d4419e59fd/BNDES-Finem-itens-financiaveis.pdf?MOD=AJPERES&CVID=lGVAvR6>. Acesso em: 15/07/2017.

22      Exemplos desses investimentos podem ser visto no site do BNDES, como: Aquisição de bens e serviços

importados sem similar nacional; Aquisição, no mercado interno, de software e serviços correlatos desenvolvidos no Brasil; Capacidade de armazenagem e distribuição de produtos; Capacidade de produção de ligas, compostos e materiais de alto desempenho, especialidades químicas e de produtos e aplicações baseadas nas propriedades específicas desses materiais; Capacidade Produtiva - Aquisição de ônibus e caminhões; Capacidade Produtiva – Celulose; Capacidade Produtiva – Cimento; Capacidade Produtiva - Indústria de acabamentos para construção; Capacidade Produtiva - Indústria química; Capacidade Produtiva - Indústrias tradicionais de bens de consumo; Capacidade Produtiva - Metalurgia de ferrosos, de não ferrosos e de ferro-ligas; Capacidade Produtiva - Painéis de madeira reconstituída; Capacidade Produtiva - Papéis, integrados ou não à celulose (antigo BNDES Propapel); Capacidade Produtiva - Refino de petróleo; Capacidade Produtiva - Transformados de plástico (antigo BNDES Proplástico); Capacidade Produtiva dos setores Automotivo e Metroferroviário; Capacidade Produtiva dos setores de Aeroespacial e Defesa; Capital de giro; Consolidação e Internacionalização das Indústrias produtoras de Bens de Capitais; Construção e integração de módulos navais; Demais projetos não especificados anteriormente; Florestas plantadas para fins industriais/econômicos; Investimentos em biocombustíveis convencionais ou de 1a geração; Investimentos em comércio eletrônico B2C; Investimentos em comércio varejista e bebidas; Investimentos em mineração com novas tecnologias; Investimentos em mineração tradicional; Investimentos em participação societária; Investimentos na cadeia de fornecedores da cadeia de P&G, Automotiva e Metroferroviária; Investimentos na redução do uso de recursos naturais e materiais; Planejamento e Gestão Ambiental; Produtos ou processos produtivos que utilizem insumos provenientes de fontes renováveis como matérias primas, ou que possuam um menor impacto socioambiental; Produção e processamento submarino de O&G; Projetos de internacionalização; Recuperação de passivos ambientais; Serviços de educação e saúde prestados por demais instituições privadas; Serviços de educação e saúde prestados por instituições privadas sem fins lucrativos portadoras de CEBAS e Instituições privadas integrantes dos Serviços Sociais Autônomos; Serviços de saúde, educação, assistência social e segurança prestados pelo Poder Público; Turismo. In: BNDES, 2017, disponível em: <https://www.bndes.gov.br/wps/portal/site/home/financiamento/produto/bndes-finem-outros>. Acesso em: 15/07/2017.

23      Sobre esse ponto ver o Glossário de itens financiáveis pelo produto, disponível em: <https://www.bndes.gov.br/wps/wcm/connect/site/52603e4e-407a-4cc4-8122-e0d4419e59fd/BNDES-Finem-itens-financiaveis.pdf?MOD=AJPERES&CVID=lGVAvR6>. Acesso em: 15/07/2017.

24      Trata-se de um sistema que registra os fornecedores de determinados produtos nacionais, qualificando tais produtos de acordo com o grau de nacionalização da sua produção. O sistema serve para indicar ao BNDES no momento de análise dos projetos, quais deles estão utilizando produtos com maior produção nacional com o objetivo de favorecer tais projetos. Os fabricantes dos produtos devem se registrar no CFI para que seus produtos possam fazer parte do financiamento da Fina-

me.

25      Isso de acordo com a circular SUP/AOI nº 05/2017-BNDES.

26      As MPMEs podem contar ainda a aquisição no valor máximo de 30% do capital financiado como capital de giro associado no âmbito da linha BK aquisição e comercialização.

27      Esses são valores de 2015. Em 2017 a taxa de remuneração é de 1,7% a.a. e 0,4% a.a. de taxa de intermediação financeira.

28      Observada, nas operações com outorga de garantia de risco pelo Fundo Garantidor para Investimentos
(FGI), a limitação prevista na regulamentação específica desse Fundo.

29      Na forma de propriedade fiduciária, ou na forma de penhor nos casos de setores do agronegócio.

30      Programa encerrado em 2016.

31      Tem por objetivo promover o desenvolvimento das atividades rurais dos médios produtores rurais, por meio de crédito para inversões fixas e semifixas em bens e serviços relacionados com a atividade agropecuária, bem como para o custeio associado a esses investimentos. Abrange todo o território nacional e são beneficiários os produtores rurais (pessoas físicas ou jurídicas) que explorem a terra na
condição de proprietário, posseiro, arrendatário e parceiro e que, cumulativamente: (1) tenham, no mínimo, 80% (oitenta por cento) de sua Receita Operacional Bruta/Renda Bruta Anual originária da atividade agropecuária ou  extrativa vegetal; e (2) possuam Receita Operacional Bruta/Renda Bruta  Anual de até R$

1.760.000,00 (um milhão, setecentos e sessenta mil reais), considerando nesse limite a soma de 100% (cem por cento) do Valor Bruto de Produção, 100% (cem por cento) do valor da receita recebida de entidade integradora e das demais rendas provenientes de atividades desenvolvidas no estabelecimento e fora dele e 100% (cem por cento) das demais rendas não agropecuárias. Possui taxa fixa de juros de 7,5% a.a., incluída a remuneração da instituição financeira credenciadora de 2,8% a.a, com até 100% do valor dos itens financiáveis.

32      Tem por objetivo apoiar investimentos necessários a incorporação de inovação tecnológica nas propriedades rurais, visando o aumento da produtividade, a adoção de boas práticas agropecuárias e de gestão da propriedade rural e a inserção competitiva dos produtores rurais nos diferentes mercados consumidores. Possui abrangência em todo o território nacional e são destinadas a produtores rurais, pessoas físicas ou jurídicas e cooperativas de produção rurais. Possui taxa fixa de juros de 6,5% a.a., incluída a remuneração da instituição financeira credenciadora de 2,8% a.a, com até 100% do valor dos itens financiáveis.

33      Tem por objetivo apoiar e fomentar os setores da produção, beneficiamento, industrialização, acondicionamento e armazenamento de produtos da apicultura, aquicultura, avicultura, chinchilicultura, cunicultura, floricultura, fruticultura, palmáceas, olivicultura, produção de nozes, horticultura, ovinocaprinocultura, pecuária leiteira, pesca, ranicultura, sericicultura e suinocultura, fomentar ações relacionadas à defesa animal, particularmente o Programa Nacional de Controle e Erradicação da Brucelose e Tuberculose (PN-

CEBT) e a implementação de sistema de rastreabilidade animal para alimentação humana, apoiar a recuperação de solos por meio do financiamento para aquisição, transporte, aplicação e incorporação de corretivos agrícolas, apoiar a construção e a ampliação das instalações destinadas a guarda de máquinas e implementos agrícolas e a estocagem de insumos agropecuários. Possui abrangência em todo o território nacional e são destinadas a produtores rurais, pessoas físicas ou jurídicas e cooperativas de produtores rurais, inclusive para repasse a seus cooperados. Possui taxa fixa de juros de 8,5% a.a., incluída a remuneração da instituição financeira credenciadora de 2,8% a.a, com até 100% do valor dos itens financiáveis.

34      Financiamento à exportação de bens e serviços, efetuada por intermédio de uma empresa âncora, assim consideradas as trading companies, empresas comerciais exportadoras e demais empresas exportadoras que participem da cadeia produtiva e que adquiram a produção de outras empresas para exportação.

35      Voltada para o financiamento de empresas com perfil inovador para a exportação de bens ou serviços de tecnologia da informação. As empresas para serem qualificadas com perfil inovador devem possuir os critérios exigidos        pelo BNDES, listados neste acesso: <http://www.bndes.gov.br>.

36      Trata-se de uma operação automática.

37      Operação não automática. Os casos em que se aplica estão listados no regulamento geral de cada produto ou programa.

38      O BNDES pode requerer que a instituição financeira credenciada providencia um relatório que detalha

a operação do exportador beneficiário (RAO – Relatório de acompanhamento da Operação), além de acessar as bases de dados da Receita Federal para obter informações relativas às operações de comércio exterior da beneficiária.

39    Para o custo da operação se aplica a TJLP e a TJFPE (Taxa de Juros Fixa Pré-embarque). A TJFPE "[...]é aplicável a créditos denominados em dólares dos EUA e corresponde à soma dos seguintes componentes: (i) custo médio ponderado de todas as taxas e despesas incorridas pelo BNDES na captação dos recursos em moeda estrangeira; (ii) custo incorrido na hipótese de permuta das dívidas remanescentes do BNDES, contraídas em outras moedas estrangeiras, por dólares dos EUA, acrescido do custo incorrido na hipótese de permuta das dívidas remanescentes do BNDES, contraídas em taxas de juros flutuantes, por taxas de juros fixas; e (iii) Imposto de Renda equivalente ao imposto médio ponderado, devido sobre os encargos remetidos ao exterior, em pagamento aos credores do BNDES, nas operações de captação de recursos em moeda estrangeira. A TJFPE é calculada pela Área Financeira do BNDES e publicada trimestralmente no Diário Oficial da União, a partir de 25.04.2005" (BNDES, 2014a, Anexo Capítulo IV – Glossário).

40    A taxa de juros e a classificação dos bens elegíveis para o BNDES Exim pré-embarque podem ser vistos no seu regulamento geral Item. 8 neste acesso: <http://www.bndes.gov.br/wps/wcm/connect/site/981aee3b-bf94-429d-bb9d-01fa47ad4028/Circ002_14_AEX.pdf?MOD=AJPERES&CVID=lk3ket9&CVID=lk3ket9&CVID=lk3ket9&CVID=lk3ket9&CVID=lk3ke-

t9&CVID=lk3ket9&CVID=lk3ket9&CVID=lk3ke-
t9&CVID=lk3ket9&CVID=lk3ket9&CVI-
D=lk3ket9&CVID=lk3ket9&CVID=lk3ket9&CVI-
D=lk3ket9&CVID=lk3ket9&CVID=lk3ket9&CVI-
D=lk3ket9&CVID=lk3ket9&CVID=lk3ket9&CVI-
D=lk3ket9&CVID=lk3ket9&CVID=lk3ket9&CVI-
D=lk3ket9&CVID=lk3ket9&CVID=lk3ket9&CVI-
D=lk3ket9&CVID=lk3ket9&CVID=lk3ket9&C-
VID=lk3ket9&CVID=lk3ket9&CVID=lk3ket9&-
CVID=lk3ket9&CVID=lk3ket9&CVID=lk3ket9
&CVID=lk3ket9>. A relação dos produtos financiáveis,
tanto para pré-embarque quanto para pós-embarque
podem ser vistos na Circular 06/2014 do BNDES, dispo-
nível neste acesso: < http://www.bndes.gov.br/wps/wcm/
connect/site/01fe8a12-cfff-44b2-8d85-8f76943f2294/
14Circ006_AEX.pdf?MOD=AJPERES&CVID=lk3a-
dB3&CVID=lk3adB3&CVID=lk3adB3&CVI-
D=lk3adB3&CVID=lk3adB3&CVID=lk3adB3&CVI-
D=lk3adB3&CVID=lk3adB3&CVID=lk3adB3&CVI-
D=lk3adB3&CVID=lk3adB3&CVID=lk3adB3&CVI-
D=lk3adB3&CVID=lk3adB3&CVID=lk3adB3&CVI-
D=lk3adB3&CVID=lk3adB3&CVID=lk3adB3&CVI-
D=lk3adB3&CVID=lk3adB3&CVID=lk3adB3&CVI-
D=lk3adB3&CVID=lk3adB3&CVID=lk3adB3&CVI-
D=lk3adB3&CVID=lk3adB3&CVID=lk3adB3&CVI-
D=lk3adB3&CVID=lk3adB3&CVID=lk3adB3&CVI-
D=lk3adB3&CVID=lk3adB3>
41      Ver item '7. PRAZOS' da circular AEX N°
002/2014, de 12 de fevereiro de 2014 do BNDES. (BN-
DES, 2014a).
42      Financiamento à exportação de bens de fabri-

cação nacional, como máquinas equipamentos, bens de consumo e serviços a eles associados.

43    Financiamento à exportação de serviços nacionais, como construção civil, serviços de engenharia e arquitetura, de tecnologia de informação, entre outros. Inclui os bens de fabricação nacional a serem utilizados e/ou incorporados ao empreendimento.

44    Financiamento à exportação de aeronaves e motores aeronáuticos civis, bem como partes, peças e serviços associados – todos de fabricação nacional.

45    As normas operacionais do BNDES Exim automático pode ser vistas neste acesso: <http://www.bndes.gov.br/wps/wcm/connect/site/2e1867d-1-eb2d-4602-abd3-69dab3bd859d/15Circ004_AEX_Regulamento_Exim_Automatico_03042015.pdf?MOD=AJPERES&CVID=lk3bx0B&CVID=lk3bx0B&CVID=lk3bx0B&CVID=lk3bx0B&CVID=lk3bx0B&CVID=lk3bx0B&CVID=lk3bx0B&CVID=lk3bx0B&CVID=lk3bx0B&CVID=lk3bx0B&CVID=lk3bx0B&CVID=lk3bx0B&CVID=lk3bx0B&CVID=lk3bx0B&CVID=lk3bx0B&CVID=lk3bx0B&CVID=lk3bx0B&CVID=lk3bx0B&CVID=lk3bx0B&CVID=lk3bx0B&CVID=lk3bx0B&CVID=lk3bx0B&CVID=lk3bx0B&CVID=lk3bx0B&CVID=lk3bx0B >.

46    A lei 10.184/2001 disciplina o financiamento à exportação.

47    Aplica-se a Taxa de Juros para Empréstimos e Financiamentos no Mercado Interbancário de Londres

– LIBOR (London Interbank Offered Rate).

48      Risco atribuído pela OCDE: 0,1,2 e 3 = 0,4% a.a.; 4 e 5 = 0,65% a.a.; 6 e 7 = 1,35% a.a.

49      Eram considerados prioritários os setores de indústria de bens de capital; geração de energia elétrica renovável e energia a vapor renovável (biomassa, solar e outras fontes alternativas); modais ferroviário e hidroviário; abastecimento de água, escoamento sanitário, efluentes e resíduos industriais e resíduos sólidos urbanos; e projetos estruturantes de mobilidade urbana, conforme estabelecido no regulamento do BNDES Automático.

50      Aplicava-se a TJLP para as linhas MPME INVESTIMENTO e MGGE SETORES PRIORITÁRIOS; na linha MGGE DEMAIS SETORES aplicava-se 70% de TJLP e 30% de Selic ou UMBNDES/Cesta ou US$/Cesta para médias-grandes empresas e 50% de TJLP e 50% de Selic ou UMBNDES/Cesta ou US$/Cesta para grandes empresas. A remuneração básica do BNDES era de 1,5% a.a. e a taxa de intermediação financeira era de 0,1% a.a. para micro, pequenas e médias empresas e 0,5% a.a. para médias-grandes e grandes empresas. A Remuneração da Instituição Financeira Credenciada era negociada entre o agente financeiro e a beneficiária, observada, nas operações controladas com outorga de garantia de risco pelo Fundo Garantidor para Investimentos (FGI), a limitação prevista na regulamentação específica desse Fundo.

51      219 Esses são os beneficiários a partir de 2017. A circular SUP/AOI nº 09/2014-BNDES de 2014 previa outros beneficiários: Sociedades, de controle nacional ou estrangeiro, com sede e administração no País; Co-

operativas, associações e fundações, com sede e administração no Brasil; empresários individuais inscritos no Cadastro Nacional de Pessoas Jurídicas (CNPJ) e no Registro Público de Empresas Mercantis (RPEM); Pessoas Jurídicas de Direito Público interno, nas esferas federal (exceto a União), estadual, municipal e do Distrito Federal; Pessoas Físicas residentes e domiciliadas no País, desde que produtores rurais para investimento no setor agropecuário; Consórcios e condomínios que exerçam atividade produtiva, sendo que os condomínios devem ser constituídos como entidade societária por cotas, nos termos do art. 14, § 1°, da Lei n° 4.504, de 30.11.1964, cujos atos societários estejam devidamente arquivados no Registro Público de Empresas Mercantis ou no Registro Civil de Pessoas Jurídicas (RCPJ), conforme o caso; Empresas individuais de responsabilidade limitada inscritas no Registro Público de Empresas Mercantis (RPEM).

52    São passíveis de apoio condicionado no Produto BNDES Automático os empreendimentos a seguir relacionados: (1) Investimentos em empreendimentos relacionados ao setor produtor de ferro gusa. Nesse caso, a madeira e o carvão utilizados como energético e matéria-prima no processo de produção das beneficiárias finais devem ser provenientes de reflorestamento, o que deve ser comprovado por meio de Certificação de Cadeia de Custódia; (2) empreendimentos de bovinocultura de corte. Nesse caso, o investimento deve ser destinado à produção de bezerros; (3) empreendimentos que dependam da madeira como principal matéria-prima, quando a madeira for proveniente total ou parcialmente de mata nativa. Nesse caso, o apoio fica

condicionado à existência de Plano de Manejo Florestal Sustentável, aprovado pelo órgão ambiental competente, e à Certificação Florestal ou Certificação de Cadeia de Custódia, emitida por órgão independente, com credibilidade pública; (4) empreendimento associado à exploração de vegetação primária ou de espécies nativas. Nesse caso o apoio fica condicionado à existência de Plano de Manejo Florestal Sustentável, aprovado pelo órgão ambiental competente, e à Certificação Florestal, emitida por órgão independente, com credibilidade pública; (5) apoio a shopping centers fica condicionado à apresentação de Estudo de Impacto de Vizinhança (EIV) de implantação de novos empreendimentos ou, nos casos em que couber, de expansão dos já existentes, assim como de autorização para a implantação ou expansão do empreendimento objeto do financiamento, emitido pelo órgão municipal competente. Caso seja dispensado o EIV, deverão ser apresentados estudos correlatos solicitados pelo Município para conceder a autorização acima referida, quando for o caso; (6) empreendimentos relacionados ao setor de alojamento. Nesse caso, o postulante deve apresentar Certificado de Cadastramento na versão "empreendimento em operação" ou na versão "empreendimento em fase de implantação", conforme o caso, no Cadastro Nacional de Prestadores de Serviços Turísticos do Ministério do Turismo – CADASTUR; (7) Investimentos sociais, excluídos as ações e projetos sociais contemplados com incentivos fiscais, realizados no âmbito da beneficiária final desde que sejam voltados para: (i) a implantação ou aprimoramento de sistemas de gestão ambiental, social e/ou de saúde e segurança do trabalho, inclusive obtenção de certificações, nas beneficiárias finais; ou (ii) os empregados das beneficiárias finais, seus dependentes e familiares. Não serão passíveis de apoio no âmbito deste último item os seguintes investimentos: (7.1) ações impostas por lei, ato administrativo ou decisão judicial, incluindo obrigações decorrentes de licenciamento ambiental e Termos de Ajustamento de Conduta; ações exclusivamente voltadas para desempenho comercial e competitivo ou ao desenvolvimento direto de mercado consumidor; ações de marketing institucional e custeio e gastos com manutenção corrente, incluindo benefícios adicionais voltados para funcionários, que tenham caráter permanente e possam ser caracterizados como política de recursos humanos, tais como: planos de saúde, previdência, seguros, auxílio-moradia, auxílio-educação, dentre outros. (8) O apoio a investimentos destinados à implantação, expansão ou modernização de linhas de produção para montagem de veículos automotores rodoviários ou agrícolas ficará restrito a operações que envolvam veículos cujo índice de nacionalização seja igual ou maior ao estabelecido no Regulamento do Credenciamento de Fornecedores Informatizado (CFI).

53     Remuneração básica de 1,7%a.a. mais a taxa de intermediação financeira de 0,4% a.a.

54     É possível obter o Cartão BNDES emitido por mais de um banco emissor. O limite de R$ 2 milhões para cada cliente/beneficiário por banco emissor significa que o cliente/beneficiário pode possuir limite maior do que os referentes aos bancos, desde que possua cartões de diversos emissores. O limite de R$ 2 milhões é imposto aos bancos emissores.

55     Principais documentos exigidos: Certidão Ne-

gativa de Débitos relativos a Créditos Tributários Federais e à Dívida Ativa da União (CND) ou Certidão Positiva com Efeitos de Negativa de Débitos relativos a Créditos Tributários Federais e à Dívida Ativa da União (CPEND), expedida conjuntamente pela Secretaria da Receita Federal do Brasil (RFB) e pela Procuradoria-Geral da Fazenda Nacional (PGFN); Certificado de Regularidade do FGTS; comprovação de regularidade quanto à entrega da Relação anual de informações sociais (RAIS); declaração na qual atestem, em síntese, que estão com a sua situação regularizada perante os órgãos públicos e as legislações pertinentes. Importante destacar que o microempreendedor individual (MEI) está dispensado de apresentar comprovante de que está em dia com a entrega da Relação Anual de Informações Sociais (RAIS) Negativa, referente ao ano-base 2015, de acordo com a Portaria nº 269, de 29.12.2015, do Ministério do Trabalho e Emprego (MTE) e cabe destacar, ainda, que, quando a empresa fizer parte de grupo econômico, o faturamento bruto anual total do grupo também não poderá exceder R$ 300 milhões.

56      As empresas distribuidoras são indicadas pelos fabricantes credenciados no Portal de Operações do Cartão BNDES como distribuidoras de seus bens ou serviços, ficando aptas a vender os produtos aprovados pelo BNDES.

57      Percentual que indica o nível de participação dos componentes nacionais na fabricação do bem ou insumo.

58      De no mínimo 60% de nacionalização e cadastrados no CFI e credenciados pelo BNDES.

59      A mesma do BNDES Finame.

60      O Processo Produtivo Básico (PPB) foi definido por meio da Lei n.º 8.387, de 30 de dezembro de 1991 que alterou o Decreto-Lei 288, de 28 de fevereiro de 1967, como sendo "o conjunto mínimo de operações, no estabelecimento fabril, que caracteriza a efetiva industrialização de determinado produto"(Art 7º, §8º, , item b) do Decreto-Lei 288/1967).

61      A operação se torna não automática e, além desse caso, ocorrerá quando se tratar de financiamento acima de R$ 20 milhões ou em prazo superior ao estabelecido para o produto.

62      Disponível no site do BNDES: <https://www.bndes.gov.br>.

63      Pedidos de financiamento acima de R$ 20 milhões, pedidos com prazo diferenciado ao estabelecido na sua institucionalização, pedidos com prazo diferenciados para veículos de transporte público não convencionais de transporte urbano e veículos de coleta de lixo em programa integrado de coleta, tratamento e disposição final, pedidos de destinados à aquisição de aeronaves executivas e comerciais e pedidos para aquisição de produtos com índice de nacionalização inferiores a 60% e que não cumpram o PPB. (BNDES, 2014c).

64      Para arrendamento de caminhões, caminhões-tratores, cavalos-mecânicos, reboques, semi-reboques, chassis e carrocerias para caminhões, aí incluídos semi-reboques tipo dolly e afins, e equipamentos especiais adaptáveis a chassis, tais como plataformas, guindastes e tanques, nacionais novos.

65      O Fundo da Amazônia promove o financiamento não-reembolsável para ações de prevenção, monitoramento e combate ao desmatamento, e de promoção da

conservação e do uso sustentável das florestas da Amazônia Legal. O BNDES é apenas o gestor do Fundo, incumbindo-se da captação de recursos, da contratação e do monitoramento dos projetos e ações apoiados.

66      Apenas lembrando que não se trata de um produto propriamente dito, conforme explicação inicial do item 3.2 deste capítulo. Não é operacionalizado diretamente pelo BNDES, mas sim pelo BNDESPAR, motivo pelo qual é indireto, pois, o BNDESPAR é uma empresa subsidiária do BNDES.

67      A Lei 11.110/2005 instituiu o Programa Nacional de Microcrédito Produtivo Orientado (PNMPO) com o objetivo de incentivar a geração de emprego e renda entre os microempreendedores.

68      As Sociedades de Crédito ao Microempreendedor somente podem se habilitar como repassadoras do recurso público para o beneficiário final.

69      Subitem 9.2 da Circular SUP/AOI Nº 13/2016-BNDES.

70      BNDES, 2016, item 1.

71      Serviços que envolvam apenas a parametrização do(s) software(s), onde não haja alteração do código fonte (adaptação) não são considerados uma solução tecnológica.

72      "Nos casos específicos em que a tecnologia a ser fornecida estiver amparada por direito de propriedade intelectual/industrial, o contrato de licenciamento a ser firmado entre Fornecedor e a Beneficiária Final deve ser não exclusivo no que concerne aos direitos de exploração por parte do Fornecedor, que poderá licenciar o direito de uso daquela tecnologia para outros demandantes." (BNDES, 2016, item 6.1)

73      Sobre os outros itens financiáveis nesse produto e o respectivo valor ou porcentagem possível, recomenda-se observar os itens 6.3 à 6.6 da Circular SUP/AOI Nº 13/2016-BNDES.

74      "Deverá necessariamente ser adotada como Custo Financeiro a UMBNDES/Cesta ou a US$/Cesta, nas operações de qualquer valor realizadas com empresas sob controle de capital estrangeiro para investimentos de qualquer natureza em atividade econômica não amparada pelo Decreto nº 2.233, de 23.05.1997, e suas alterações; [...]Ressalvado o caso relacionado no subitem 9.1.1.2.1, deverá ser necessariamente adotada como Custo Financeiro a Selic ou UMBNDES/Cesta ou US$/Cesta em

operações cujo nível de participação do BNDES tenha sido ampliado para até 80% (oitenta por cento), conforme subitem 9.4.3 desta Circular, incidindo sobre o valor correspondente à parcela de crédito adicional." (BNDES, 2016, subitem 9.1.1.2.1 e 9.1.1.2.2)

75      Agradeço ao Prof. Dr. José Vicente Santos de Mendonça por essa observação.

76      TORRES FILHO, Ernani Teixeira; COSTA, Fernando Nogueira da. BNDES e o financiamento do desenvolvimento. Economia e Sociedade, Campinas , v. 21, n. spe, p. 975-1009, Dec. 2012. Disponível em: <http://www.scielo.br/scielo.php?script=sci_arttext&pid=S0104-    06182012000400011&lng=en&nrm=iso>. Acessado em 08/11/2017. http://dx.doi.org/10.1590/S0104- 06182012000400011.

77      Ibidem. Esses basicamente direcionados para o crédito habitacional como observa.

78      Destaque para o fato de esses critérios são os

mesmos no Estatuto publicado em 2017, contidos, en-tretanto, no seu art. 11.
79      Dimensões observadas em LIMA, GUIMA-RÃES, 2009.

Capítulo 4 **Os traçados da prática do BNDES**

A etapa final que se inicia busca verificar qual foi o desempenho do BNDES, considerando a situação da realidade econômica brasileira e as premissas do desenvolvimento traçados no capítulo 1. Sempre que possível, procurou-se fazer uma comparação do desempenho econômico e social do Brasil para melhor situar o país frente a outras nações. Uma observação: a leitura deste capítulo deve considerar os critérios estabelecidos no capítulo 3, para, ao final, ser realizadas observações sobre a influência dos critérios nos resultados da colaboração financeira do BNDES.

O capítulo se divide da seguinte forma: (I) analisa-se as fontes de recursos do BNDES; (II) verifica-se o desempenho da atuação do banco quanto ao porte de empresa e as regiões do país; (III) coloca-se os dados econômicos e sociais do Brasil em comparação ao desempenho do BNDES para observar as tendências; e por último(IV) realiza-se algumas considerações incidentes ao capítulo.

## Fonte de recursos do BNDES

O BNDES tem diversas fontes de recursos. A Tabela 1 traz os dados percentuais dessas fontes e quais são as principais fontes de recurso do BNDES entre os anos de 2009 e 2016. Nela é possível observar que houve crescimento percentual de utilização dos recursos do Tesouro Nacional e redução dos recursos do FAT[1] e do PIS/PASEP. A destinação dos recursos do PIS/PASEP e consequentemente do FAT tem fundamentação no art. 239, §1º da Constituição da República de 1988.

O crescimento da utilização dos recursos do Tesouro Nacional é fruto de diversas legislações que autorizaram a colocação direta de títulos da dívida pública emitidos pelo Tesouro para serem utilizados nas operações do BNDES. A justificativa dada pelo Governo Federal e repetida pelo BNDES foi a necessidade de utilizar o banco como instrumento de combate aos reflexos da crise financeira internacional de 2008 e de ampliar os investimentos no país para estimular o seu crescimento e o desenvolvimento[2]. Araújo e De Negri[3], assim como Souza[4], destacam a utilização anticíclica do BNDES na economia nacional, a expansão dos seus investimentos a partir de 2008 e a importância dos recursos do Tesouro Nacional nesse cenário, superando os limites do FAT/PIS/PASEP. Em publicação própria, o BNDES reconhece a sua instrumentalidade anticíclica nesse período.

> Para compreender melhor o contexto sob o qual se deram os citados aportes [se referindo aos recursos do Tesouro Nacional destinados ao BNDES], inicialmente cabe esclarecer que, com o esgotamento do potencial de crescimento dos recursos disponíveis do Fundo de Amparo ao Trabalhador (FAT) para dar suporte a projetos e com a implementação de programas governamentais, como o Programa de Aceleração do Crescimento (PAC) – para investir em projetos de infraestrutura – e o Programa BNDES de Sustentação do Investimento (BNDES PSI) – um programa anticíclico, com o objetivo de impulsionar a indústria de bens de capital –, veio a constatação de que os recursos públicos e privados disponíveis no BNDES para financiamento eram insuficientes para atender à demanda por investimentos no Brasil a partir de 2006-2007.[5]

Com a Lei 11.948/2009, o BNDES passou a poder contar com os títulos da dívida pública, no valor de até R$180 bilhões, diretamente depositados como crédito para ser utilizado. Posteriormente, a Lei nº 12.397/2011, a Lei nº 12.453/2011, a Lei nº 12.872/2013, a Lei nº 12.979/2014, a Lei nº 13.000/2014 e a Lei nº 13.126/2015 ampliaram o valor dos títulos da dívida pública possíveis de serem depositados no BNDES como crédito. O somatório de todos os valores contidos nas legislações citadas é de R$409 bilhões.

**Tabela 1 – Fonte de recursos do BNDES entre os anos de 2005 e 20016**

| | Tesouro Nacional | Captações Externas | Outras Fontes | Outras Obrigações | Patrimônio Líquido | FAT | PIS/PASEP | FAT/PIS-PASEP |
|---|---|---|---|---|---|---|---|---|
| 2005 | 11,20% | 9,1% | 6,6% | - | 9% | 50,6% | 13,5% | - |
| 2006 | 8% | 7,6% | 6,9% | - | 10,2% | 53,6% | 13,7% | - |
| 2007 | 6,9% | 5,9% | 8,8% | - | 12,3% | 52,3% | 13,8% | - |
| 2008 | 15,6% | 6,3% | 16,3% | - | 9,1% | 42% | 10,7% | - |
| 2009 | 37,3% | 4,3% | 11,8% | - | 7,1% | 31,7% | 7,8% | - |
| 2010 | 46,1% | 3,6% | 3,6% | 5% | 12% | - | - | 29,7% |
| 2011 | 49,7% | 3,6% | 3,5% | 4,9% | 9,8% | - | - | 28,5% |
| 2012 | 52,6% | 3,3% | 3,3% | 6,6% | 7% | - | - | 27,2% |
| 2013 | 54,7% | 4% | 3,5% | 5,2% | 5,8% | - | - | 26,8% |
| 2014 | 57,7% | 4,7% | 3,3% | 4,7% | 3,5% | - | - | 26,1% |
| 2015 | 56,3% | 6,1% | 3,9% | 3,1% | 3,3% | - | - | 27,3% |
| 2016 | 50,2% | 4,5% | 3,5% | 4,9% | 6,3% | - | - | 30,6% |

Fonte: Banco Nacional do Desenvolvimento Social e Econômico – BNDES, 2017.
Org. pelo autor

De acordo com o Relatório Gerencial Trimestral dos Recursos do Tesouro Nacional realizado em janeiro de 2016[6], o BNDES captou junto ao Tesouro Nacional o valor nominal de R$385,79 bilhões desde 2009 até dezembro de 2015, sendo a dívida total de R$438,49 bilhões (incluindo juros). No entanto, de acordo com o Quadro de Captações Realizadas com Recursos do Tesouro Nacional - posição dos saldos contábeis em 31/12/2015[7], o BNDES captou R$ 455,48 bilhões de valor nominal, possuindo dívida de R$523,73 bilhões (incluindo juros) com o Tesouro. Nota-se uma incongruência nos dados apresentados pelo banco com uma diferença muito considerável, sendo que o segundo valor captado mencionado desrespeitaria o limite permitido pelas legislações e criaria problemas com a Legislação de Responsabilidade Fiscal dos entes públicos. Os dados de transparência do BNDES indicam que houve descontinuidade de novos aportes do Tesouro no ano de 2015 e 2016.

O BNDES possui certas fontes governamentais que têm natureza vinculada, ou seja, exige destinação específica daquela fonte para determinada atividade. Entre essas fontes, destacam-se: Fundo da Marinha Mercante (FMM), o FI-FGTS, o Fundo Setorial do Audiovisual (FSA), o Fundo Amazônia, o Fundo Nacional sobre Mudança do Clima e o Fundo Nacional de Desenvolvimento (FND).

As captações externas representam a captação de recursos no exterior por meio da emissão de títulos de dívida do BNDES com juros pré-fixados (bonds) e de empréstimos bancários.

É perceptível que as principais fontes de recursos do BNDES são de origem pública e com um grande impacto social, tendo em vista a natureza dos recursos. Os recursos do PIS/PASEP e o FAT que integram as fontes do banco são oriundos das relações de trabalho de todos os trabalhadores regulares do país. Os recursos aplicados pelo Tesouro Nacional se dão por meio de títulos da dívida pública captados junto ao mercado. Isso significa dizer que o Tesouro capta esses recursos no mercado com custo da taxa Selic. Somente isso já justificaria a inclusão de critérios mais firmes de impacto social dos investimentos/financiamentos do BNDES.

Se considerarmos o Quadro 2 do capítulo 2, torna-se possível observar que existe diferença entre a taxas Selic e a TJLP utilizada pelo BNDES. Araújo e De Negri[8] apontam que a diferença entre a captação paga em Selic e os desembolsos do BNDES concedidos com base na TJLP formam um subsídio implícito custeado pela União, ou seja, a União capta recursos numa taxa maior do que ela é remunerada. Pereira, Simões e Carvalhal[9] destacam que muitos autores fizeram a mesma assunção, mas ignoraram o ganho fiscal no longo prazo decorrente do aumento do PIB, o ganho fiscal no curto prazo com o aumento da tributação e expansão dos investimentos e ignoraram o fato de que os títulos do Tesouro têm prazo de pagamento, entre 30 e 40 anos, muito superior aos do BNDES, o que permitiria que o banco utilizasse dos recursos aportados mais de uma vez em suas operações. Uma análise mais precisa sobre esses efeitos somente poderá ser realizada quando vencer o prazo dos títulos do Tesouro, por hora, o que se tem são previsões realizadas por analistas.

## Os desembolsos do BNDES

Nos anos de 2009 até 2016, o BNDES desembolsou no país a quantia de um trilhão e duzentos e dois bilhões de reais[10], uma média de cento e cinquenta bilhões de reais por ano. No mesmo período, o BNDES teve desempenho médio de 3,17% do Produto Interno Bruto (PIB) nacional. A Tabela 2 ilustra a relação entre o PIB nacional e o BNDES, bem como a variação percentual do PIB e dos desembolsos realizados pelo banco no mesmo período.

Tabela 2 – Relação entre o PIB nacional e os desembolsos do BNDES no período destacado

| Ano | PIB real valores em 1.000.000 (US$) | Variação do PIB real (%) | Total de desembolsos em valores correntes de 1.000.000 | Variação dos desembolsos do BNDES (%) | Relação percentual dos desembolsos do BNDES com o PIB () |
|---|---|---|---|---|---|
| 2009 | 1.600.828 | -0,1 | 136.356 | 50 | 4,09 |
| 2010 | 1.721.342 | 7,5 | 168.422 | 23.5 | 4,33 |
| 2011 | 1.789.756 | 4,0 | 138.873 | -17,5 | 3,17 |
| 2012 | 1.824.139 | 1,9 | 155.992 | 12,3 | 3,24 |
| 2013 | 1.878.952 | 3,0 | 190.419 | 22,1 | 3,57 |
| 2014 | 1.888.422 | 0,5 | 187.836 | -1,4 | 3,25 |

| 2015 | 1.817.242 | -3,8 | 135.942 | -27,6 | 2,27 |
| 2016 | 1.751.917 | -3,6 | 88.256 | -35,1 | 1,41 |

Fonte: dados do IBGE e do BNDES.
Org. pelo autor.

De 2008 até 2014, tendo como o ponto de maio desembolso o ano de 2013, o BNDES teve um grande aumento das suas capacidades financeiras por conta dos aportes do Tesouro Nacional. O aumento das suas capacidades não acompanhou, proporcionalmente, o crescimento do PIB nacional, mas é possível observar redução brusca dos seus desembolsos a partir de 2014, juntamente com uma grande redução do PIB.

Comparativamente com outros bancos de desenvolvimento (BD) do exterior é possível verificar o tamanho do BNDES na economia. Enquanto que o BNDES possui cerca de 15% de ativos em relação ao seu PIB em 2013, os bancos da China, Itália, Coréia do Sul, Espanha, França e Japão, possuem, respectivamente 14%, 11,7%, 10,1%, 10%, 6,8% e 5,1%. Somente o BD da Alemanha possui relação superior, 17% de ativos em relação ao seu PIB naquele ano.

Isso ilustra a capacidade financeira e dimensão econômica do BNDES na economia nacional. Todavia, é preciso verificar como se dá as aplicações dos seus recursos no país.

## *Desequilíbrio vertical*

A distribuição dos recursos do BNDES ao longo dos anos indica uma concentração dos mesmos nas grandes empresas nacionais. Para o BNDES, a classificação de porte das empresas segue a seguinte distinção: maior de R$300 milhões

Grande Empresa; maior que R$4,8 milhões e menor ou igual a R$300 milhões – Média Empresa; maior que R$ 360 mil e menor ou igual a R$ 4,8 milhões – Pequena Empresa; e menor ou igual a R$360 mil – Microempresa. Essa classificação do BNDES pode mudar, o que atrapalha a visualização da evolução desses recursos.

Em 2010 houve uma alteração dessa classificação para os seguintes termos:

a) Microempresa – inferior ou igual a R$ 2,4 milhões, anteriormente era inferior a R$ 1,2 milhão/ ano;

b) Pequena Empresa – superior a R$ 2,4 milhões e inferior ou igual a R$ 16 milhões. Antes da alteração era de R$ 1,2 milhão a R$ 10,5 milhões;

c) Média Empresa superior a R$ 16 milhões e inferior ou igual a R$ 90 milhões. Originalmente, esse intervalo era de R$ 10,5 milhões a R$ 60 milhões.

d) Empresa Média-Grande – superior a R$ 90 milhões e inferior ou igual a R$ 300 milhões. Não existia essa classificação de porte até 2010;

e) Grande Empresa – superior a R$ 300 milhões. Anteriormente, o valor era acima de R$ 60 milhões.[11]

Essas mudanças na classificação podem prejudicar essa avaliação da destinação dos recursos e o significado de cada porte ao longo dos anos, podendo fazer com que certas empresas migrem de classificação com o passar dos anos. Seria interessante que o próprio BNDES disponibilizasse informações sobre essa migração das empresas com a mudança na sua classificação, isso ajudaria a entender melhor o impacto dessa mudança. Os dados disponibilizados pelo BNDES seguem, segundo o mesmo, a classificação mais recente, a Tabela 3 e o Gráfico 1 trabalham com essas informações.

A partir de 2009 houve aumento percentual significativo para as MPME, com alguma redução do que é destinado às grandes empresas. O maior aumento percentual é observável nas microempresas. De 2014 em diante, com a redução das capacidades do BNDES e do mal desempenho do PIB nacional, as grandes empresas voltam a ser mais incentivadas, mas sem que haja queda brusca proporcional nas MPME. É notório o maior investimento realizados nas grandes empresas nacionais ao longo dos anos.

Tabela 3 – Distribuição dos desembolsos do BNDES por porte de empresa do país entre 2009 e 2016.

| Ano | Grande | Média | Micro | Pequena |
|---|---|---|---|---|
| 2009 | 82,5% | 5,3% | 8% | 4,3% |
| 2010 | 72,9% | 8,1% | 12,8% | 6,1% |
| 2011 | 64,2% | 10,3% | 16,8% | 8,6% |
| 2012 | 67,9% | 8,8% | 15,3% | 8% |
| 2013 | 66,3% | 8,5% | 16,1% | 8,8% |
| 2014 | 68,4% | 7,9% | 15,3% | 8,5% |
| 2015 | 72,9% | 6,1% | 14% | 7,4% |
| 2016 | 69,1% | 7,5% | 15,3% | 8,% |

Fonte: Banco Nacional do Desenvolvimento Social e Econômico – BNDES, 2017.
Org. pelo autor

O Gráfico 1 é construído com o intuído de expor a importância dada as grandes empresas desde 1995 até 2016. A linha azul do referido gráfico indica todos os desembolsos realizados pelo banco no seu respectivo ano, enquanto que a linha vermelha indica o quanto desse valor foi destinado às grandes empresas, a diferença de área entre essas linhas representa aquilo que é destinado as MPME. É seguro afirmar que as grandes empresas sempre obtiveram a preferência do BNDES. Contudo a partir de 2009, é possível observar que há um distanciamento das linhas, indicando maior destinação de recursos para as MPME, contudo com a crise nacional e a redução de recursos do BNDES a partir de 2014, as duas linhas voltam a se aproximar.

**Gráfico 1 – Evolução dos desembolsos do BNDES entre 1995 e 2016 em relação com ao remetido para as grandes empresas.**

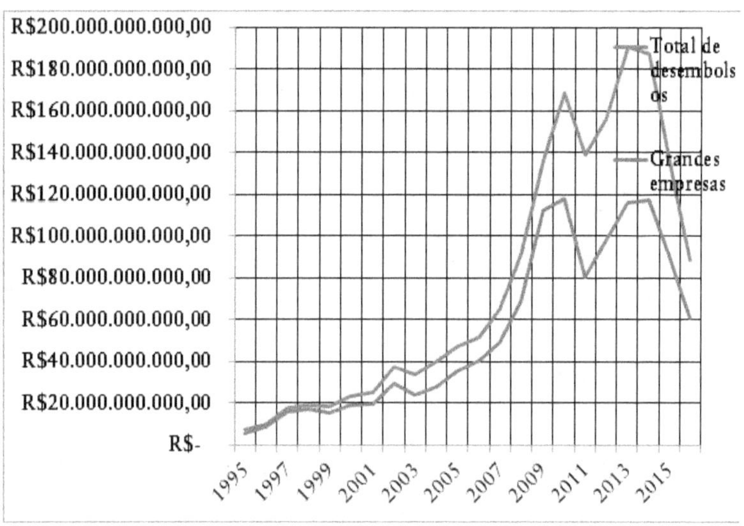


Fonte: Banco Nacional do Desenvolvimento Social e Econômico – BNDES, 2017.
Org. pelo autor

Tanto o Gráfico 1 quanto a Tabela 3 indicam certo desequilíbrio verticalizado em favor das empresas mais ricas do país. Tal desequilíbrio pode ser considerada uma estratégia de Governo para incentivar as empresas mais ricas a aumentar sua produtividade e ampliar os postos de trabalho. Os investimentos estatais preferencialmente em empresas de grande porte são extremamente criticados por Piketty[12], Atkinson[13], Stligtz[14] e Chang[15]. Essa abordagem é conhecida entre os autores como '*Trickle-Down economics*'. Tal abordagem econômica tem raízes liberais e prioriza a redução de tributação na atividade empresarial com o objetivo de se estimular o aumento dos investimentos e aumentar o ganho social no longo prazo. Essa teoria tem como o objetivo fazer com que o bolo da economia cresça. Os autores destacam que essa teoria é conhecida por favorecer os mais privilegiados na economia. De forma geral, ela é uma escolha político-econômica que prioriza os créditos aos mais ricos para que esses efetivem os investimentos no país e determinem o desenvolvimento. Estratégia também conhecida na retórica de se estimular o crescimento do 'bolo' para que depois seja repartido.

O BNDES sofre desse desequilíbrio nos seus desembolsos, favorecendo as empresas mais ricas da sociedade ao longo desses anos. Os dados coletados são insuficientes para afirmar que em momentos de crise o BNDES prefira os mais ricos empreendimentos do país, contudo são suficientes para afirmar que, em geral, os recursos são destinados às mais ricas empresas.

Apesar de o volume dos recursos ser mais direcionado para as grandes empresas, o volume de operações é significativamente o oposto. Ou seja, de todas as operações realizadas pelo BNDES em cada ano, nota-se uma prevalência do seu quantitativo para as MPME. Nos anos avaliados, o número total de operações realizadas com MPME ficou acima de 90%. Na Tabela 4 é possível observar essa relação do volume de desembolsos e do volume de operações. É evidenciado que um grande volume de recursos beneficia uma minoria muito rica de empresas.

Tabela 4 – Volume de operações do BNDES em comparação com o volume de desembolsos por porte de empresa.

| Ano | 2009 | 2010 | 2011 | 2012 |
|---|---|---|---|---|
| | | | | |
| Volume de operações % | 100% | 100% | 100% | 100% |
| | | | | |
| *MPME* | 92% | 93% | 94% | 96% |
| | | | | |
| *Média-grande* | $x^1$ | x | x | x |
| | | | | |
| *Grande* | 8% | 7% | 6% | 4% |
| | | | | |
| Volume de desembolsos % | 100% | 100% | 100% | 100% |
| | | | | |
| *MPME* | 17,5% | 27,1% | 35.8% | 32,1% |

# Os traçados da prática do BNDES

| | | | | |
|---|---|---|---|---|
| *Grande* | 82,5% | 72,9% | 64,2% | 67,9% |
| | | | | |
| Número de operações em valores de 1.000 | 896 | 610 | 896 | 1.000 |
| | | | | |
| **Ano** | 2013 | 2014 | 2015 | 2016 |
| | | | | |
| **Volume de operações %** | 100% | 100% | 100% | 100% |
| | | | | |
| *MPME* | 96% | 96,2 | 97% | 95,60% |
| | | | | |
| *Média-grande* | x | x | 1% | x |
| | | | | |
| *Grande* | 4% | 3.8% | 2% | 4,40% |
| | | | | |
| **Volume de desembolsos %** | 100% | 100% | 100% | 100% |
| | | | | |
| *MPME* | 33,7% | 31,6% | 27,1% | 30,9% |
| | | | | |
| *Grande* | 66,3% | 68,4% | 72,9% | 69,1% |
| | | | | |
| Número de operações em valores de 1.000 | 1.144 | 1.130 | 954 | 597 |

Fonte: Relatórios anuais do BNDES, anos de 2009 até 2016. Org. pelo autor
[1]Sem dados para os anos com o 'x'.

## *Desequilíbrio horizontal e a sua verticalização*

Além da constatação de desequilíbrio verticalizado entre os portes das empresas, é importante observar como os recursos do BNDES são distribuídos pelas regiões do país. O Gráfico 2 contém as informações compiladas de todos os investimentos realizados pelo BNDES no período entre 2009 e 2016. Durante todo esse período é possível perceber que existe uma grande prevalência de destinação dos recursos para a região Sudoeste, 48,7%, tradicionalmente a região que abriga os estados mais ricos da Federação. As regiões consideradas mais pobres, Norte e Nordeste, tiveram investimentos somados de aproximadamente 21%.

A Tabela 5 traz o desempenho do BNDES por região, ano a ano, no período de 2009 até 2016. Como resultado do mal desempenho do país no PIB nacional nos anos de 2015 e 2016, as regiões Norte e o Nordeste tiveram redução proporcional dos investimentos no ano de 2016, com pequeno aumento dos desembolsos nas regiões Sudeste, Sul e Centro-Oeste. Isso não é suficiente para afirmar que em momentos de crise os investimentos do BNDES prefiram as regiões mais ricas, mas é o suficiente para afirmar que no geral o BNDES prefere as regiões mais ricas.

No período de 2009 até 2016, a região sudeste foi quem mais recebeu recursos, (R$ 586.303.784.516,94) do total de desembolsos. Os estados do Rio de Janeiro e São Paulo foram os que mais receberam investimentos nesse período, R$ 167.292.048.050,65 e R$ 298.217.357.052,74, respectivamente, o que compreende 79,39% dos investimentos no Sudeste. Do total de investimentos realizados na região Sudeste 72,64% foi destinado para as grandes empresas.

Tabela 5 – Distribuição dos desembolsos do BNDES por região do país entre 2009 e 2016 e o total de desembolsos no período.

| Ano | Sudeste | Sul | Centro-Oeste | Nordeste | Norte | Total de desembolsos (em bilhões) |
|---|---|---|---|---|---|---|
| 2009 | 52,2% | 15,2% | 7,9% | 16,2% | 8,2% | R$ 136,356 |
| 2010 | 58,2% | 17,9% | 6,7% | 10,2% | 7% | R$ 168,422 |
| 2011 | 49,1% | 21,4% | 8,2% | 13,5% | 7,8% | R$ 138, |
| 2012 | 46,4% | 18,6% | 12,9% | 13,5% | 8,6% | R$ 155,992 |
| 2013 | 45,7% | 22,6% | 11% | 13,5% | 7,2% | R$ 190,419 |
| 2014 | 47,6% | 20,4% | 11,5% | 13% | 7,5% | R$ 187,836 |
| 2015 | 43,9% | 21,3% | 9,5% | 16,6% | 8,7% | R$ 135,942 |
| 2016 | 45,1% | 25,3% | 11,6% | 12,9% | 5,2% | R$ 88,256 |

Fonte: Banco Nacional do Desenvolvimento Social e Econômico – BNDES, 2017.
Org. pelo autor

As regiões Norte e Nordeste receberam juntas cerca de R$ 254 bilhões do total de desembolsos realizados entre 2009 e 2016, valor menor do que aquele destinado ao Estado de São Paulo no mesmo período. Desse valor investido no Norte e Nordeste 74,22% (R$ R$ 188.816.906.198,60) foram destinados para as grandes empresas. O Norte do país foi a região que menos recebeu investimentos do BNDES, lá se  encontram os estados de Roraima e Acre com os menores desembolsos do país. Roraima recebeu a quantia de R$ 767.835.812,40 no período, valor que representa 0,06% do total desembolsado pelo banco nesse período. Já o Acre recebeu R$ R$ 3.068.257.459,65, o equivalente a 0,25% do total de investimentos do BNDES, valor que se aproxima de algumas regiões do Nordeste.

Dentre os Estados brasileiros é possível inferir que os estados de Roraima, Acre, Amapá (0,27%), Amazonas (0,66%), Tocantins (0,84%) – todos da região Norte do país –, Sergipe (0,31%), Alagoas (0,34%), Paraíba (0,43%), Piauí (0,61%) e Rio Grande do Norte (1,05%) – todos da região Nordeste – foram os estados que menos receberam investimentos.

Em quase todos esses estados a maior parte dos investimentos comtemplam as grandes empresas, o que se verifica ser uma tendência dos desembolsos do BNDES. A exceção deve ser feita no que tange a região Sul do país, onde apenas 44,40% foram destinadas as grandes empresas. A região Sul do país foi a que recebeu 20,15% (R$ 242.206.360.531,57) dos recursos financeiro do BNDES. A região Centro-Oeste recebeu 9,92% (R$ 119.191.888.214,83) e, desse total, 60,10% foi investido nas grandes empresas.

Gráfico 2 – Total de desembolsos do BNDES entre 2009 e 2016 por região do país

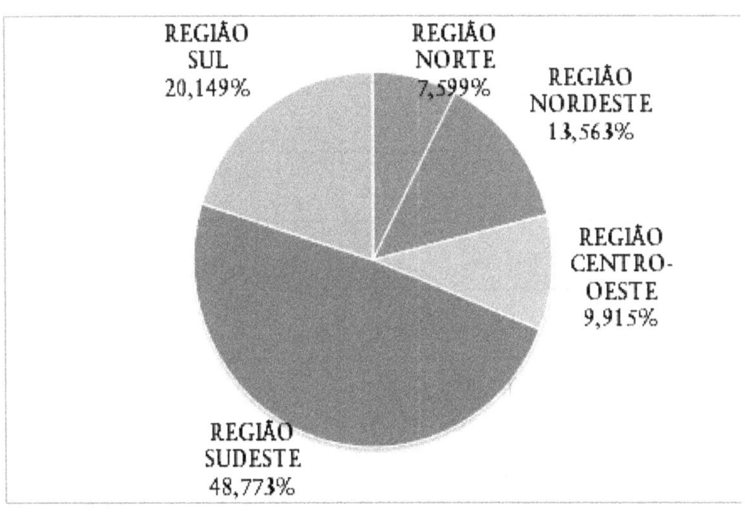


Fonte: Banco Nacional do Desenvolvimento Social e Econômico – BNDES, 2017.
Org. pelo autor

As Tabelas 6 a 10 trazem as informações referentes aos desembolsos realizados pelo BNDES em cada Estado da Federação e o percentual destinado para as grandes empresas por Estado e por Região do país. Nelas é possível observar a concentração dos recursos para as grandes empresas na maioria dos Estados da Federação, assim como grande concentração dos recursos do BNDES na região Sudeste.

Tabela 6 – Total de desembolsos destinados à região norte entre 2009 e 2016.

| Região Norte | Total de investimentos | Destinados às grandes empresas | Percentual das Grandes empresas |
|---|---|---|---|
| Roraima | R$ 767.835.812,40 | R$ 359.237.837,39 | 46,78% |
| Acre | R$ 3.068.257.459,65 | R$ 2.249.955.742,02 | 73,33% |
| Amapá | R$ 3.317.211.160,39 | R$ 2.818.435.892,44 | 84,96% |
| Amazonas | R$ 7.941.062.997,42 | R$ 4.958.653.518,80 | 62,44% |
| Tocantins | R$ 10.142.280.217,33 | R$ 5.964.998.359,37 | 58,81% |
| Rondônia | R$ 23.472.853.812,97 | R$ 20.116.168.226,43 | 85,69% |
| Pará | R$ 42.641.492.124,16 | R$ 36.502.420.822,50 | 85,60% |
| TOTAL | R$ 91.350.993.584,32 | R$ 72.969.870.398,95 | 79,87% |

Fonte: Banco Nacional do Desenvolvimento Social e Econômico – BNDES, 2017.
Org. pelo autor

Tabela 7 – Total de desembolsos destinados à região nordeste entre 2009 e 2016.

| Região Nordeste | Total de investimentos | Destinados às grandes empresas | Percentual das Grandes empresas |
|---|---|---|---|
| Sergipe | R$ 3.804.924.147,97 | R$ 2.110.185.041,50 | 55,45% |
| Alagoas | R$ 4.145.143.005,44 | R$ 2.407.926.832,76 | 58,09% |
| Paraíba | R$ 5.276.074.318,56 | R$ 2.913.591.636,80 | 55,22% |
| Piauí | R$ 7.365.291.818,76 | R$ 4.502.591.929,14 | 61,13% |
| Rio Grande do Norte | R$ 12.713.967.193,22 | R$ 9.924.371.284,46 | 78,05% |
| Ceará | R$ 22.749.436.713,68 | R$ 15.891.877.917,00 | 69,85% |
| Maranhão | R$ 22.420.267.967,21 | R$ 17.473.620.883,34 | 77,93% |
| Pernambuco | R$ 40.708.504.886,82 | R$ 26.678.331.271,98 | 65,53% |
| Bahia | R$ 43.862.621.872,22 | R$ 33.944.539.002,67 | 77,38% |
| TOTAL | R$ 163.046.231.923,88 | R$ 115.847.035.799,65 | 71,05% |

Fonte: Banco Nacional do Desenvolvimento Social e Econômico – BNDES, 2017.
Org. pelo autor

Tabela 8 – Total de desembolsos destinados à região centro-oeste entre 2009 e 2016.

| Região Centro-Oeste | Total de investimentos | Destinados às grandes empresas | Percentual das Grandes empresas |
|---|---|---|---|
| Mato Grosso do Sul | R$ 24.507.751.710,04 | R$ 14.506.062.891,57 | 59,18% |
| Distrito Federal | R$ 26.947.669.029,24 | R$ 15.464.716.255,24 | 57,38% |
| Mato Grosso | R$ 34.489.146.959,82 | R$ 17.837.818.882,86 | 51,72% |
| Goiás | R$ 33.247.320.515,73 | R$ 23.829.699.324,50 | 71,67% |
| TOTAL | R$ 119.191.888.214,83 | R$ 71.638.297.354,17 | 60,10% |

Fonte: Banco Nacional do Desenvolvimento Social e Econômico – BNDES, 2017.
Org. pelo autor

Tabela 9 – Total de desembolsos destinados à região sudeste entre 2009 e 2016.

| Região Sudeste | Total de investimentos | Destinados às grandes empresas | Percentual das Grandes empresas |
|---|---|---|---|
| Espírito Santo | R$ 19.826.186.945,66 | R$ 10.513.856.649,50 | 53,03% |
| Minas Gerais | R$ 100.968.192.467,89 | R$ 55.887.523.156,02 | 55,35% |
| Rio de Janeiro | R$ 167.292.048.050,65 | R$ 148.781.831.383,29 | 88,93% |
| São Paulo | R$ 298.217.357.052,74 | R$ 210.748.837.837,77 | 70,66% |
| TOTAL | R$ 586.303.784.516,94 | R$ 425.932.049.026,58 | 72,64% |

Fonte: Banco Nacional do Desenvolvimento Social e Econô-

mico – BNDES, 2017.
Org. pelo autor

Tabela 10 – Total de desembolsos destinados à região sul entre 2009 e 2016.

| Região Sul | Total de investimentos | Destinados às grandes empresas | Percentual das Grandes empresas |
|---|---|---|---|
| Santa Catarina | R$ 65.132.710.702,33 | R$ 29.374.385.132,17 | 45,09% |
| Rio Grande do Sul | R$ 83.352.054.546,87 | R$ 36.073.728.582,98 | 43,27% |
| Paraná | R$ 93.721.595.282,37 | R$ 42.091.710.326,54 | 44,91% |
| TOTAL | R$ 242.206.360.531,57 | R$ 107.539.824.041,69 | 44,40% |

Fonte: Banco Nacional do Desenvolvimento Social e Econômico – BNDES, 2017.
Org. pelo autor

Os desembolsos realizados pelo BNDES nas regiões do país aparentam possuir relação com a contribuição de cada região no PIB nacional. Talvez tal relação seja somente consequência dos investimentos e não causa do desempenho regional no PIB, até porque o BNDES não representa todos os investimentos realizados nas regiões. Contudo, os relatórios anuais do BNDES[16] parecem se orgulhar da aproximação dos desembolsos do banco em relação a contribuição do PIB por cada Estado.

Desde 2002, segundo o IBGE[17], os cinco estados

que mais contribuem para o PIB são: São Paulo, Rio de Janeiro, Minas Gerais, Rio Grande do Sul e Paraná. Somado, esses estados representavam 68,1% do PIB em 2002 e 64,9% em 2014. Os dados do IBGE indicam que ao longo dos anos houve uma tímida desconcentração da produção econômica dessas regiões ainda muito polarizada. A região Sudeste representa 55,1% do PIB de 2012, o Sul 16,1%, o Nordeste 13,5%, o Centro-Oeste 9,8% e o Norte 5,2%. Em 2014 o Sudeste representou 54,9%, já em 2002 a proporção era de 57,4%. O IBGE indica que para a Região Norte no ano de 2012 houve um crescimento nominal do PIB, comparado ao ano anterior, de 3,51%, mas que ao se levar em consideração deflatores[18] incidentes, o crescimento real é negativo (-1,70%). Tal indicativo, por si só, já sinalizaria a necessidade de aumentar os investimentos na região com a proposta de evitar declínio econômico e estimular o crescimento.

O Gráfico 3 é exemplificativo dessa aproximação do PIB e o desempenho do BNDES. Nele é possível constatar essa proximidade para o ano de 2015. Há grande aproximação dos dois desempenhos. Analisando a razão entre os PIB e o BNDES para o ano de 2015, verifica-se que os investimentos do BNDES foram maiores do que o desempenho do PIB nas regiões Norte, Centro-Oeste e Sul, enquanto que os desembolsos, no mesmo cenário, foram inferiores nas regiões Sudeste e Nordeste. Esses dados são importantes para exemplificar essa tendência de aproximação do desempenho do BNDES do PIB nacional que se repete no período analisado.

Gráfico 3 – Participação das regiões do país no PIB (%) em comparação com os desembolsos regionais do BNDES (%), ambos para o ano de 2015.

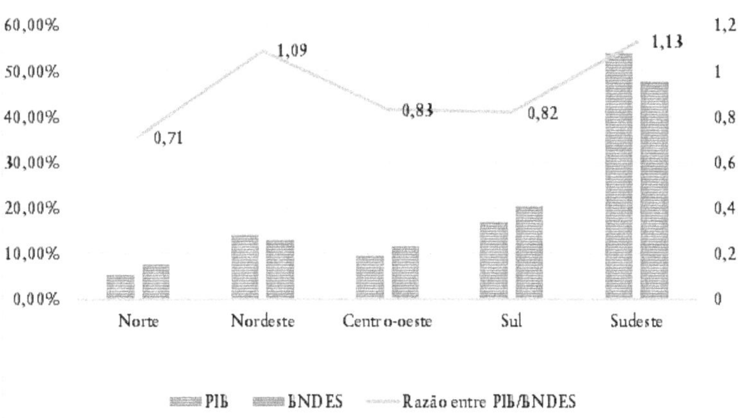


Fonte: Elaborado pelo autor com base nos dados do IBGE para o PIB 2015 e BNDES para os seus desembolsos.

Um melhor aproveitamento desses dados regionais e do PIB é verificado com o enlaçamento dos mesmos com os indexadores da vida social do país e dos índices de desenvolvimento humano. Essa análise pode ser capaz de indicar regiões mais necessitadas numa perspectiva social, o qual é explorada na seção 4.3 deste capítulo.

## Desempenho por produto do BNDES

Na leitura dos normativos que instituem e regulam os produtos do BNDES nota-se certa preocupação com as MPME. A analise dos desembolsos do banco permite reparar que a realidade é diversa. Ao se examinar esse desempenho por produto do banco constata-se utilização dos recursos no produto BNDES Finem no percentual de 42% dos desembolsos realizados no período de 2009 até 2016. Esse produto é voltado principalmente para operações diretas e acima de R$ 20 milhões, conforme descrição do mesmo no capítulo 3. A Tabela 11 contém todas essas informações sobre o resultado da utilização de cada produto no período destacado, merecendo, contudo, justificativa para o fato de que o produto BNDES Soluções Tecnológicas somente iniciou no final de 2016, motivo pelo qual foi excluído dessa parte da pesquisa.

O BNDES Finem mantém a mesma lógica do desequilíbrio vertical observado, mas numa proporção mais impressionante, 99,11% são destinados para as grandes empresas e o restante para as MPME. O BNDES Finame tem 41,46% destinado as grandes empresas, 22,49% para as microempresas, 19,8% para as médias e 16,14% para as pequenas empresas, mostrando um percentual bastante acentuado de auxílio para as MPME, numa razão mais elevada do que a praticada no país. O produto Finame agrícola[19] tem desempenho diverso, com 60% dos recursos aplicados nas microempresas, 26,8% nas pequenas empresas, 7,4% nas médias e apenas 5,7% nas grandes empresas. Já o Finame leasing tem 42,8% para os grandes, 31% para as médias, 14,6% para os pequenos e 11,4% para as microempresas.

O BNDES Exim, cuja proposta é de auxiliar a exportação de bens e serviços, responde por 8,71% da destinação total dos recursos, cerca de R$ 104 bilhões, sendo que 98,74% (R$ 103 bilhões) foi aplicado nas grandes empresas.

As operações automáticas são destacadas em todos os relatórios anuais analisados (2009-2016) como o instrumento indireto de maior capilaridade na sociedade devido a alegada da atuação de outras instituições financeiras. Fazem parte dessa argumentação os produtos: BNDES Automático, BNDES Finame, BNDES microcrédito e Cartão BNDES. O BNDES automático tem 46% das receitas aplicadas nas grandes empresas, 25,4% nas microempresas, 18,7% nas médias empresas e 9,7% nas pequenas empresas.

O Cartão BNDES é apontado nos relatórios anuais do BNDES como o produto do banco que mais atingiu municípios ao longo dos anos, sendo tratado como o instrumento de democratização do crédito do mesmo. Em 2007, tal produto cobria 2.011 municípios (36,1%) e passou a cobrir 4.912 municípios (88,3%) em 2011, uma evolução impressionante. Contudo, permanece a prevalência das regiões sul e sudeste nesses desembolsos. O Cartão BNDES destinou 66,88% dos desembolsos para as microempresas, 23,7% para as pequenas e 9,3% para as médias empresas, de um total de 5,1% da totalidade dos desembolsos.

O produto BNDES microcrédito teve resultado que chama atenção: 94,7% para as grandes empresas, 2% para as médias, 2,2% para as pequenas e 0,8% para as microempresas. Uma análise somente desse resultado pode levar a conclusões precipitadas. O escopo do produto prevê que o BNDES poderá fornecer recursos para que instituições financeiras o apliquem com o objetivo de trabalhar o microcrédito, explicado no capítulo 3. Assim, é possível notar que o desempenho desse produto é de prioritariamente dar apoio as instituições financeiras para aumentar essa modalidade de crédito no país, o que parece indicar que o crédito possa ser direcionado para as MPME, ainda que esse produto tenha tido o pior desempenho de todo o compilado.

Tabela 11 – Desempenho compilado dos produtos do BNDES nos anos de 2009 até 2016.

| Produtos | Compilação de 2009 a 2016 | Percentual de participação |
|---|---|---|
| BNDES Finem | R$ 507.188.521.610,82 | 42,19% |
| BNDES Finame | R$ 298.104.571.655,70 | 24,79% |
| BNDES-Exim | R$ 104.754.610.096,98 | 8,71% |
| BNDES Automático | R$ 101.958.445.019,59 | 8,48% |
| BNDES Merc. Capitais | R$ 63.952.871.889,44 | 5,32% |
| Cartão BNDES | R$ 62.368.516.327,65 | 5,18% |
| BNDES Finame Agrícola | R$ 58.228.484.924,76 | 4,84% |
| BNDES Não Reemb | R$ 2.915.300.404,59 | 0,24% |
| BNDES Finame Leasing | R$ 2.146.126.664,71 | 0,17% |
| BNDES Microcrédito | R$ 481.810.177,30 | 0,04% |
| | | |
| TOTAL | R$ 1.202.099.258.771,54 | 100% |

Fonte: BNDES, 2017.
Org. pelo autor.

A atuação do BNDES no mercado de capitais representa apenas 5,32% do total desembolsado no período analisado. Desse total 97,5% foi utilizado com grandes empresas, 1,5% com as médias, 0,77% com as microempresas e 0,15% com as pequenas empresas. O apoio é basicamente para as grandes empresas como é possível observar.

As atuações não reembolsáveis do BNDES representaram 0,24% do período analisado, aproximadamente R$ 2,9 bilhões. Isso indica o quanto esse aspecto de fomento sem expectativa de retorno financeiro por parte do BNDES não é exatamente prioridade. Esse é um produto delicado que requer enorme esforço público para essa execução de colaboração financeira, assim como requer cautela para não prejudicar a saúde financeira do banco. Do total utilizado nessas operações 41,4% foram destinados para as grandes empresas, 22,5% para as microempresas, 21,9% para as pequenas e 14,04% para as médias empresas. Até nos casos em que não se tem expectativa de retorno financeiro, onde não há incidência das regras de garantia e análise de riscos[20], os recursos preferem as grandes empresas.

O desequilíbrio vertical é observado em praticamente todos os produtos, com exceção do Finame agrícola e Cartão BNDES. Todavia, fica mais acentuado quando se observa a relação produto/quantidade de recursos em relação ao percentual destinado às MPME, como é o caso do Finem. O desempenho do BNDES indica sua prevalência com as grandes empresas, mas a evolução temporal também indica uma tímida mudança para as MPME até o ano de 2014, com declínio em 2015 e 2016.

Os produtos perpassam diversos setores e segmentos da economia e diversas empresas, tendo ficado exposto que uma minoria aproveita uma grande quantidade de recursos financeiros do BNDES, apesar da baixa quantidade de operações.

## Os dados macroeconômicos nacionais

Nenhuns dos indicadores utilizados nessa seção devem ser entendidos como se fossem 'verdade', todos são ordens de grandeza capazes de permitir que se perceba um determinado movimento ou sentido social. Essa é a lição que pode ser extraída de Piketty[21] e Atkinson[22]. Cada um dos índices possui uma limitação que é própria da sua metodologia. A utilidade dos índices está na indicação de uma direção, ou, na lição de Atikinson: "o ponto importante a considerar a partir desse conjunto de fontes implícito nas evidências é de que todos os dados são imperfeitos, e temos que fazer o melhor uso que pudermos desses materiais falhos"[23]. Piketty, ao tratar da análise das contas nacionais de determinado país, leciona que "[...] como todas as estatísticas econômicas e sociais, deve ser tratada como uma estimativa, uma construção, e não uma certeza matemática. Trata-se apenas da melhor mensuração de que dispomos". Nesse ponto do trabalho analisam-se os indicadores das contas nacionais, a começar conhecendo o Produto Interno Bruto (PIB).

O PIB "mede o conjunto de bens e serviços produzidos ao longo de um ano dentro do território de determinado país."[24], comumente é utilizado como um índice de desempenho da economia nacional, principalmente como ferramenta de comparação para medir a riqueza das nações. Alguns autores preferem utilizar o Produto Nacional Bruto (PNB), pois, este se refere ao PIB menos ou mais as receitas líquidas que foram enviadas ou recebidas do exterior, o que deixaria a conta mais precisa e tornaria possível perceber se há uma fuga ou entrada de capital para países estrangeiros. Além disso, alguns economistas apontam que é importante considerar a depreciação do capital[25] no PNB, o que formaria o Produto Nacional Líquido[26] (PNL ou Renda Nacional Líquida ou somente renda nacional), o que, em tese, permitiria visualizar de forma mais precisa os valores produzidos, já que há uma desconsideração da depreciação do capital. Preferência observada em Piketty[27], o autor utiliza como referência a renda nacional, sendo o PIB menos a depreciação do capital para se alcançar a produção interna (ou produto interno líquido)[28] e posteriormente adicionar a renda líquida recebida do exterior (negativa ou positiva) para se alcançar a renda nacional.

Em cada um desses indicadores é possível descobrir a sua relação com a quantidade populacional, com o objetivo de dar significado à riqueza por habitante. Neste trabalho optou-se por utilizar as representações do PIB, assim na Tabela 12 é possível visualizar entre os anos de 2009 e 2016 a variação do PIB e do PIB per capita. A denominação de 'PIB nominal' da Tabela 12 representa o somatório numérico do PIB, já o 'PIB real' considera os efeitos depreciativos da moeda no tempo, ou seja, permite visualizar melhor qual foi o desempenho da economia desconsiderando a inflação. O desempenho do PIB nominal pode esconder o que o real é capaz de identificar, assim, na tabela 12, o desempenho do PIB nacional real é negativo nos anos de 2015 e 2016, com relação aos anos anteriores – ao contrário do que indica o PIB nominal –, se aproximando do desempenho referente ao ano de 2010, o mesmo ocorre com o PIB per capita.

Tabela 12 – Comparação entre o PIB nominal e real e PIB *per capita* nominal e real do Brasil.

| Ano | PIB real valores em 1.000.000 (US$) | PIB *per capita* real (US$) | PIB nominal valores correntes em 1.000.000 (R$) | PIB *per capita* nominal (R$) |
|---|---|---|---|---|
| 2009 | 1.600.828 | 8.138,37 | 3.333.039 | 16.944,67 |
| 2010 | 1.721.342 | 8.666,76 | 3.885.847 | 19.564,80 |
| 2011 | 1.789.756 | 8.925,68 | 4.376.382 | 21.825,43 |
| 2012 | 1.824.139 | 9.012,48 | 4.814.760 | 23.788,15 |
| 2013 | 1.878.952 | 9.198,86 | 5.331.619 | 26.102,20 |
| 2014 | 1.888.422 | 9.163,63 | 5.778.953 | 28.042,56 |
| 2015 | 1.817.242 | 8.743,15 | 6.000.570 | 28.870,07 |
| 2016 | 1.751.917 | 8.436,80 | 6.266.895 | 30.407,00 |

Fonte: dados do IBGE e do *World Bank*. Org. pelo autor.

Por mais útil que o PIB per capita possa ser para analisar a riqueza de determinada nação e até mesmo como forma de comparar o desempenho econômico com o de outros países, ele é reconhecidamente incapaz de indicar duas coisas: (1) o PIB não dá conta da complexidade do desenvolvimento econômico, sendo mero índice final, não indicando fatores como qualidade de vida, longevidade, saúde, educação e bem estar social; e (2) o PIB per capita não fornece informações sobre como se dá a distribuição dessa riqueza na população do país.

Para suprir a falta de informação do PIB sobre o desenvolvimento econômico, a Organização das Nações Unidas (ONU) adotou o Índice de Desenvolvimento Humano (IDH)[29] com o intuito de melhorar a qualidade da informação sobre a qualidade de vida dos países e classificar os mesmos de acordo com o nível de seu desenvolvimento. O IDH é formado por um conjunto de indicadores que medem a educação, longevidade e renda (PIB per capita). O IDH pode variar de 0 a 1, sendo o 'zero' indicador de nenhum desenvolvimento humano e o 'um' desenvolvimento humano total. "Na prática, países com índice até 0,499 têm desenvolvimento humano considerado baixo; índices entre 0,500 e 0,799 indicam médio desenvolvimento humano; e superiores a 0,800 revelam desenvolvimento humano alto"[30]. Guimarães e Lima[31] destacam que o IDH é mais útil quando utilizados para medir nações com menor extensão territorial, com população mais homogênea ou com renda mais bem distribuída, e que quando se trata de países como o Brasil, a dimensão continental do seu território e ampla heterogeneidade pode limitar, ou mesmo ocultar, a medição do desenvolvimento social.

Gráfico 4 – IDH de países selecionados para o ano de 2014 em ordem crescente.

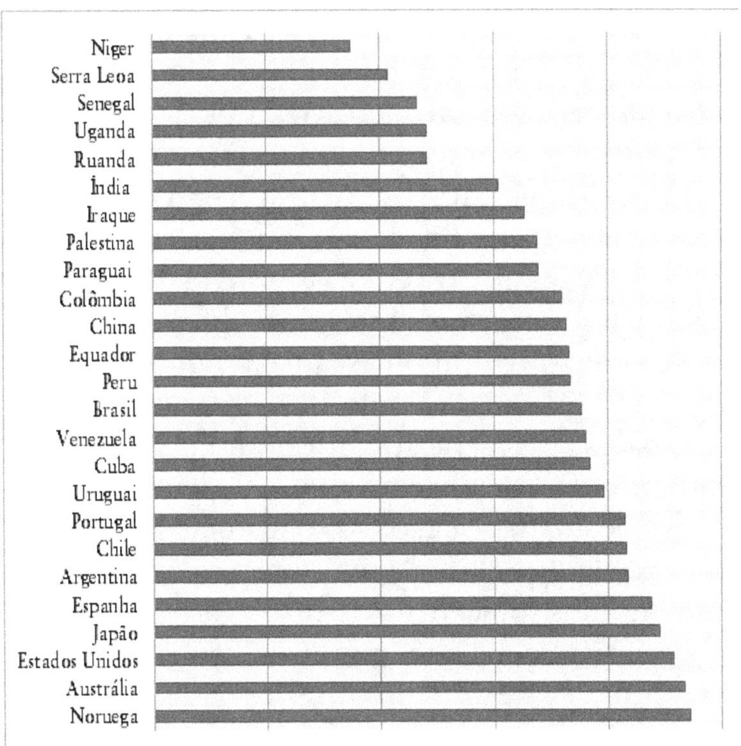


Fonte: PNUD, ONU, 2015.

Em 2014, o Brasil possuía o IDH de 0,755, ocupando a 75º posição num conjunto de 188 países, segundo classificação da ONU[32], o que indica um desenvolvimento humano médio. Para efeito de comparação com outras nações montou- se o Gráfico 4, representando o IDH do Brasil e de outros países selecionados de diversos continentes do mundo, incluindo o melhor e o pior IDH no referido ano.

Pensando nessa limitação do IDH para o Brasil, o Instituto de Pesquisa Econômica Aplicada (IPEA) junto com a Fundação João Pinheiro adaptaram a metodologia para calcular o IDH de cada município brasileiro, criando o Índice de Desenvolvimento Humano Municipal (IDH-M). O IDH-M difere do IDH somente na unidade de análise, nesse caso, os municípios brasileiros. Adota-se o IDH-M neste trabalho para auxiliar a observar as diferenças regionais e comparar com o desempenho do BNDES. A Tabela 13 traz a relação do IDH-M calculada para os Estados da federação para o ano de 2010, ano censitário. Destacado em vermelho estão os 14 piores estados da federação. No que tange a perspectiva de renda da Tabela 13, os 14 piores estados estão concentrados somente nas regiões Norte e Nordeste do país, sendo que estão presentes todos os estados do Nordeste. Realizando a média dos IDH-M dos Estados para as Regiões do país, em ordem crescente, descobre-se que a Região Nordeste tem 0,659 de IDH-M, a Norte tem 0,681 de IDH-M, o Centro-Oeste tem 0,742 de IDH-M, o Sudeste tem 0,753 de

IDH-M e o Sul tem 0,756 de IDH-M.

Tabela 13 – IDH-M dos Estados do Brasil, dados de 2010.

| Lugar | IDHM (2010) | IDHM Renda (2010) | IDHM Longevidade (2010) | IDHM Educação (2010) |
|---|---|---|---|---|
| Acre | *0,663 | *0,671 | 0,777 | *0,559 |
| Alagoas | *0,631 | *0,641 | 0,755 | *0,52 |
| Amapá | 0,708 | 0,694 | 0,813 | 0,629 |
| Amazonas | *0,674 | *0,677 | 0,805 | *0,561 |
| Bahia | *0,66 | *0,663 | 0,783 | *0,555 |
| Ceará | *0,682 | *0,651 | 0,793 | *0,615 |
| Distrito Federal | 0,824 | 0,863 | 0,873 | 0,742 |
| Espírito Santo | 0,74 | 0,743 | 0,835 | 0,653 |
| Goiás | 0,735 | 0,742 | 0,827 | 0,646 |
| Maranhão | *0,639 | *0,612 | 0,757 | *0,562 |
| Mato Grosso | 0,725 | 0,732 | 0,821 | 0,635 |
| Mato Grosso do Sul | 0,729 | 0,74 | 0,833 | 0,629 |
| Minas Gerais | 0,731 | 0,73 | 0,838 | 0,638 |
| Pará | *0,646 | *0,646 | 0,789 | *0,528 |
| Paraíba | *0,658 | *0,656 | 0,783 | *0,555 |
| Paraná | 0,749 | 0,757 | 0,83 | 0,668 |
| Pernambuco | *0,673 | *0,673 | 0,789 | *0,574 |
| Piauí | *0,646 | *0,635 | 0,777 | *0,547 |
| Rio de Janeiro | 0,761 | 0,782 | 0,835 | 0,675 |
| Rio Grande do Norte | *0,684 | *0,678 | 0,792 | *0,597 |

| | | | |
|---|---|---|---|
| Rio Grande do Sul | 0,746 | 0,769 | 0,84 | 0,642 |
| Rondônia | *0,69 | 0,712 | 0,8 | *0,577 |
| Roraima | 0,707 | 0,695 | 0,809 | 0,628 |
| Santa Catarina | 0,774 | 0,773 | 0,86 | 0,697 |
| São Paulo | 0,783 | 0,789 | 0,845 | 0,719 |
| Sergipe | *0,665 | **0,672 | 0,781 | *0,56 |
| Tocantins | *0,699 | *0,69 | 0,793 | *0,624 |
| | | | | |
| Total do Brasil | 0,727 | 0,739 | 0,816 | 0,637 |

Fonte: Atlas do Desenvolvimento Humano no Brasil, 2017. Org. pelo autor
Obs.: destaque * para os 14 piores estados.

Ao se cruzar as informações do IDH-M com os desembolsos do BNDES nas regiões do país, percebe-se que não há uma lógica de investimentos prioritários do BD nas regiões com piores índices, tampouco há uma razão entre a quantidade populacional e os investimentos. Estados com menos de 0,7 de IDH-M receberam no máximo R$ 43 bilhões da totalidade de investimentos e todos se localizam nas regiões norte e nordeste. Ao se buscar uma razão dos investimentos do BNDES pela quantidade populacional e utilizando como referência o último censo nacional (2010), descobriu-se que a média de investimentos per capita do banco para todo o Brasil é de R$ 6.301,77. Abaixo dessa média está toda a região Nordeste, os estados da região Norte com a exceção de Rondônia[33], além dos estados de Minas Gerais (R$ 5.152,14), Goiás (R$ 5.537,72) e Espírito Santo (R$ 5.640,53). Alagoas é o estado da federação com o pior IDH-M e o pior investimento per capita do BNDES[34]. O que se consegue observar é que não existe uma relação de preocupação dos investimentos do BNDES com o IDH-M dos estados brasileiros, ou seja, os investimentos aparentam não levar em consideração esses fatores observados nesses índices.

Apesar de o IDH e o IDH-M conterem dimensões sociais que não são contempladas no PIB per capita, o IDH ainda é incapaz de mensurar a distribuição dos recursos nas camadas sociais, principalmente no que tange permitir observar qual é a desigualdade de renda do cenário nacional. O valor do PIB per capita, caso fosse distribuído igualmente entre todos os cidadãos do país, falar-se-ia em igualdade absoluta, um índice considerado ideal. O contrário seria se toda a riqueza fosse concentrada nas mãos de uma única pessoa, aqui se trataria de desigualdade máxima.

## Os indicadores de desigualdade de renda

Existe grande dificuldade em se calcular os níveis de desigualdade de renda, visto que a maioria dos métodos adotados envolve pesquisa domiciliar, o que pode sugerir que os dados inseridos na pesquisa possam ser inverídicos[35], o que prejudica toda a análise. Esse é um dos motivos pelo qual os índices criados são tratados como ordens de grandeza. No Brasil o IBGE conduz uma pesquisa domiciliar conhecida como PNAD (Pesquisa Nacional por Amostras de Domicílio). Por meio dessa pesquisa é possível descobrir como se dá a distribuição de renda na população. Existem outras pesquisas sobre a desigualdade de renda no Brasil, construídas com base própria; Medeiros[36] revela que no geral há pouca discrepância entre elas.

Medeiros[37], ao investigar a desigualdade de renda no período de 2006 a 2012, conclui que a desigualdade no país é estável nesse período, não havendo nenhum sinal de mudança. A 'Imagem 3' é retirada do trabalho deste autor e serve para indicar como se dá a distribuição de renda nos décimos da população. O autor divide a população a cada 10% e no outro plano coloca o total da renda nacional.

Observando a 'Imagem 3' é possível perceber que as linhas combinadas de 2006, 2009 e 2012, praticamente se confundem, assim como é possível ler que o último décimo da população (100) detêm 60% de toda a renda nacional, enquanto que 90% da população detêm 40% do total da renda. O décimo 50 da população detêm cerca de 10% da renda total, ou seja, metade da população, do décimo

50 para baixo, detêm 10% da renda total; do décimo 50 até o décimo 90 (40% da população) detêm 30% da renda total e o restante pertence ao último décimo (90-100).

**Imagem 3: Curva de Lorenz da renda individual, distribuições combinadas, Brasil, 2006 a 2012.**

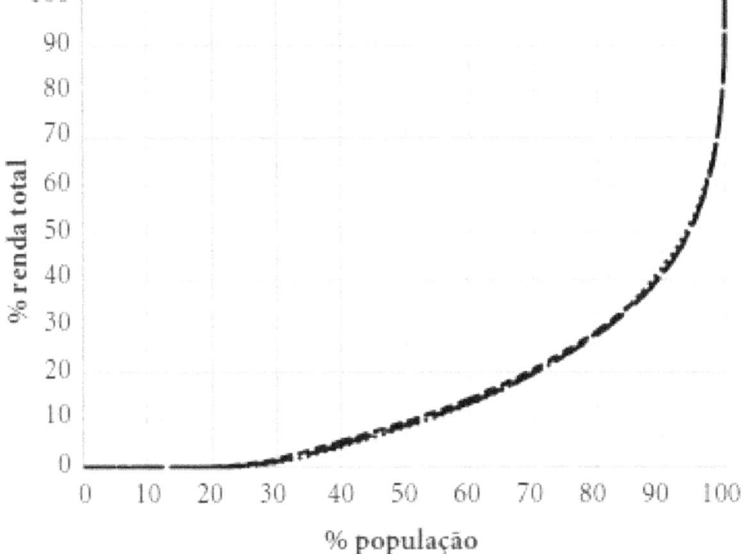


Fonte: Medeiros, 2015

Por meio dessa tabela os economistas constroem um índice conhecido como Coeficiente Gini[38]. O coeficiente gini é criado sobre a diferença entre a área formada por uma linha imaginária traçada entre o encontro dos planos da tabela da curva de lorenz, ponto 0, e o ponto 100 dos dois planos, e a distribuição da renda apurada. O coeficiente gini varia de 0 a 1, sendo os seus extremos considerados tipos ideais de nenhuma desigualdade e desigualdade absoluta respectivamente. Os gráficos 5 e 6 trazem um apanhado histórico do coeficiente gini ao longo dos anos no Brasil, com o objetivo de conhecer a modificação ao longo dos anos, todos com base nos dados IBGE. Há uma diferença de valores entre os dois gráficos para anos iguais por uma questão de mudança metodológica entre ambos, mas nada que seja atrapalhe ou impeça uma percepção sobre a direção e a posição do coeficiente gini.

**Gráfico 5 – Índice Gini da distribuição dos rendimentos mensal dos domicílios com rendimento –1995/2007**

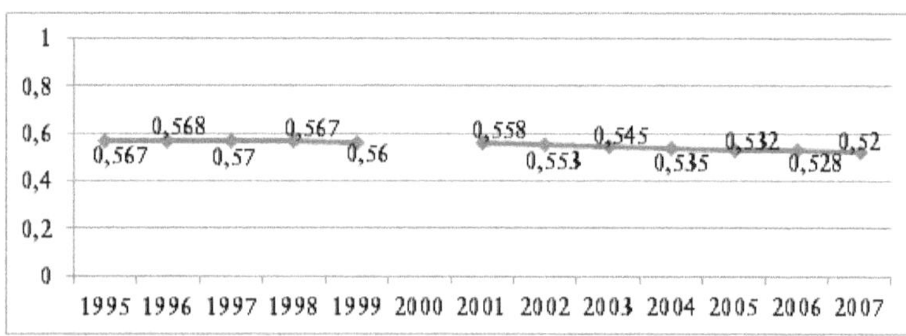


Fonte: IBGE, Pesquisa Nacional por Amostra de Domicílios (1992/2007)
Nota: Não houve pesquisa do PNAD no ano 2000.

Em 1995 o índice Gini brasileiro era de 0,567 e em 2015 é de 0,491 segundo os dados do IBGE. Medeiros[39] desconfiou que os dados colhidos pelo PNAD pudessem estar subestimando a renda dos mais ricos, impactando negativamente sobre uma análise mais fidedigna da desigualdade de renda no Brasil. Para isso resolveu analisar os dados provenientes da declaração de imposto de renda fornecidos à receita federal, mas somente a partir dos 85% mais ricos do total da população, com o objetivo de cruzar com os dados do PNAD para os grupos abaixo dessa marca. O resultado de sua pesquisa é importante para revelar que a desigualdade tem se mantido estável ao logo dos anos e que o coeficiente gini de 2006, 2009 e 2012, seriam, com esse método, respectivamente, 0,696, 0,698 e 0,688. O PNAD indica uma crescente queda da desigualdade nos últimos anos, ainda que discreta, ao contrário do que sugere Medeiros[40].

Gráfico 6 – Índice Gini da distribuição do rendimento mensal de todas as fontes, das pessoas de 15 anos ou mais de idade, com rendimento – 2004/2015

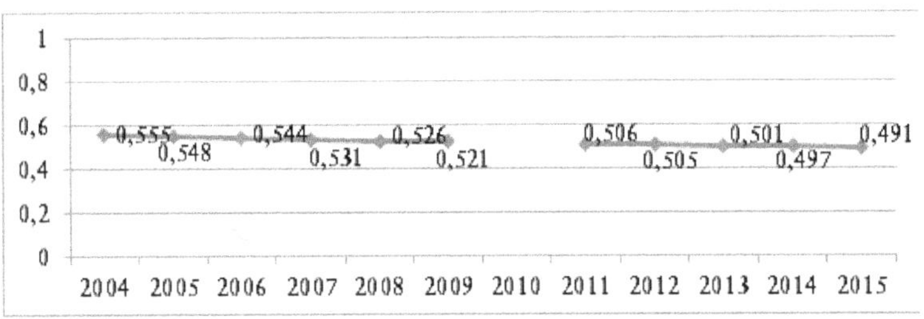


Fonte: IBGE, Pesquisa Nacional por Amostra de Domicílios (2004/2015)
Nota: Não houve pesquisa do PNAD no ano 2010.

Medeiros[41] sinaliza também caminho diferente e

muito pior do que a representação do PNAD: a ausência de mudança, no período analisado, na estrutura de formação da desigualdade. Sua pesquisa revela que, durante o período de 2006 a 2012, houve um crescimento da renda real significativa no Brasil, contudo, a apropriação dessa renda se concentrou nos décimos superiores, significando que a metade mais pobre da população teve um crescimento de renda real de 12%, enquanto que os 1% mais ricos se apropriaram de 28% do total do crescimento.

Gráfico 7 – Índice Gini da distribuição do rendimento mensal de todas as fontes, das pessoas de 15 anos ou mais de idade, com rendimento, por Grandes Regiões – 2004/2015

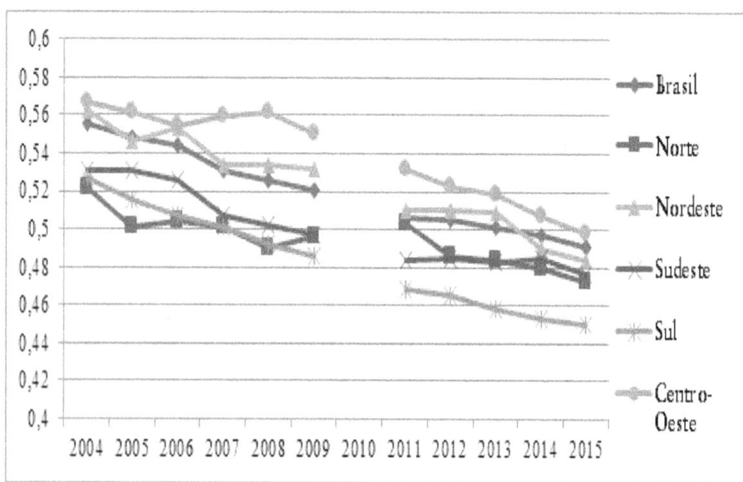


Fonte: IBGE, Pesquisa Nacional por Amostra de Domicílios (2004/2015)Nota: Não houve pesquisa do PNAD no ano 2010.

A desigualdade de renda regional é observada no Gráfico 7. Lembrando que se tratam dos dados do IBGE e que, portanto, de acordo com Medeiros, superestimam a desigualdade no Brasil. A região com menor índice de desigualdade de renda seria a região sul, seguida, na ordem crescente, das regiões norte, sudeste, nordeste e centro- oeste.

Gráfico 8 – Índice Gini de países selecionados para o ano de 2014.

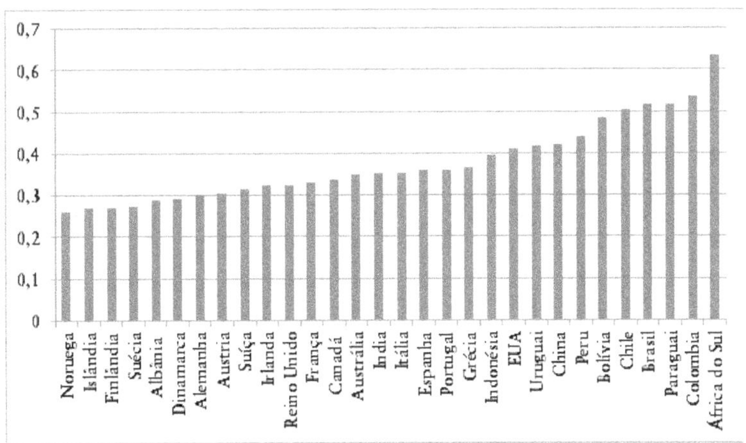


Fonte: Banco Mundial (World Development Indicators) – Dados de 2014 ou último disponível para os países selecionados.

Como forma de comparar o desempenho do índice gini e situar o Brasil no mundo, criou-se o Gráfico 8, com os dados de países selecionados, incluindo alguns países latino-americanos. O desempenho do Brasil em comparação com o resto do mundo não é animador, os dados do Banco Mundial indicam que o país é um dos mais desiguais do mundo, isso é visto de forma mais alarmante quando se observa que se trata de uma das maiores economias do mundo.

## *Análise geométrica de Guimarães e Lima*

Ao analisar o desempenho do BNDES, Guimarães e Lima[42] buscam relacionar os investimentos com o IDH dos municípios para definir uma estratégia de investimentos. Os autores relacionam o risco do crédito com os IDM-M e passam a classificar os investimentos em quatro quadrantes: quadrante 1 (Q1) estão os municípios com IDH-M abaixo da média nacional e baixo risco de crédito (abaixo da média nacional), o quadrante 2 (Q2) estão os municípios com IDH-M abaixo da média e alto risco de crédito (acima da média nacional), o quadrante 3 (Q3) estão os municípios com IDH-M acima da média nacional e baixo risco de crédito e o quadrante 4 (Q4) reúne os municípios com IDH-M acima da média nacional e alto risco de crédito.

A tabela 1 do trabalho de Guimarães e Lima[43] contém a distribuição por estado e região da classificação dos municípios pelos quadrantes propostos.

Os estados das regiões do sul, sudeste e centro-oeste possuem a maioria dos municípios nos quadrantes 3 e 4, enquanto que os estados das regiões norte e nordeste encontram-se em maior escala nos quadrantes 1 e 2, principalmente em maior escala no Q2 no caso dos estados do nordeste e no Acre na região norte.

A proposta dos autores é interessante, pois, além de identificar o problema de má distribuição dos recursos do BNDES nos Estados brasileiros, indica uma ferramenta útil para identificar os municípios mais necessitados de auxílio financeiro, por conta de um baixo IDH-M e por conta do risco de crédito. São contabilizados no risco do crédito: os recursos financeiros dos municípios, a sua capacidade financeira e a dependência de recursos da União. A pesquisa leva em consideração ainda a existência de instituições financeiras nas regiões que possam suprir a necessidade do BNDES atuar.

## Complexidade econômica

Considerando a pesquisa de Gala[44], o Brasil vem apresentando uma queda de complexidade econômica desde os anos 1980. O país teve acentuado crescimento de complexidade econômica até mais ou menos esse período, com uma queda contínua a partir da década de 1990. O autor aponta que o problema foi a mudança na política de investimentos do país e a transição política desse período caracterizado pelas privatizações e a abertura da economia. Isso teria levado os empresários brasileiros a se especializarem na produção de commodities, bens agrícolas, serviços não sofisticados e edifícios. Indicando que a produção de manufaturas e bens industriais regrediu e perdeu rentabilidade. Em 2014 os produtos que representaram 50% das exportações foram o ferro, soja, açúcar, petróleo e carnes[45].

Outro argumento apresentado pelo autor é que os serviços de baixa sofisticação passaram a apresentar 74% da força de trabalho nacional, apresentando crescimento de 83% dos postos de trabalho. Observa que a política do pleno emprego somada aos aumentos de salários não foi acompanhado por um aumento da produtividade, principalmente por conta da desaceleração da produção industrial e do aumento do custo desse setor, o que teria levado ao desestimulo de novos investimentos.

Aumentar a sofisticação produtiva para aumentar a produtividade e os investimentos em infraestrutura seriam as propostas para se estimular o setor industrial  e aumentar os ganhos com complexidade econômica produtiva, aliado a esvalorização cambial de 2015 observada por Gala[46].

Como o BNDES contribui nesse cenário? A 'Imagem 4' foi construída para indicar a hierarquia dos investimentos do BNDES por atividade econômica no país. O resultado mostra que 53% dos investimentos no compilado de 2009 até 2016 foram realizados em transporte terrestre, eletricidade e gás, agropecuária, comércio, construção e coque, petróleo e gás. 11,33% foi gasto com eletricidade e gás, o que se identifica como gastos na infraestrutura do país, sendo que o restante desses 53% não foi destinado para atividades industriais produtivas[47] que pudessem contribuir para o que propõem Gala.

Analisando os desembolsos das operações diretas e indiretas não automáticas do BNDES (aquelas que se sujeitam à avaliação de sua Diretoria) é possível ver a atuação da instituição em relação com as áreas operacionais classificadas pela própria instituição, resultados representados na Tabela 14. O que se observa é que há, por meio dessa classificação, grande incentivo ao setor industrial e de infraestrutura, contudo, com péssimos investimentos em pesquisa e planejamento, ambos considerados essenciais como ferramentas de desenvolvimento. Importante destacar que a média dos juros aplicado nesses contratos é de 2,73% a.a. (excluindo o custo financeiro da operação).

Imagem 4: *Treemaps* das atividades mais incentivadas pelo BNDES no período de 2009-2016.

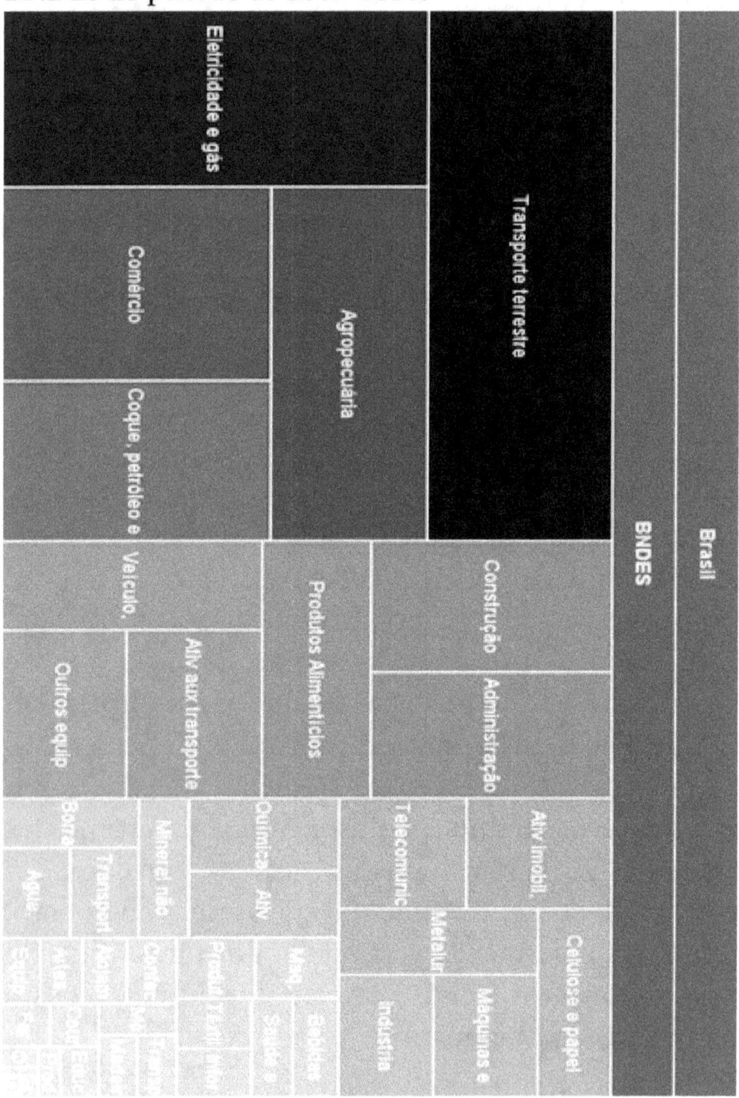


Fonte: Dados do BN DES, 2017.
Org. pelo autor.

Tabela 14 – Compilado dos desembolsos dos anos 2009 até 2015, por área operacional do BNDES.

| Área operacional | Desembolsos | % |
|---|---|---|
| Área de planejamento e pesquisa | R$ 17.638.374,41 | 0,003662108 |
| Área de desestatização | R$ 46.018.347,85 | 0,009554403 |
| Área de mercado de capitais | R$ 72.449.702,40 | 0,015042124 |
| Área de comércio exterior e fundos garantidores | R$ 440.632.347,43 | 0,091484797 |
| Área de gestão pública e socioambiental | R$ 48.257.366.209,14 | 10,01927205 |
| Área de indústria e serviços | R$ 69.944.306.643,64 | 14,52194952 |
| Área de saneamento e transporte | R$ 105.723.951.125,39 | 21,9505769 |
| Área de energia | R$ 124.230.242.285,73 | 25,79288286 |
| Área de indústria de base | R$ 132.912.827.801,48 | 27,59557524 |

Fonte: BNDES, 2016.
Org. pelo autor.

Nos mesmos desembolsos, mas considerando o ramo da atividade, nota-se que a atuação se concentra em quatro ramos: (1) agropecuária e pesca, (2) indústria extrativa, (3) indústria de transformação e (4) comércio e serviços, cuja distribuição é, respectivamente: R$4,7 bilhões, R$10,9 bilhões, R$133,5 bilhões e R$332,3 bilhões. A preferência se dá no mesmo ramo identificado por Gala em nível nacional, indicando que o BNDES acompanha tal dinâmica. Contudo, esses dados podem mascarar situação pior, isso por que o BNDES classifica como indústria de transformação, uma série de atividades que são vistas com pouca complexidade, como atividades de celulose e papel, o que pode atrapalhar uma maior sensibilidade da sua atuação nesse sentido.

No que tange às inovações tecnológicas ou inovações em geral, o desempenho do BNDES e do Brasil são péssimos. Os investimentos do Brasil em ciência e tecnologia, proporcionalmente em relação ao PIB, saíram de 1,54% em 2009 para 1,64% em 2015. Chang[48] indica que o valor de 1,5% de investimento em relação ao PIB está abaixo da aplicação realizada pelos países desenvolvidos, a grande maioria com aproximadamente 3% de investimento em relação ao seu PIB.

Os desembolsos do BNDES em inovação são observados no gráfico 9, onde se visualiza uma leve queda de investimentos em 2016. Em relação ao PIB os investimentos em inovação feitos pelo BNDES são bastantes baixos, sendo inferior a 1% em todos os anos (2009-2016) e somente alcançando a marca de 0,1% em 2014 e 2015. Com relação aos investimentos realizados pelo país, o BNDES contribuiu com 1% em 2009, 2,2% em 2010, 3,8% em 2011, 4,3% em 2012, 6% em 2013, 6,17% em 2014 e 6,12% em 2015, o que indica um avanço do

BNDES nesse sentido.

Os desembolsos do BNDES em inovação, como forma de superar a baixa complexidade econômica, são muito baixos, mas em crescimento, o que indicam que houve um giro institucional nesse sentido.

**Gráfico 9 – desembolsos do BNDES em inovação nos anos de 2009 até 2016.**

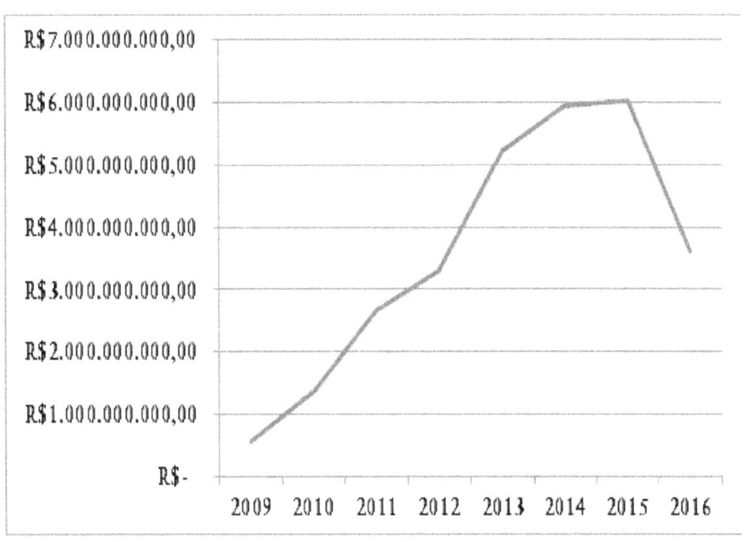


Fonte: BNDES, 2017.

## Considerações parciais

O BNDES prefere as grandes empresas e as grandes empresas preferem o BNDES. Poucas operações destinam uma enorme quantidade dos recursos do banco para as grandes empresas, enquanto que, na outra ponta, uma grande quantidade de operações destinam poucos recursos para as MPME. O que chama a atenção é o fato de que o desequilíbrio observado é muito grande entre os grandes e pequenos empreendedores e entre as regiões mais ricas e as mais pobres. É tranquilo afirmar que o BNDES prefere as grandes empresas e as regiões mais ricas.

Esse desequilíbrio não indica que não possa haver desenvolvimento, todavia indica o tipo de desenvolvimento que a política de investimentos do Governo implementa e indica a filtragem promovida pelos critérios de seleção dos beneficiários. A leitura que se faz, considerando o avanço da pesquisa, é a de que o desenho dos produtos do BNDES, com o consequente preenchimento dos seus requisitos e direcionamentos[49], estimulam o desenvolvimento esperado pelo banco.

O que quer dizer que não há, nos requisitos dos produtos, nenhuma exigência ou vantagem direcionada para regiões ou municípios mais necessitados, mesmo quando se verifica a desigualdade de toda sorte nos financiamentos e a falta de relação desses financiamentos com índices de desenvolvimento da sociedade, como o IDH-M. Essa ausência é fator determinante para ampla abertura da aplicação dos recursos financeiros do BNDES para praticamente qualquer atividade que preencha os requisitos – que são bastante amplos – que o banco identifique como necessária ao desenvolvimento ou com a ordem do governo federal em auxiliar essa ou aquela empresa. Ou seja, a argumentação (brevemente comentada no cap. 2) de Lazzarini[50] de que as colaborações financeiras do BNDES são explicadas pelos relacionamentos dos agentes públicos com os agentes privados, somente são possíveis por conta de certa frouxidão dos critérios e requisitos do BNDES para com os propósitos do desenvolvimento.

A perspectiva de desempenho social do BNDES é muito ruim já nos seus critérios e, quando se percebe a aplicação prática desses recursos, observa-se que o banco atribui como social quase qualquer atividade que possua impacto na sociedade. Ora, qualquer atividade privada, assim como qualquer instituição financeira, possui impactos na esfera social. Em suas atividades privadas é possível observar inúmeras repercussões, como geração de emprego e todas as outras destacadas nos critérios do BNDES. Isso na busca de objetivos privados. O que se quer dizer que essas características por si só não definem uma instituição com propósitos sociais, já que toda atividade econômica possui repercussões no meio social. Essa é visão limitada da proposta social do BNDES. Um banco público voltado para o desenvolvimento econômico e social, com fonte de recursos de grande impacto social, tem que entregar mais do que qualquer outra empresa do setor privado. Portanto, essa característica social do banco tem de ser mais evidenciada nos seus resultados e mais exigida como critério de colaboração financeira. Qualquer banco privado teria interesse de financiar a atividade produtiva do setor privado, principalmente das grandes empresas que possuem maior capacidade de pagamento, os resultados dessas operações privadas seriam as mesmas observadas pelo BNDES. Assim, a característica social do Banco de Desenvolvimento brasileiro não pode ser somente esta apresentada.

As fontes dos recursos utilizados pelo BNDES indicam que o financiamento do banco é basicamente com receitas sociais, daí a importância do banco retribuir com o a utilização das receitas da melhor maneira possível. Os baixos juros das colaborações financeiras e o custo de financiamento das letras do Tesouro Nacional, hoje principal fonte de recursos do banco, não significam que haja prejuízo ao BNDES ou ao erário público, isso porque o prazo de financiamento das letras do Tesouro é muito maior do que as colaborações do BNDES, indicando a possibilidade de mais de uma aplicação das verbas. Sem contar os efeitos multiplicadores fiscais e os retornos crescentes em escala por conta da utilização dos recursos. Faltam estudos que indiquem se o BNDES impede ou não o fortalecimento dos bancos privados na atuação de financiamentos de longo prazo.

Os juros subsidiados do BNDES pode ser um fator que afasta não somente os bancos privados, tendo em vista a redução da capacidade de lucro, mas implica numa procura dos agentes de mercado pelos melhores preços de financiamento. A vantagem dos juros do BNDES é obvia. Talvez o BNDES pudesse se concentrar em setores identificados como prioritários, atividades prioritárias, necessidades identificadas como impedidoras do desenvolvimento local e nacional e deixar essa ampla atuação no mercado em si para as instituições financeiras privadas, talvez até auxiliando de início essas instituições a cumprirem seu papel no mercado de financiamento de longo prazo. Essas seriam formas de fazer com que o BNDES se preocupasse mais com estratégias que seriam úteis ao desenvolvimento, conforme apontadas no cap. 1.

Os relatórios de desempenho do BNDES ainda são muito carentes de explicações sobre o resultado das suas colaborações no Brasil, fazendo algumas correlações espúrias, como: a verificação de aumento da produção industrial nacional é atribuída ao BNDES nesses relatórios, isso sem que haja descrição de outros incentivos públicos e investimentos privados no setor. O mesmo se verifica em relação ao aumento da empregabilidade no país e a ausência de maiores informações que comprovem a afirmação dos relatórios. O que mais impressiona (negativamente) é a ausência de qualquer tipo de lógica observável, quantos as colaborações do banco, quando se leva em consideração os índices de IDH-M, índices gini e outros indicadores sociais das regiões. Mesmo a região sendo identificada como deficitária e necessitando de recursos, ela não recebe maiores incentivos por parte do BNDES. A preferência do banco na prática é o sudeste e a explicação é simples: a maioria das empresas que consegue cumprir com os critérios e requisitos do BNDES está no sudeste. Outro argumento é que as grandes empresas e as regiões mais ricas conseguem tornar os recursos do BNDES mais seguros e confiáveis, diminuindo a perda de recursos, a inadimplência e garantindo altos retornos dos recursos ao banco. Isso seria a eficiência do BNDES. Sobre a busca por maior complexidade econômica não se tem dados tão seguros para afirmar que há um distanciamento do BNDES, mas verificam-se indícios nesse sentido. Melhor seria se houvesses dados referentes aos resultados desses investimentos nos setores, correlacionando-os com o surgimento de patentes, modelos de utilidade, ou outro tipo de inovação e a produção de produtos não ubíquos e competitivos no exterior. O Brasil se localiza na lista de países que produzem produtos de baixa complexidade e o BNDES não parece estar ajudando a sair desse cenário.

Os produtos do BNDES com maior capilaridade social, indicados no capítulo 3, são os mesmos que recebem menos recursos para serem utilizados. A lógica do BNDES é auxiliar as grandes empresas e, sobre o recurso que restar, verificar a possibilidade de destinar às MPME. Não está na agenda pratica do banco a prioridade desse segmento – apesar de estar no campo normativo – e a possível explicação está na menor possibilidade de retornos crescentes dos investimentos, quer dizer: menores aumentos dos índices de aumento na empregabilidade (aspecto social) e menor impacto na produtividade (aspecto econômico). Essa visão do banco é extremamente limitadora do desenvolvimento.

O argumento de Piketty[51] da não utilização dos créditos de forma eficiente do ponto de vista social é evidenciada. Obviamente que no setor privado não poderia haver outra lógica empregada, pois, o objetivo é o lucro. O que se observa, é que a dimensão financeira contamina o BNDES a enxergar com a lente do mercado privado, onde o lucro é o objetivo principal e as garantias são essenciais para a concretização do negócio. Tal é realizado com juros subsidiados, o que reduz a lucratividade do BNDES. Isso tenciona o BNDES para longe do seu propósito desenvolvimentista e alinha o mesmo com o desenvolvimento que pode ser realizado somente por meio do mercado. Essa é a lente empregada. O que significa dizer que pouco se irá romper com o mercado, haja vista, que as estruturas do poder econômico do mercado buscam se manter. Não há como fugir dessa visão sem atuação política voltada para a prática desenvolvimentista de resolver problemas nacionais e impulsionar as inovações.

## NOTAS

1      "O Fundo de Amparo ao Trabalhador - FAT é um fundo especial, de natureza contábil-financeira, vinculado ao Ministério do Trabalho e Emprego - MTE, destinado ao custeio do Programa do Seguro- Desemprego, do Abono Salarial e ao financiamento de Programas de Desenvolvimento Econômico. A principal fonte de recursos do FAT é composta pelas contribuições para o Programa de Integração Social – PIS, criado por meio da Lei Complementar n° 07, de 07 de setembro de 1970, e para o Programa de Formação do Patrimônio do Servidor Público - PASEP, instituído pela Lei Complementar n° 08, de 03 de dezembro de 1970. Através da Lei Complementar n° 19, de 25 de junho de 1974, as arrecadações relativas aos referidos Programas passaram a figurar como fonte de recursos para o BNDES. A partir da Lei Complementar n° 26, de 11 de setembro de 1975, estes Programas foram unificados, hoje sob denominação   Fundo PIS-PASEP". In: BNDES. Disponível em: <http://www.bndes.gov.br/SiteBNDES/bndes/bndes_pt/Institucional/BNDES_Transparente/Fundos/Fat/>. Acesso em: 10 de junho de 2016.

2      BNDES. Livro verde: Nossa história tal como ela é. Rio de Janeiro: BNDES, 2017

3      ARAÚJO, Bruno César; DE NEGRI, João Alberto. O Tamanho do BNDES e resposta à crise: uma comparação internacional. RADAR: Tecnologia, produção e comércio. Edição n° 51, jun. 2017. Disponível em: <http://www.ipea.gov.br/agencia/index.php?option=com_content&view=article&id=30357&Itemid=8>. Acessado em: 20 nov. 2017

4        SOUZA, Angelita Matos. O expansionismo nos governos Lula e o BNDES. Meridiano 47 - Journal of Global Studies, [S.l.], v. 11, n. 120, p. 47-53, jul. 2010. Disponível em: <http://periodicos.unb.br/index.php/MED/article/view/581>. Acessado em: 20 nov. 2017. doi:http://dx.doi.org/10.20889/581.

5        BNDES, op. cit., 2017, p. 88, grifos nossos.

6        O BNDES é obrigado pelo art. 1, §6º da Lei nº 11948/2009 a enviar um relatório trimestral pormenorizado das suas atividades ao Congresso Nacional. O relatório citado pode ser visualizado no seguinte endereço eletrônico: <http://www.bndes.gov.br/wps/wcm/connect/site/72ccd501-8415-4b27-b005-99a1f6877e6b/Relatorio_Recursos_Financeiros_4trimestre2015.pdf?MOD=AJPERES&CVID=lsK.cmu&CVID=lsK.cmu&CVID=lsK.cmu&CVID=lsK.cmu&CVID=lsGnrf6&CVID=lsGnrf6&CVID=lq0h2Hj&CVID=lq0h2Hj&CVID=lq0h2Hj&CVID=lq0h2Hj&CVID=lq0h2Hj> Acesso em: 17 de setembro de 2016.

7        Os dados do quadro mencionado estão disponíveis no sistema de transparência do BNDES e informam as captações do banco junto ao Tesouro Nacional. Disponível em: <http://www.bndes.gov.br/wps/wcm/connect/site/920f58d6-6a67-46ad-91d7-e90dac1201ed/2015_4T_captacoes_tesouro.pdf?MOD=AJPERES&CVID=llALDnE&CVID=llALDnE&CVID=llALDnE&CVID=llALDnE&CVID=llALDnE&CVID=llALDnE&CVID=llALDnE&CVID=llALDnE&CVID=llALDnE&CVID=llALDnE&CVID=llALDnE&CVID=llALDnE&CVID=llALDnE&CVID=llALDnE> Acesso em : 17 de setembro de 2016.

8        ARAÚJO; DE NEGRI, op. cit., 2017.

9       PEREIRA, Thiago Rabelo; SIMÕES, Adriano; CARVALHAL, André. Mensurando o resultado fiscal das operações de empréstimo do Tesouro ao BNDES: Custo ou ganho líquido esperado para a União. Texto para Discussão, nº 1665, setembro de 2011. Rio de Janeiro: IPEA, 2011.

10      R$ 1.202.099.258.771,54 (um trilhão duzentos e dois bilhões noventa e nove milhões duzentos e cinquenta e oito mil setecentos e setenta e um reais e cinquenta e quatro centavos).

11      Tal alteração pode ser visualizada na comunicação pública feita pelo BNDES nesse link: <https://www.bndes.gov.br/wps/portal/site/home/imprensa/noticias/conteudo/20100622_modificacao_por te_empresa>.

12      PIKETTY, 2015.

13      ATKINSON, 2015.

14      STIGLITZ, 2013.

15      CHANG, 2015.

16      Os relatórios podemser acessados por esse link: <https://www.bndes.gov.br/wps/portal/site/home/relacoes-com-investidores/relatorio-anual>.

17      Os dados do IBGE podemser visualizados no seu sítio eletrônico nesse link: <https://ww2.ibge.gov.br/home/default.php>.

18      Podem ser entendidos como fatores que incidem sobre determinada conta com o objetivo de torna-los mais reais, é o caso da incidência da inflação por exemplo.

19      Para esse produto é importante considerar as pessoas físicas e os microempresários individuais.

20      Não há análise de risco do negócio, contudo, há análise da beneficiária para saber se a destinação do recurso pode cumprir ao objetivo destinado e se a beneficiária possui condições para tanto.

21      PIKETTY, Thomas. O capital no século XXI. Rio de Janeiro: Intrínseca, 2014.

22      ATIKISON, 2015.

23      Ibidem, p. 82.

24      PIKETTY, op. cit., p. 49.

25      Capital aqui compreende o conjunto de ativos não humanos, ou seja, todo o material que pode ser adquirido no mercado, como imóveis, equipamentos, patentes, máquinas, infraestrutura e capital financeiro, por exemplo.

26      PNB – depreciação do capital = PNL

27      Ibidem, p. 49-51.

28      Piketty destaca que a média da maioria dos países para a depreciação do capital gira em torno de 10% do PIB.

29      Criado pelos economistas Mahbub ul Haq e Amartya Sen na década de 1990.

30      GUIMARÃES, André Luiz de Souza. LIMA, José Cláudio Cavalcante de Oliveira. Desenvolvimento com redução da desigualdade regional: uma abordagem geométrica. Revista do BNDES, v.16, n.31, p. 113-138, jun. 2009. Rio de Janeiro: BNDES, 2009.

31      Ibidem.

32      A lista completa pode ser vista no seguinte link: <http://www.br.undp.org/content/brazil/pt/home/idh0/rankings/idh-global.html>. Acessado em 20 de dezembro de 2017.

33      Estado que possui a melhor razão per capita de

investimentos do BNDES, R$ 15.023,50

34      A lista completa dos Estados com os investimentos e o indicativo de desenvolvimento humano está localizado no Anexo 2.

35      Vários autores destacam a dificuldade metodológica em se medir a desigualdade, entre eles Atkinson, 2015 e Piketty, 2014 e 2015.

36      MEDEIROS, Marcelo; SOUZA, Pedro Herculano Guimarães Ferreira de; CASTRO, Fábio Ávila de.  A estabilidade da desigualdade de renda no Brasil, 2006 a 2012: estimativa com dados do imposto de renda e pesquisas domiciliares. Ciênc. saúde coletiva, Rio de Janeiro, v. 20, n. 4,  p.  971-986,  Apr.  2015.  Disponível em:    <http://www.scielo.br/scielo.php?script=sci_art-text&pid=S1413-   81232015000400971&lng=en&nrm=iso>. Acesso em: 21 Jun. de 2017.

37      Ibidem, 2015.

38      Em homenagem ao economista italiano Corrado Gini em 1912.

39      MEDEIROS, op. cit.

40      Ibidem, 2015.

41      Ibidem, 2015.

42      GUIMARÃES, LIMA, op. cit.

43      Ibidem.

44      GALA, 2017.

45      Ibidem, pg. 96-102.

46      Ibidem, pg. 102.

47      A classificação dos investimentos segue a classificação do CNAE.

48      CHANG, 2015.

49      Neste ponto, refere-se às escolhas do BNDES para os incentivos no mercado, como por exemplo:

quais máquinas estimular o crescimento, qual o sentido deve ser perseguido pelas inovações, quais equipamentos e setores da economia são prioritários e quais não o são, entre outros. Todos são  observados no cap. 3.
50      LAZZARINI, 2011.
51      PIKETTY, 2015.

# Considerações Finais

O momento de reflexão final é dividido em três partes, abordando aquilo que foi discutido nos capítulos do trabalho e nas respectivas considerações.

## A tarefa de desenvolver

Desenvolver envolve inúmeras perspectivas. A lente do desenvolvimento que prevalece na sociedade depende da preponderância de alguma ideologia e da sua aplicação. Essa carga política é inegável ao conceito de desenvolvimento. A maneira como se forma esse aspecto político é que pode ser discutida. Não é claro quem definirá o sentido de desenvolver, sejam eles pequenos grupos de interesses, grandes corporações empresárias ou a população. Não se sabe se o desenvolvimento será inclusivo ou excludente, mas todos sofrerão os efeitos dessas escolhas.

A legislação, sobretudo a Constituição da República, não traça um único caminho para o desenvolvimento. Contudo, ela traça objetivos que devem ser perseguidos pelo Estado. Entre esses objetivos, se encontra a redução das desigualdades sociais e econômicas, com destaque para a sua redução entre as regiões do país e a criação de um sistema financeiro que sirva aos interesses da coletividade na busca de um desenvolvimento equilibrado. A constituição traça caminhos para um desenvolvimento inclusivo, melhorando a vida da população e afastando os males da pobreza.

Se esses interesses presentes na Constituição são os reais interesses da população não se sabe, mas eles são os comandos legais para toda a ordem econômica. Desse pressuposto legal se encontra uma razão para estruturar o cenário nacional. Se não é fácil saber o que é desenvolver, a constituição escolheu algumas tarefas que considerou importante. O que significa que toda ação do Estado tem o dever de buscar o cumprimento desses interesses.

Todavia, como conseguir esses resultados? Novamente entra em cena visões ideológicas do desenvolvimento. Não é possível retirar o tal aspecto do desenvolvimento, já que não se sabe ao certo o que ele significa. Por esse motivo, observar as experiências de outras nações e observar os dados que estão disponíveis para serem analisados é fundamental para criar estratégias que não sejam baseadas somente na crença. Desenvolver não é fácil, por isso mesmo que a observação dos dados econômicos de determinada sociedade não podem ser desprezados por motivos ideológicos. Os dados são importantes para o cumprimento dos objetivos.

Da mesma forma não se pode ignorar o momento histórico e político na hora de se criar estratégias de desenvolvimento. Isso significa reconhecer, por exemplo, que o país se insere num sistema de competição no mercado internacional e que o papel que ele assume nesse cenário indica o desenvolvimento que pode ser esperado.

Levando em consideração que uma análise do desenvolvimento só pode ser realizada quando se observa o momento em que os Estados se encontram (organização política, forma de produção econômica etc.), alguns elementos são identificados como fundamentais para alavancar esse processo: a inovação; a competição internacional; a criação de uma economia não especializada; a criação de produtos não ubíquos e com preços competitivos; instituições políticas e econômicas inclusivas; ausência de políticas que favoreçam o rent seeking; ausência de políticas que interfiram no surgimento de inovações. No ambiente político, os desejos são de ver respeitados os direitos do homem de não sofrer nenhum tipo de privação e de reduzir as desigualdades sociais e econômicas, além de questões atinentes à sustentabilidade ambiental.

Limitar o ingresso de novas tecnologias é o mesmo que impedir o aspecto mais interessante do desenvolvimento: a transformação. As bases da sociedade de hoje podem ser rediscutidas e modificadas politicamente amanhã, isso pode ocorrer por conta da entrada de novas tecnologias. O limite da criação tecnológica é político, mas nunca deve ser motivado por interesses de estabilidade do mercado ou da sociedade. A sociedade deve estar aberta a rediscutir os seus alicerces, esse é o tanto que deve ser inclusiva.

## Os critérios do BNDES para a colaboração financeira

O BNDES possui critérios que não são ruins em si. Sofrem, contudo, de uma limitação típica de uma dimensão estritamente financeira. A existência de garantias em todos os contratos é uma enorme limitação quando se trata de estimular negócios ou regiões mais carentes. O possível efeito é a exclusão financeira deles. As garantias precisam ser flexibilizadas.

O critério de impacto social das colaborações financeiras do BNDES é péssimo. O aumento do número de empregos limita a perspectiva de desenvolvimento do banco e acaba favorecendo as grandes empresas, além de ser um limitador inconveniente para o estimulo das inovações. O aumento do número de empreendimentos poderia tranquilamente substituir parte desse aspecto do número de empregos, fazendo com que o estímulo a essa criação seja mais importante do que o aumento de empregos. Até porque essa perspectiva limita a possibilidade de rediscução da cidadania e do pacto social.

É preciso melhorar o critério social para incluir uma visão mais condizente com os objetivos da CRFB/1988. Ou seja, regiões prioritárias, com pouca atividade econômica e com baixo IDH-M, por exemplo, devem ser atendidas prioritariamente como forma de aumentar a sua produtividade local. Da mesma forma, devem ser afastados apoios a empreendimentos que possam conseguir apoio no setor privado, principalmente investimentos que acrescentem pouco ao desenvolvimento de uma economia complexa, como a criação de shopping centers, setor de serviços de baixa complexidade, setor agropecuário, comércio.

Isso não significa que o país não possa, eventualmente, aproveitar de demanda internacional por produtos agrícolas, por exemplo, e ter investimentos do BNDES nesse setor para tanto. Contudo, tem de ligar o alerta nesses momentos, buscando evitar efeitos do tipo 'doença holandesa'. Sem esquecer que o setor agropecuário até pode criar produtos industrializados, mas com baixa complexidade econômica.

O BNDES deve acrescer aos critérios sociais da colaboração financeira uma análise comparada com os dados sociais disponíveis, de forma que essas colaborações possam ser mais bem medidas quanto aos seus efeitos. No momento de escolha dos projetos, os efeitos sociais esperados com a colaboração, não podem possuir apenas uma única perspectiva, como a empregabilidade, devendo se permitir analisar diferentes resultados na realidade. O mesmo projeto aplicado no Rio de Janeiro e no Acre, pode muito bem ter mais impacto na empregabilidade no Rio de Janeiro, contudo seu impacto social no Acre é muito maior relativamente. As externalidades positivas dos projetos das colaborações financeiras são medidas de forma muito limitada, ignorando outras possíveis externalidades. Esse é um critério que precisa ser reinventado pelo banco.

Os critérios condicionam as escolhas do banco. Por hora, seus critérios são tipicamente financeiros, preferindo a segurança dos investimentos, com alguma pretensão de efeitos diversos, ainda que limitados. Essa limitação que os critérios promovem precisam ser liberadas e balanceadas para incluir necessidades imprescindíveis ao banco. Isso se ele quer desenvolver o país.

## O desempenho do BNDES

O BNDES tem como objetivo o desenvolvimento da economia nacional brasileira. A sua atuação como instituição na busca desenvolvimentista, revela o tipo de desenvolvimento que pode ser esperado. Ficou bastante nítido que o a lógica de desenvolvimento do BNDES é permeada com o sentido de se aumentar o bolo do crescimento nacional, presumindo um desenvolvimento que seja inclusivo, redutor das desigualdades, indutor de uma melhora da qualidade de vida e etc. Esse resultado talvez seja inevitável quando se observa que ainda ecoa no Brasil a doutrina cepalina, com objetivos ideológicos específicos e uma grande crença e angústia no desenvolvimento. Todavia, sem nenhuma preocupação com os dados que a própria sociedade dispõe.

A comprovação de resultados é imprescindível para o banco. Isso deve ser o principal foco do BNDES: conseguir comprovar a sua utilidade para o desenvolvimento nacional. A fraqueza do banco hoje está exatamente aí. Além disso, tem de se verificar se o desenvolvimento praticado permitiu que o Estado alcançasse seus objetivos de redução das desigualdades sociais, promoção do bem de todos e extermínio da pobreza.

O desenvolvimento promovido pelo BNDES é

do tipo Trickle-Down, onde os investimentos são feitos de cima para baixo, onde os mais ricos e supostamente mais competentes recebem os maiores investimentos para fazer com que a economia cresça. Aponta-se que isso não é a causa da desigualdade social, mas pode muito bem ser apontada como causa para uma enorme desigualdade de oportunidades. O desenvolvimento do BNDES é direcionado pela política do Governo Federal, e o estabelecimento dos seus critérios e requisitos é amplo o suficiente para permitir que os investimentos sejam realizados em qualquer direção possível. Isso não é necessariamente ruim, desde que se demonstrem os resultados desses investimentos, o que não ocorre com clareza com o BNDES.

O desenvolvimento envolve muitos ângulos diferentes. A desigualdade social é apontada como uma causa estrutural do sistema econômico e jurídico. Desta forma, a pergunta que é: como o BNDES poderia atuar para reduzir a desigualdade social? Outra pergunta: é papel do BNDES reduzir a desigualdade social? Seria ele instrumento inteiramente capaz de tal realização? Acreditamos que não. Em sendo a causa da deseigualdade um problema estrutural da sociedade, o BNDES não tem como alterar completamente esse panorama geral. Entretanto, ele pode induzir ao desenvolvimento, áreas e setores que não são incentivados, ampliando a rede produtiva do país e atraindo mais parte da população para o tecido produtivo nacional; um bom lugar para começar seriam nas regiões mais necessitadas, mais pobres e mais desiguais.

Como não é possível que o BNDES combata na raiz do problema das desigualdades econômicas e sociais, a utilização do IDH-M surge como melhor opção do indicador da qualidade de vida dos municípios, podendo servir de base para a promoção do desenvolvimento das regiões mais necessitadas. Por outro lado, o desenvolvimento do BNDES tem de servir para criar uma rede produtiva complexa de bens não ubíquos com preços competitivos, além de incluir mais pessoas no processo produtivo. Não está claro que o BNDES adote uma ou outra estratégia, o que significa dizer que é necessário que o banco deixe claro qual o seu papel no desenvolvimento nacional.

Quanto às inovações, o banco tem um papel muito tímido quando se observa que tal aspecto é premissa do desenvolvimento. Claro que analisar somente o desempenho do BNDES pode indicar que se devam aumentar os desembolsos nessa área; resta, contudo, saber se o país cria condições para que se invista nesse importante aspecto do desenvolvimento. Aumentar o estímulo das inovações que sirvam ao processo produtivo só é possível por meio de uma educação voltada para a produtividade. Ou seja, é necessário um ambiente nacional voltado para isso. Isso não é possível de ser realizado pelo BNDES isoladamente. Esse é o grande problema do BNDES. Ele tem que atuar de acordo com a realidade no qual está inserido e buscar estimular essa realidade para conseguir preencher as premissas do desenvolvimento destacadas.

Assim, seria necessário que o Estado brasileiro fosse mais ativo na coleta de informações econômico-sociais e na integração dessas informaçoes para as agências que necessitam delas para planejar suas atividades. Com isso, se quer também sugerir que o BNDES precisa ser mais ativo (e menos passivo) nas análises de onde se deve desembolsar, com o objetivo claro de selecionar e direcionar melhor o desenvolvimento esperado.

O BNDES é apenas um dos instrumentos do Estado na busca pelo desenvolvimento nacional. Não é razoável ou coerente pensar no BNDES como o único instrumento de desenvolvimento. Sabendo que o mesmo não é o melhor dos instrumentos para combater as desigualdades do país, o BNDES deveria focar a sua atuação da seguinte maneira: num primeiro plano, aumentar a sofisticação econômica nacional, incentivando o aumento de uma rede colaborativa produtiva, aumentar a produção de bens manufaturados e não ubíquos com preços competitivos, aumentar os incentivos à inovação; em segundo plano, atuar como agente financeiro para auxiliar na superação dos problemas regionais que impedem o desenvolvimento econômico das regiões mais necessitadas e incentivar os negócios nessas regiões. Com isso, ficariam relegadas outras características do desenvolvimento para outras instituições.

Os apoios à indústria e à inovação têm de voltar a ser prioridade, principalmente a indústria de manufaturas que possam ser competitivas. A China é o grande desafio no plano internacional, por conta da sua crescente produção de manufaturas com preços baixos. Entretanto, até a China percebeu que ela deve sair da condição de 'made in China' para entrar na fase do 'create in China'. Por isso, o Brasil precisa animar esses setores industriais e encontrar uma forma de se tornar competitivo. O papel do BNDES seria o de fornecer o crédito para isso.

Outra questão é que o BNDES precisa assumir mais riscos nas colaborações que visam estimular a pesquisa e a inovação, isso porque a lógica tradicional do mercado é a de não arriscar em investimentos que não se tem clareza nos resultados e esse é um risco que o BNDES deve correr se quiser fazer com que as inovações surjam. As inovações não podem ser restringidas por critério político de manutenção de status quo de poder ou por situação que pode colocar em risco determinado setor econômico. O BNDES tem de se livrar de qualquer tipo de pressão de grupos econômicos, cujo principal objetivo é a manutenção do seu poder econômico no mercado e focar prioritariamente em beneficiar a coletividade, a produtividade e os inventos produtivos.

Uma interpretação possível é a de que a teoria neoinstitucionalista de North[1] é capaz de explicar o motivo da atuação do BNDES detectada. Depois de iniciada a atuação do banco voltada para auxiliar as grandes empresas, o BNDES fica 'travado' (locked in), negativamente, numa expectativa de retornos crescentes constantes, principalmente financeiros, o que o torna depende dessa trajetória (path dependency) para se desenvolver. Esse comportamento passa a ser reproduzido por conta desses estímulos que a instituição recebe. A prevalência da dimensão financeira do banco acaba estimulando a sensibilidade da instituição para perceber esses retornos financeiros ao mesmo tempo em que os objetivos do desenvolvimento do banco ficam diminuídos.

A mudança de cenário dependeria, segundo a teoria, de vários estímulos no comportamento e nos gostos individuais, por meio, da alteração dos preços relativos. A maneira de alterar os preços relativos e, assim, estimular uma mudança gradativa no BNDES, seria fazer com que os bancos privados fossem capazes de competir nesse mercado de crédito de longo prazo. Assim, os banqueiros, no papel dos empresários destacados na teoria, fariam o papel de analisar o mercado e agir de acordo com os seus interesses. Deste modo, o banco do desenvolvimento passaria a receber estímulos para aplicar seus recursos de outra forma. Para que essa 'outra forma' seja a aplicação dos recursos para desenvolver as regiões mais pobres, para criar uma rede complexa e sofisticada de produção e para investir em inovação científica e tecnológica, os critérios de atuação devem mudar para compreender essas necessidades.

A ausência de critérios mais rígidos no sentido social, com a utilização de índices, por exemplo, assim como a ausência de uma perspectiva específica do desenvolvimento, faz com que o banco busque atuar em todas as áreas do mercado nacional, tentando desenvolver tudo e todos. O que torna o BNDES menos efetivo em desenvolver capacidades específicas da economia, além de impedir que os bancos privados entrem nesse mercado de longo prazo, já que o BNDES ficaria com a parcela mais rica e com melhores garantias.

## NOTAS

1       NORTH, 1990.

# REFERÊNCIAS

ACEMOGLU, Daron; ROBINSON, James. Porque as nações fracassam: as origens do poder, da prosperidade e da pobreza. Tradução de Cristiana Serra. 8ª tiragem. Rio de Janeiro: Elsevier, 2012.

AGUILAR FILHO, Hélio Afonso de; SILVA FILHO, Edison Benedito da. A crítica novo-institucionalista ao pensamento da Cepal: a dimensão institucional e o papel da ideologia no desenvolvimento econômico. Econ. soc., Campinas, v. 19, n. 2, p. 211- 232, Aug. 2010. Disponível em: <http://www.scielo.br/scielo.php?script=sci_arttext&pid=S0104- 06182010000200001&lng=en&nrm=iso>. Acessado em: 20 de fevereiro de 2017. http://dx.doi.org/10.1590/S0104-06182010000200001.

ALÉM, Ana Cláudia Duarte de; MADEIRA, Rodrigo Ferreira. As instituições financeiras públicas de desenvolvimento e o financiamento de longo prazo. Revista do BNDES, Rio de Janeiro, n.43, p. 5-39, jun. 2015. Disponível em: <https://web.bndes.gov.br/bib/jspui/bitstream/1408/6244/1/RB%2043%20As%20institui%C3%A7%C3%B5es%20financeiras%20p%C3%BAblicas%20de%20desenvolvimento_P.pdf>. Acesso em: 08 de novembro de 2017

ARAÚJO, Bruno César; DE NEGRI, João Alberto. O Tamanho do BNDES e resposta à crise: uma comparação internacional. RADAR: Tecnologia, produção e comércio. Edição n°51, jun. 2017. Disponível em: <http://www.ipea.gov.br/agencia/index.php?option=com_content&view=article&id=30357&Itemid=8>. Acessado em: 20 nov. 2017

ATIKINSON, Anthony B. Desigualdade: o que pode ser feito?. São Paulo: LeYa, 2015.

ATLAS DO DESENVOLVIMENTO HUMANO NO BRASIL. Rio de Janeiro: PNUD, IPEA, Fundação João Pinheiro, 2013. Disponível em: <http://www.atlasbrasil.org.br/2013/pt/consulta/> Acesso em: 17 de setembro de 2016.

BARRAL, Welber. Desenvolvimento e sistema jurídico: lições de experiências passadas. Seqüência: Estudos Jurídicos e Políticos, Florianópolis, p. 143-168, jan. 2005. ISSN 2177-7055. Disponível em: <https://periodicos.ufsc.br/index.php/sequencia/article/view/15189/13814>. Acesso em: 23 nov. 2018. doi:https://doi.org/10.5007/%x.

BIELSCHOWSKY, Ricardo. Pensamento Econômico Brasileiro: o ciclo ideológico do desenvolvimentismo. Rio de Janeiro: Contraponto. 2004.

BEDIN, Gilmar Antonio. Direitos Humanos e Desenvolvimento: algumas reflexões sobre a constituição do direito ao desenvolvimento. Desenvolvimento em Questão, Unijuí, ano 1, n. 1, jan/jun., p.123-149, 2003. Disponível em: <https://www.revistas.unijui.edu.br/index.php/desenvolvimento-emquestao/article/view/70/27> .Acesso em: 10 de setembro de 2016.

BNDES. Livro verde: Nossa história tal como ela é. Rio de Janeiro: BNDES, 2017.

______. Circular SUP/AOI nº 17/2017-BNDES. 2017a. Disponível em: < http://www.bndes.gov.br/wps/wcm/connect/site/28e515e8-6fd0-44c8-b-c5e-1a94270c7ae1/17cir17+pronamp+investimen-to+2017-2018.pdf?mod=ajperes&cvid=lqjkcma&-cvid=lqjkcma&cvid=lqjkcma&cvid=lqjkuht&cvi-d=lpbrr9p&cvid=lpbrr9p&cvid=lpbrr9p&cvid=l-pbrr9p >. Acesso em: 25 de julho de 2017.

______. Circular UP/AOI Nº 20/2017-BN-DES. 2017b. Disponível em: < http://www.bndes.gov.br/wps/wcm/connect/site/5b39f-202-3806-437a-aad0-1de5063f46e5/17Cir20+I-NOVAGRO+Ano+Agr%C3%ADcola+2017-2018.pdf?MOD=AJPERES&CVID=lQjna7a&CVID=l-Qjna7a&CVID=lQjna7a&CVID=lQjkuHt&CVI-D=lPBrR9p&CVID=lPBrR9p&CVID=lPBrR9p&-CVID=lPBrR9p>. Acesso em: 25 de julho de 2017.

______. Circular SUP/AOI Nº 21/2017-BNDES. 2017c. Disponível em: <http://www.bndes.gov.

br/wps/wcm/connect/site/97532f06-0614-4c1e-
-9aca-56287a8d22c9/17Cir21+MODERA-
GRO+Ano+Agr%C3%ADcola+2017-2018.
pdf?MOD=AJPERES&CVID=lQjnhFF&CVID=l-
QjnhFF&CVID=lQjnhFF&CVID=lQjkuHt&CVI-
D=lPBrR9p&CVID=lPBrR9p&CVID=lPBrR9p&-
CVID=lPBrR9p>. Acesso em: 25 de julho de 2017.

______. Circular SUP/AOI N° 13/2016-BNDES.
2016. Disponível em: <http://www.bndes.gov.br/
wps/portal/site/home/instituicoes-financeiras-cre-
denciadas/normas/normas-operacoes-indiretas>.
Acesso em: 25 de julho de 2017.

______. Circular AEX n° 002/2014-BNDES.
2014a. Disponível em: < http://www.bndes.gov.br/
wps/wcm/connect/site/981aee3b-bf94-429d-bb9d-
-01fa47ad4028/Circ002_14_AEX.pdf?MOD=A-
JPERES&CVID=lk3ket9&CVID=lk3ket9&CVI-
D=lk3ket9&CVID=lk3ket9&CVID=lk3ket9&-
CVID=lk3ket9&CVID=lk3ket9&CVID=lk3ke-
t9&CVID=lk3ket9&CVID=lk3ket9&CVI-
D=lk3ket9&CVID=lk3ket9&CVID=lk3ket9&C-
VID=lk3ket9&CVID=lk3ket9&CVID=lk3ket9&-
CVID=lk3ket9&CVID=lk3ket9&CVID=lk3ke-
t9&CVID=lk3ket9&CVID=lk3ket9&CVID=l-
k3ket9&CVID=lk3ket9&CVID=lk3ket9&CVI-
D=lk3ket9&CVID=lk3ket9&CVID=lk3ket9&C-
VID=lk3ket9&CVID=lk3ket9&CVID=lk3ket9&-
CVID=lk3ket9&CVID=lk3ket9&CVID=lk3ket9&-

CVID=lk3ket9&CVID=lk3ket9>. Acesso em: 25 de julho de 2017.

______. Estatuto do Fundo Garantidor para Investimentos. Anexo à Circular AC nº 10/2014 de 23/12/2014. 2014b. Disponível em: <http://www.bndes.gov.br/SiteBNDES/export/sites/default/bndes_pt/Galerias/Arquivos/produtos/download/circulares/2014/Circ010_14_AC.pdf>. Acesso em: 07 de agosto de 2017.

______. Circular SUP/AOI nº 27/2014-BNDES. 2014c. Disponível em:1 <http://www.abimaq.org.br/Arquivos/Html/DEFI/Dowloads/circ27.14.pdf>. Acesso em: 07 de agosto de 2017.

______. Circular SUP/AOI Nº 09/2014-BNDES. 2014d. Disponível em: < http://www.abimaq.org.br/Arquivos/Html/DEFI/Dowloads/circ09.14.pdf>. Acesso em: 25 de julho de 2017.

______. Relatório Anual 2009. 2010. Disponível em: < https://www.bndes.gov.br/wps/wcm/connect/site/130fb276-3b53-482c-9c25-2554b2fe52a1/relatorio_anual2009.pdf?MOD=AJPERES&CVID=lk3OGtf&CVID=lk3OGtf>. Acesso em: 05 de setembro de 2017.

______. Relatório Anual 2010. 2011. Disponível em: < https://www.bndes.gov.br/wps/wcm/connect/

site/c2cde045-6aa0-41ee-94d1-8a01c3290a05/relatorio_anual2010.pdf?MOD=AJPERES&CVID=lk3OGW5&CVID=lk3OGW5&CVID=lk3OGW5>. Acesso em: 02 de setembro de 2017.

______. Relatório Anual 2011. 2012. Disponível em: < https://www.bndes.gov.br/wps/portal/site/home/relacoes-com-investidores/relatorio-anual/Relatorio_Anual_2011>. Acesso em: 31 de agosto de 2017.

______. Relatório Anual 2012/2013. Disponível em: < https://www.bndes.gov.br/wps/wcm/connect/site/526c4698-a976-44fd-b3f5-0a22428d23ec/relatorio_anual2012.pdf?MOD=AJPERES&CVID=lk3OIJT&CVID=lk3OIJT&CVID=lk3OIJT&CVID=lk3OIJT>. Acesso em: 29 de agosto de 2017.

______. Relatório Anual 2013. 2014e. Disponível em: < https://www.bndes.gov.br/SiteBNDES/bndes/bndes_pt/Hotsites/Relatorio_Anual_2013/index.html#page=1>. Acesso em: 27 de agosto de 2017.

______. Relatório Anual 2014. 2015. Disponível em: < https://www.bndes.gov.br/SiteBNDES/bndes/bndes_pt/Hotsites/Relatorio_Anual_2014/index.html>. Acesso em: 27 de agosto de 2017.

______. Relatório Anual 2015. 2016a. Disponível em: < https://www.bndes.gov.br/SiteBNDES/bndes/

bndes_pt/Hotsites/Relatorio_Anual_2015/nosso-
-desempenho-em-2015.html#operacional>. Acesso
em: 25 de agosto de 2017.

______. Relatório Anual 2016. 2017d. Disponível
em: < https://www.bndes.gov.br/SiteBNDES/bndes/
bndes_pt/Hotsites/Relatorio_Anual_2016/assets/
bndes_ra2016_web_00_completo.pdf>. Acesso em:
25 de agosto de 2017.

______. Relatório Gerencial Trimestral dos Recur-
sos do Tesouro Nacional, 4º Trimestre de 2015,
Rio de Janciro – janeiro de 2016b. Disponível em:
< http://www.bndes.gov.br/wps/wcm/connect/si-
te/72ccd501-8415-4b27-b005-99a1f6877e6b/Re-
latorio_Recursos_Financeiros_4trimestre2015.pd-
f?MOD=AJPERES&CVID=lsK.cmu&CVID=lsK.
cmu&CVID=lsK.cmu&CVID=lsK.cmu&CVID=l-
sGnrf6&CVID=lsGnrf6&CVID=lq0h2Hj&CVI-
D=lq0h2Hj&CVID=lq0h2Hj&CVID=lq0h2Hj&
CVID=lq0h2Hj>. Acesso em: 17 de setembro de
2016.

BRASIL. Constituição da República dos Estados
Unidos do Brasil. Diário Oficial da União, Rio de
Janeiro, 24 fev. 1891. Disponível em: <http://www.
planalto.gov.br/ccivil_03/constituicao/constitui-
cao91.htm>. Acesso em: 10 de junho de 2016.

______. Constituição da República dos Estados Unidos do Brasil. Diário Oficial da União, Rio de Janeiro, 16 jul. 1934. Disponível em: <http://www.planalto.gov.br/ccivil_03/constituicao/constituicao34.htm>. Acesso em: 10 de junho de 2016.

______. Constituição dos Estados Unidos do Brasil. Diário Oficial da União, Rio de Janeiro, 10 nov. 1937. Disponível em: <http://www.planalto.gov.br/ccivil_03/constituicao/constituicao37.htm>. Acesso em: 10 de junho de 2016.

______. Constituição dos Estados Unidos do Brasil. Diário Oficial da União, Rio de Janeiro, 19 set. 1946. Disponível em: <http://www.planalto.gov.br/ccivil_03/constituicao/constituicao46.htm>. Acesso em: 10 de junho de 2016.

______. Constituição da República Federativa do Brasil. Diário Oficial da República Federativa do Brasil, Brasília, DF, 24 jan. 1967. Disponível em: <http://www.planalto.gov.br/ccivil_03/constituicao/constituicao67.htm>. Acesso em: 10 de junho de 2016.

______. Constituição da República Federativa do Brasil. Diário Oficial da República Federativa do Brasil, Brasília, DF, 5 out. 1988. Disponível em: <http://www.planalto.gov.br/ccivil_03/constituicao/constituicaocompilado.htm>. Acesso em: 10 de junho de 2016.

______. Decreto-Lei n° 2.848, de 7 de dezembro de 1940. Diário Oficial da República Federativa do Brasil. Rio de Janeiro, RJ, 31 de dez. de 1940. Disponível em:<http://www.planalto.gov.br/ccivil_03/decreto-lei/Del2848compilado.htm>. Acesso em: 20 de junho de 2016.

______. Decreto n° 19.841, de 22 de outubro de 1945. Diário Oficial da República Federativa do Brasil. Rio de Janeiro, RJ, 22 de out. de 1945. Disponível em: < http://www.planalto.gov.br/ccivil_03/decreto/1930-1949/d19841.htm>. Acesso em: 15 de agosto de 2016.

______. Decreto n° 591, de 6 de julho de 1992. Diário Oficial da República Federativa do Brasil.Brasília, DF, 7 de jul. 1992. Disponível em: <http://www.planalto.gov.br/ccivil_03/decreto/1990-1994/d0591.htm>. Acesso em: 20 de junho de 2016.

______. Decreto n° 4.418, de 11 de outubro de 2002. Diário Oficial da República Federativa do Brasil. Brasília, DF, 14 de out. 2002. Disponível em: <http://www.planalto.gov.br/ccivil_03/decreto/2002/D4418.htm>. Acesso em: 20 de junho de 2016.

______. Lei n° 4.595, de 31 de dezembro de 1964.

Diário Oficial da República Federativa do Brasil. Brasília, DF, 31 de jan. 1965. Disponível em: <http://www.planalto.gov.br/ccivil_03/leis/L4595.htm> Acesso em: 10 de junho de 2016.

______. Lei nº 5.727 de 04 de novembro de 1971. Diário Oficial da República Federativa do Brasil, Brasília, DF, 08 nov. 1971. Disponível em: < http://www.planalto.gov.br/ccivil_03/leis/1970-1979/L5727.htm>. Acesso em: 18 de abril de 2016.

______. Lei nº 6.151 de 04 de dezembro de 1974. Diário Oficial da República Federativa do Brasil, Brasília, DF, 06 dez. 1974. Disponível em: < http://www.planalto.gov.br/ccivil_03/leis/1970-1979/L6151.htm>. Acesso em: 18 de abril de 2016.

______. Ministério do Desenvolvimento, Indústria e Comércio Exterior. Banco Nacional do Desenvolvimento Econômico e Social. Sistema de Transparência Disponível em: < http://www.bndes.gov.br/wps/portal/site/home/transparencia/> Acesso em: 17 de setembro de 2016.

______. Ministério do Planejamento, Orçamento e Gestão. Instituto Brasileiro de Geografia e Estatística. Censo demográfico, Indicadores sociais e econômicos. Disponível em: < http://www.ibge.gov.br/home/>. Acesso em: 25 de setembro de 2016.

______. Banco Central do Brasil. Resolução nº 394. 1976. Disponível em: <http://www.bcb.gov.br/pre/normativos/res/1976/pdf/res_0394_v11_L.pdf>. Acesso em: 07 de novembro de 2017.

______. Lei nº 11.768, de 14 de agosto de 2008. Diário Oficial da República Federativa do Brasil. Brasília, DF, 15 de ago. 2008a  Disponível em: <http://www.planalto.gov.br/ccivil_03/_ato2007-2010/2008/lei/l11768.htm>. Acesso em: 07 de novembro de 2017.

______. Lei nº 11.948, de 16 de junho de 2009. Diário Oficial da República Federativa do Brasil. Brasília, DF, 17 de jun.   2009a.  Disponível em: <http://www.planalto.gov.br/ccivil_03/_ato2007-2010/2009/Lei/L11948.htm>. Acesso em: 10 de junho de 2016.

______. Lei nº 12.017, de 12 de agosto de 2009. Diário Oficial da República Federativa do Brasil. Brasília, DF, 13 de ago. 2009b. Disponível em: <http://www.planalto.gov.br/ccivil_03/_ato2007-2010/2009/lei/L12017.htm>. Acesso em: 07 de novembro de 2017.

______. Lei nº 12.309, de 09 de agosto de 2010. Diário Oficial da República Federativa do Brasil. Brasília, DF, 10 de ago. 2010. Disponível em: <http://www.planalto.gov.br/ccivil_03/_ato2007-

2010/2010/lei/l12309.htm>. Acesso em: 07 de novembro de 2017.

______. Lei nº 12.465, de 12 de agosto de 2011. Diário Oficial da República Federativa do Brasil. Brasília, DF, 15 de ago. 2011. Disponível em: <http://www.planalto.gov.br/ccivil_03/_ato2011-2014/2011/lei/l12465.htm>. Acesso em: 07 de novembro de 2017.

______. Lei nº 12.397, de 23 de março de 2011. Diário Oficial da República Federativa do Brasil. Brasília, DF, 24 de março de 2011a. Disponível em: < http://www.planalto.gov.br/ccivil_03/_ato2011-2014/2011/Lei/L12397.htm#art1>. Acesso em: 10 de junho de 2016.

______. Lei nº 12.453, de 21 de junho de 2011. Diário Oficial da República Federativa do Brasil. Brasília, DF, 22 de junho de 2011b. Disponível em: < http://www.planalto.gov.br/ccivil_03/_ato2011-2014/2011/Lei/L12453.htm#art2.>. Acesso em: 10 de junho de 2016.

______. Lei nº 12.708, de 17 de agosto de 2012. Diário Oficial da República Federativa do Brasil. Brasília, DF, 17 de ago. 2012a. Disponível em: <http://www.planalto.gov.br/ccivil_03/_ato2011-2014/2012/lei/l12708.htm>. Acesso em: 07 de novembro de 2017.

______. Lei nº 12.919, de 24 de dezembro de 2013. Diário Oficial da República Federativa do Brasil. Brasília, DF, 26 de dez. 2013. Disponível em: <http://www.planalto.gov.br/ccivil_03/_ato2011-2014/2013/lei/l12919.htm>. Acesso em: 07 de novembro de 2017.

______. Lei nº 12.872, de 24 de outubro de 2013. Diário Oficial da República Federativa do Brasil. Brasília, DF, 24 de out. de 2013a, Edição Extra. Disponível em: <http://www.planalto.gov.br/ccivil_03/_ato2011-2014/2013/lei/L12872.htm>. Acesso em: 20 de junho de 2016.

______. Lei nº12.979, de 27 de maio de 2014. Diário Oficial da República Federativa do Brasil. Brasília, DF, 28 de maio de 2014a. Disponível em: <http://www.planalto.gov.br/ccivil_03/_Ato2011-2014/2014/Lei/L12979.htm>. Acesso em: 20 de junho de 2016.

______. Lei nº 13.000, de 18 de junho de 2014. Diário Oficial da República Federativa do Brasil. Brasília, DF, 20 de junho de 2014b. Disponível em: <http://www.planalto.gov.br/ccivil_03/_ato2011-2014/2014/Lei/L13000.htm>. Acesso em: 10 de junho de 2016.

______. Lei nº 13.126, de 21 de maio de 2015. Diário Oficial da República Federativa do Brasil. Brasília, DF, 22 de maio de 2015. Disponível em <http://www.planalto.gov.br/ccivil_03/_Ato2015-2018/2015/Lei/L13126.htm>. Acesso em: 10 de junho de 2016.

______. Lei nº 13.080, de 02 de janeiro de 2015. Diário Oficial da República Federativa do Brasil. Brasília, DF, 02 de jan. 2015a. Disponível em: <http://www.planalto.gov.br/ccivil_03/_ato2015-2018/2015/lei/l13080.htm>. Acesso em: 07 de novembro de 2017.

______. Lei nº 13.242, de 30 de dezembro de 2015. Diário Oficial da República Federativa do Brasil. Brasília, DF, 31 de dez. 2015b. Disponível em: <http://www.planalto.gov.br/ccivil_03/_ato2015-2018/2015/lei/L13242.htm>. Acesso em: 07 de novembro de 2017.

______. Lei nº 11.653, de 07 de abril de 2008. Diário Oficial da República Federativa do Brasil. Brasília, DF, 08 de abr. 2008b. Disponível em: < http://www.planalto.gov.br/ccivil_03/_ato2007-2010/2008/lei/l11653.htm>. Acesso em: 07 de novembro de 2017.

______. Lei nº 12.593, de 18 de janeiro de 2012. Diário Oficial da República Federativa do Brasil. Brasília, DF, 19 de jan. 2012b. Disponível em: <http://www.planalto.gov.br/ccivil_03/_ato2011-

2014/2012/lei/l12593.htm>. Acesso em: 07 de no-vembro de 2017.

______. Lei nº 13.249, de 13 de janeiro de 2016. Diário Oficial da República Federativa do Brasil. Brasília, DF, 13 de jan. 2016. Disponível e m : <http://www.planalto.gov.br/ccivil_03/_ato2015-2018/2016/lei/L13249.htm>. Acesso em: 07 de no-vembro de 2017.

BRESSER-PEREIRA, Luiz Carlos. Desenvolvimen-to, progresso e crescimento econômico. Lua Nova. São Paulo, nº 93, Sept./Dec., p. 33-61, 2014. Dispo-nível em: <http://www.scielo.br/pdf/ln/n93/03.pdf>. Acesso em: 10 de setembro de 2016.

BRUE, Stanley L. História do Pensamento Econô-mico. Tradução de Luciana Penteado Miquelino. São Paulo: Cengage Learning, 2016.

CHANG, Ha-Joon. Kicking away the ladder: deve-lopment strategy in historical perspective. London: Anthem Press, 2002.

______. Economia: modo de usar – um guia básico dos principais conceitos econômicos. Tradução de Isa Nara Lando e Rogério Galindo. 1ª ed. São Pau-lo: Portfólio-Penguin, 2015.

DEATON, Angus. A grande saída: saúde, riqueza e

as origens da desigualdade. Rio de Janeiro: Intrínseca, 2017.

DE CARVALHO, Fernando J. Cardim (Org.); SICSÚ, João. Economia e Desenvolvimento. Rio de Janeiro: Elsevier, 2008.

GALA, Paulo. Complexidade econômica: uma nova perspectiva para entender a antiga questão da riqueza das nações. Rio de Janeiro: Contraponto, 2017.

GUIMARÃES, André Luiz de Souza. LIMA, José Cláudio Cavalcante de Oliveira. Desenvolvimento com redução da desigualdade regional: uma abordagem geométrica. Revista do BNDES, v.16, n.31, p. 113-138, jun. 2009. Rio de Janeiro: BNDES, 2009.

HABERMAS, Jürgen. Direito e democracia: entre facticidade e validade. Volume I. Tradução de Flávio Beno. Rio de Janeiro: Tempo Brasileiro, 1997, p. 314-323.

KAMARCK, Andrew M. Economic as a Social Science: an approach to nonautistic theory. Michigan: The University of Michigan Press, 2002.

LANA, Tonyedson Pereira e. Exclusão financeira e sua relação com a pobreza e a desigualdade de renda no Brasil. Rio de Janeiro: BNDES, 2015.

LAZZARINI, Sergio G. Capitalismo de laços: os donos do brasil e suas conexões. Rio de Janeiro: Elsevier, 2011.

LIMA, Jorge Cláudio Cavalcante de Oliveira; GUIMARÃES, André Luiz de Souza. Desenvolvimento com Redução da Desigualdade Regional: Uma Abordagem Geométrica. Rio de Janeiro: Revista do BNDES, v. 16, n. 31, p.113-138, jun., 2009.

MAZZUCATO, Mariana. O Estado Empreendedor: desmascarando o mito do setor público vs. setor privado. São Paulo: Portfolio-Penguin, 2014.

MEDEIROS, Marcelo; SOUZA, Pedro Herculano Guimarães Ferreira de; CASTRO, Fábio Ávila de. A estabilidade da desigualdade de renda no Brasil, 2006 a 2012: estimativa com dados do imposto de renda e pesquisas domiciliares. Ciênc. saúde coletiva, Rio de Janeiro, v. 20, n. 4, p. 971-986, Apr. 2015. Disponível em: <http://www.scielo.br/scielo.php?script=sci_arttext&pid=S1413-81232015000400971&lng=en&nrm=iso>. Acesso em: 21 J u n h o de 2017. http://dx.doi.org/10.1590/1413-81232015204.00362014.

MEDEIROS, Marcelo. Medidas de desigualdade e pobreza. Brasília: Editora Universidade de Brasília,

2012.

______. O que faz os ricos ricos: o outro lado da desigualdade brasileira. São Paulo: Hucitec: Anpocs, 2005.

MENDONÇA, José Vicente Santos de. Direito Constitucional Econômico: a intervenção do Estado na economia à luz da razão pública e do pragmatismo. Belo Horizonte: Forum, 2014.

MINISTÉRIO DO PLANEJAMENTO, ORÇAMENTO E GESTÃO. Fundação Instituto Brasileiro de Geografia e Estatística – IBGE. 2017. Disponível em: < https://www.ibge.gov.br/>. Acesso em: 05 de maio de 2017.

MODENESI, André de Melo. Convenções: uma visão sociológica do desenvolvimento econômico. Estratégias de desenvolvimento, política industrial e inovação: ensaios em memória de Fabio Erber. Rio de Janeiro: Banco Nacional de Desenvolvimento Econômico e Social, 2014.

MULLAINATHAN, Sendil; SHAFIR, Eldar. Escassez: uma nova forma de pensar a falta de recursos na vida das pessoas e nas organizações. Rio de Janeiro: Best Business, 2016.

NAYYAR, Deepak. A corrida pelo Crescimento: países em desenvolvimento na economia mundial. Rio de Janeiro: Contraponto, 2014.

NORTH, Douglass C. Institutions, Institutional Change and Economic Performance. Cambridge University Press: 1990.

NWAUCHE, E. S.; NWOBIKE, J. C.. Implementação do direito ao desenvolvimento. Sur, Rev. int. direitos human., traduzido por Francis Aubert, São Paulo, v. 2, n. 2, p. 96-117, 2005. Disponível em: <http://www.scielo.br/scielo.php?script=sci_arttext&pid=S1806- 64452005000100005&lng=en&nrm=iso>. Acesso em: 24 de agosto de 2016. http://dx.doi.org/10.1590/S1806-64452005000100005

PASTORE, José. Teorias de desenvolvimento econômico: problemas metodológicos. Rev. adm. empres., São Paulo, v. 7, n. 23, p. 25-48, Junho 1967. Disponível em: <http://www.scielo.br/scielo.php?script=sci_arttext&pid=S0034-75901967000200001&lng=en&nrm=iso>. Acessado em: 16 de Setembro de 2016. http://dx.doi.org/10.1590/S0034-75901967000200001.

PEREIRA, Thiago Rabelo; SIMÕES, Adriano; CARVALHAL, André. Mensurando o resultado fiscal das operações de empréstimo do Tesouro ao BNDES: Custo ou ganho líquido esperado para a União. Texto para Discussão, n° 1665, setembro de

2011. Rio de Janeiro: IPEA, 2011.

PIKETTY, Thomas. A economia da desigualdade. Tradução de André Telles. 1ªed. Rio de Janeiro: Intrínseca, 2015.

______. O capital no século XXI. Rio de Janeiro: Intrínseca, 2014.

RAWLS, Jonh. O liberalismo político. Traduzido por Dinah de Abreu Azevedo. 2ª Edição. São Paulo: Ática, 2000.

RODRIGUEZ, José Rodrigo et al. O novo direito e desenvolvimento: entrevista com David Trubek. Revista Direito GV, [S.l.], v. 3, n. 2, p. 305-329, jul. 2007. ISSN 2317-6172. Disponível em: <http://bibliotecadigital.fgv.br/ojs/index.php/revdireitogv/article/view/35191>. Acesso em: 23 nov. 2017.

SEN, Amartya. Development as Freedom. Fourth Printing. New York: Alfred A. Knopf, 2000.

______. Inequality reexamined. Oxford: Oxford University Press, 1992.

SOLOMON, Lawrence B.. Public Legal Reason. Virginia Law Review, Vol.92, p. 1449-1501. Washington, Georgetown Law Faculty Publications and Other Works, paper 877, 2006. Disponível em: <http://scholarship.law.georgetown.edu/facpub/877/>. Acesso em: 05 de setembro de 2016.

SOUZA, Angelita Matos. O expansionismo nos governos Lula e o BNDES. Meridiano 47 - Journal of Global Studies, [S.l.], v. 11, n. 120, p. 47-53, jul. 2010. Disponível em: <http://periodicos.unb.br/index.php/MED/article/view/581>. Acessado em: 20 nov. 2017. doi:http://dx.doi.org/10.20889/581.

STIGLITZ, Joseph. The price of inequality: how today's divided society endangers our future. New York: Norton & Company, 2013

TAMANAHA, Brian Z. As lições dos estudos sobre direito e desenvolvimento. Revista de Direito GV [online], São Paulo, vol. 5, n.1, p. 187-216, jun. 2009. Disponível em: < http://www.scielo.br/pdf/rdgv/v5n1/a11v5n1.pdf>. Acesso em: 26 de nov. de 2017. TOYOSHIMA, Silvia Harumi. Instituições e Desenvolvimento Econômico - Uma Análise Crítica das Idéias de Douglass North. Estudos Econômicos (São Paulo), São Paulo, v. 29, n. 1, p. 95-112, july 2016. ISSN 1980-5357. Disponível em: <http://www.revistas.usp.br/ee/article/view/117211>. Acesso em: 18 de novembro 2017.

TORRES FILHO, Ernani Teixeira; COSTA, Fernando Nogueira da. BNDES e o financiamento do desenvolvimento. Economia e Sociedade, Campinas

, v. 21, n. spe, p. 975-1009, Dec. 2012. Disponível em: <http://www.scielo.br/scielo.php?script=sci_arttext&pid=S0104- 06182012000400011&lng=en&nrm=iso>. Acessado em 08/11/2017. http://dx.doi.org/10.1590/S0104-06182012000400011.

UNITED NATION, General Assembly. Transforming our world: The 2030 Agenda for Sustainable Development. A/RES/70/1, 2015, pg. 14. Disponível em: < http://www.un.org/ga/search/view_doc.asp?symbol=A/RES/70/1&Lang=E>. Acesso em: 20 de junho de 2017

UNITED NATION. The Universal Declaration of Human Rights. Paris, 1948. Disponível em: <http://www.un.org/en/universal-declaration-human-rights/>. Acesso em: 20 de junho de 2016.

UNITED NATION, General Assembly. Declaration on the Right to Development: resolution / adopted by the General Assembly. A/RES/41/128, 1986. Disponível em: <http://www.un.org/documents/ga/res/41/a41r128.htm>. Acesso em: 20 de junho de 2016.

# ANEXO 1

*Comparação das prioridades definidas ao BNDES pela Lei de Diretrizes Orçamentárias dos anos de 2009 até 2016.*

2009 - Lei 11.178/2008

Art. 97. As agências financeiras oficiais de fomento, respeitadas suas especificidades, observarão as seguintes prioridades:

[...] IV - para o Banco Nacional de Desenvolvimento Econômico e Social – BNDES:

a) desenvolvimento das cooperativas de produção, micro, pequenas e médias empresas, tendo como meta o crescimento de 50% (cinqüenta por cento) das aplicações destinadas a esses segmentos, em relação à média dos 3 (três) últimos exercícios, desde que haja demanda habilitada;

b) financiamento de programas do Plano Plurianual 2004-2007;

c) reestruturação produtiva, com vistas a estimular a competitividade interna e externa das empresas nacionais;

d) financiamento nas áreas de saúde, educação e infra-estrutura, incluindo o transporte urbano e a expansão das redes urbanas de distribuição de gás canalizado e os projetos do setor público, em complementação aos gastos de custeio;

e) financiamento para investimentos na área de geração e transmissão de energia elétrica, transporte de gás natural por meio de gasodutos, bem como para programas relativos à eficiência no uso das fontes de energia;

f) financiamento para projetos geológicos e geotécnicos associados a programas municipais de melhoria da gestão territorial e de identificação de áreas de risco;

g) redução das desigualdades regionais, por meio do apoio à implantação e expansão das atividades produtivas, bem como daquelas relacionadas na alínea "e";

h) financiamento para o apoio à expansão e ao desenvolvimento das cooperativas;

i) financiamento à geração de renda e de emprego por meio do microcrédito; e

j) (VETADO)

V - para a Financiadora de Estudos e Projetos – FINEP – e o BNDES, promoção do desenvolvimento da infra-estrutura e da indústria, da agricultura e da agroindústria, com ênfase no fomento à pesquisa, à capacitação científica e tecnológica, à melhoria da competitividade da economia, à estruturação de unidades e sistemas produtivos orientados para o fortalecimento do Mercosul e à geração de empregos;

2010 - Lei 12.017/2009

Art. 89. As agências financeiras oficiais de fomento, respeitadas suas especificidades, observarão as seguintes prioridades:

[...]IV – para o Banco Nacional de Desenvolvimento Econômico e Social – BNDES:

a) desenvolvimento das cooperativas de produção, micro, pequenas e médias empresas, tendo como meta o crescimento de 50% (cinquenta por cento) das aplicações destinadas a esses segmentos, em relação à média dos 3 (três) últimos exercícios, desde que haja demanda habilitada;

b) financiamento de programas do Plano Plurianual 2008-2011, especialmente as atividades produtivas que propiciem a redução das desigualdades de gênero e étnico-raciais;

c) reestruturação produtiva, com vistas a estimular a competitividade interna e externa das empresas nacionais, bem como o apoio a setores prejudicados pela valorização cambial da moeda nacional;

d) financiamento nas áreas de saúde, educação, meio ambiente e infraestrutura, incluindo o transporte urbano, a navegação de cabotagem e a expansão das redes urbanas de distribuição de gás canalizado e os projetos do setor público, em complementação aos gastos de custeio;

e) financiamento para investimentos na área de geração e transmissão de energia elétrica, transporte de gás natural por meio de gasodutos, bem como para programas relativos à eficiência no uso das fontes de energia, inclusive fontes alternativas;

f) financiamento para projetos geológicos e

geotécnicos associados a programas municipais de melhoria da gestão territorial e de identificação de áreas de risco;

 g) redução das desigualdades regionais, sociais, étnico-raciais e de gênero, por meio do apoio à implantação e expansão das atividades produtivas;

h) financiamento para o apoio à expansão e ao desenvolvimento das empresas de economia solidária, dos arranjos produtivos locais e das cooperativas, bem como dos empreendimentos afro-brasileiros e indígenas;

 i) financiamento à geração de renda e de emprego por meio do microcrédito, com ênfase nos empreendimentos afro-brasileiros, indígenas ou protagonizados por mulheres;

 j) desenvolvimento de projetos de produção e distribuição de gás nacional e biocombustíveis nacionais;

 k) financiamento para os setores têxtil, moveleiro, fruticultor e coureiro-calçadista, tendo como meta o crescimento de 50% (cinquenta por cento) das aplicações destinadas a esses segmentos, em relação à média dos 3 (três) últimos exercícios, desde que haja demanda habilitada; e

 l) financiamento de projetos voltados para substituição de importação nas cadeias produtivas nos setores de maquinaria industrial, equipamento móvel de transporte, máquinas e ferramentas, eletroeletrônicos, produtos químicos e farmacêuticos e de matérias-primas para a agricultura;

V – para a Financiadora de Estudos e Projetos – FINEP e o BNDES, promoção do desenvolvimento da infraestrutura e da indústria, da agricultura e da agroindústria, com ênfase no fomento à pesquisa, à capacitação científica e tecnológica, à melhoria da competitividade da economia, à estruturação de unidades e sistemas produtivos orientados para o fortalecimento do Mercosul e à geração de empregos;

## 2011 - Lei 12.309/2010

Art. 89. As agências financeiras oficiais de fomento, respeitadas suas especificidades, observarão as seguintes prioridades:
[...]IV - para o Banco Nacional de Desenvolvimento Econômico e Social – BNDES:
a) desenvolvimento das cooperativas de produção, micro, pequenas e médias empresas, tendo como meta o crescimento de 50% (cinquenta por cento) das aplicações destinadas a esses segmentos, em relação à média dos 3 (três) últimos exercícios, desde que haja demanda habilitada;
b) financiamento de programas do Plano Plurianual 2008-2011, especialmente as atividades produtivas que propiciem a redução das desigualdades de gênero e étnico-raciais;
c) reestruturação produtiva, com vistas a estimular a competitividade interna e externa das empresas nacionais, bem como o apoio a setores prejudicados pela valorização cambial da moeda nacional;
d) financiamento nas áreas de saúde, educa-

ção, meio ambiente, incluindo prevenção, redução e combate à desertificação, infraestrutura, incluindo mobilidade e transporte urbano, navegação de cabotagem e expansão das redes urbanas de distribuição de gás canalizado, e os projetos do setor público, em complementação aos gastos de custeio;

e) financiamento para investimentos na área de geração e transmissão de energia elétrica, transporte de gás natural por meio de gasodutos, bem como para programas relativos à eficiência no uso das fontes de energia, inclusive fontes alternativas;

f) financiamento para projetos geológicos e geotécnicos associados a programas municipais de melhoria da gestão territorial e de identificação de áreas de risco;

g) redução das desigualdades regionais, sociais, étnico-raciais e de gênero, por meio do apoio à implantação e expansão das atividades produtivas;

h) financiamento para o apoio à expansão e ao desenvolvimento das empresas de economia solidária, dos arranjos produtivos locais e das cooperativas, bem como dos empreendimentos afro-brasileiros e indígenas;

i) financiamento à geração de renda e de emprego por meio do microcrédito, com ênfase nos empreendimentos afro-brasileiros, indígenas ou protagonizados por mulheres;

j) desenvolvimento de projetos de produção e distribuição de gás nacional e biocombustíveis nacionais;

k) financiamento para os setores têxtil, moveleiro, fruticultor e coureiro-calçadista, tendo como meta o crescimento de 50% (cinquenta por cento) das aplicações destinadas a esses segmentos, em relação à média dos 3 (três) últimos exercícios, desde que haja demanda habilitada; e

l) financiamento de projetos voltados para substituição de importação nas cadeias produtivas nos setores de maquinaria industrial, equipamento móvel de transporte, máquinas e ferramentas, eletroeletrônicos, produtos químicos e farmacêuticos e de matérias-primas para a agricultura;

V - para a Financiadora de Estudos e Projetos – FINEP e o BNDES, promoção do desenvolvimento da infraestrutura e da indústria, da agricultura e da agroindústria, com ênfase no fomento à pesquisa, à capacitação científica e tecnológica, à melhoria da competitividade da economia, à estruturação de unidades e sistemas produtivos orientados para o fortalecimento do Mercosul, à geração de empregos e à redução do impacto ambiental;


**2012 - Lei 12.465/2011**


Art. 86. As agências financeiras oficiais de fomento, respeitadas suas especificidades, observarão as seguintes prioridades:

[...] IV - para o Banco Nacional de Desenvolvimento Econômico e Social - BNDES:

a) desenvolvimento das cooperativas de produção, micro, pequenas e médias empresas, tendo como meta o crescimento de 50% (cinquenta por cento) das aplicações destinadas a esses segmentos, em relação à média dos 3 (três) últimos exercícios, desde que haja demanda habilitada;

b) financiamento de programas do Plano Plurianual 2012-2015, especialmente as atividades produtivas que propiciem a redução das desigualdades de gênero e étnico-raciais;

c) reestruturação produtiva, com vistas a estimular a competitividade interna e externa das empresas nacionais, bem como o apoio a setores prejudicados pela valorização cambial da moeda nacional;

d) financiamento nas áreas de saúde, educação, meio ambiente, incluindo prevenção, redução e combate à desertificação, infraestrutura, incluindo mobilidade e transporte urbano, navegação de cabotagem e expansão das redes urbanas de distribuição de gás canalizado, e os projetos do setor público, em complementação aos gastos de custeio;

e) financiamento para investimentos na área de geração e transmissão de energia elétrica, transporte de gás natural por meio de gasodutos, bem como para programas relativos à eficiência no uso das fontes de energia, inclusive fontes alternativas;

f) financiamento para projetos geológicos e geotécnicos associados a programas municipais de melhoria da gestão territorial e de identificação de áreas de risco;

g) redução das desigualdades regionais, sociais, étnico-raciais e de gênero, por meio do apoio à implantação e expansão das atividades produtivas;

h) financiamento para o apoio à expansão e ao desenvolvimento das empresas de economia solidária, dos arranjos produtivos locais e das cooperativas, bem como dos empreendimentos afro-brasileiros e indígenas;

i) financiamento à geração de renda e de emprego por meio do microcrédito, com ênfase nos empreendimentos protagonizados por afro-brasileiros, indígenas, mulheres ou pessoas com deficiência;

j) desenvolvimento de projetos de produção e distribuição de gás nacional e biocombustíveis nacionais;

k) financiamento para os setores têxtil, moveleiro, fruticultor e coureiro-calçadista, tendo como meta o crescimento de 50% (cinquenta por cento) das aplicações destinadas a esses segmentos, em relação à média dos 3 (três) últimos exercícios, desde que haja demanda habilitada; e

l) financiamento de projetos voltados para substituição de importação nas cadeias produtivas nos setores de maquinaria industrial, equipamento móvel de transporte, máquinas e ferramentas, eletroeletrônicos, produtos químicos e farmacêuticos e de matérias-primas para a agricultura;

V - para a Financiadora de Estudos e Projetos - FINEP e o BNDES, promoção do desenvolvimento da infraestrutura e da indústria, da agricultura e da agroindústria, com ênfase no fomento à pesquisa, à capacitação científica e tecnológica, à melhoria da competitividade da economia, à estruturação de unidades e sis-

temas produtivos orientados para o fortalecimento do Mercosul, à geração de empregos e
à redução do impacto ambiental

**2013 – Lei 12.708/2012**

Art. 88. As agências financeiras oficiais de
fomento, respeitadas suas especificidades, observarão as seguintes prioridades:
[...] IV - para o Banco Nacional de Desenvolvimento Econômico e Social - BNDES:
a) desenvolvimento das cooperativas de produção, micro, pequenas e médias empresas,
tendo como meta o crescimento de 50% (cinquenta por cento) das aplicações destinadas a
esses segmentos, em relação à média dos três
últimos exercícios, desde que haja demanda
habilitada;
b) financiamento de programas do Plano Plurianual 2012-2015, especialmente as atividades produtivas que propiciem a redução das
desigualdades de gênero e étnico-raciais;
c) reestruturação produtiva, com vistas a estimular a competitividade interna e externa
das empresas nacionais, bem como o apoio a
setores prejudicados pela valorização cambial
da moeda nacional;
d) financiamento nas áreas de saúde, educação, meio ambiente, incluindo prevenção,
redução e combate à desertificação, infraestrutura, incluindo mobilidade e transporte
urbano, navegação de cabotagem e expansão

das redes urbanas de distribuição de gás canalizado, e os projetos do setor público, em complementação aos gastos de custeio;

e) financiamento para investimentos na área de geração e transmissão de energia elétrica, transporte de gás natural por meio de gasodutos, bem como para programas relativos à eficiência no uso das fontes de energia, inclusive fontes alternativas;

f) financiamento para projetos geológicos e geotécnicos associados a programas municipais de melhoria da gestão territorial e de identificação de áreas de risco;

g) redução das desigualdades regionais, sociais, étnico-raciais e de gênero, por meio do apoio à implantação e expansão das atividades produtivas;

h) financiamento para o apoio à expansão e ao desenvolvimento das empresas de economia solidária, dos arranjos produtivos locais e das cooperativas, bem como dos empreendimentos afro-brasileiros e indígenas;

i) financiamento à geração de renda e de emprego por meio do microcrédito, com ênfase nos empreendimentos protagonizados por afro-brasileiros, indígenas, mulheres ou pessoas com deficiência;

j) desenvolvimento de projetos de produção e distribuição de gás nacional e biocombustíveis nacionais;

k) financiamento para os setores têxtil, moveleiro, fruticultor e coureiro-calçadista, tendo como meta o crescimento de 50% (cinquenta por cento) das aplicações destinadas a esses segmentos, em relação à média dos três últimos exercícios, desde que haja demanda habilitada;

l) financiamento de projetos voltados para substituição de importação nas cadeias produtivas nos setores de maquinaria industrial, equipamento móvel de transporte, máquinas e ferramentas, eletroeletrônicos, produtos químicos e farmacêuticos e de matérias-primas para a agricultura;

m) financiamento de projetos e empreendimentos voltados para a cadeia produtiva da reciclagem de resíduos sólidos com tecnologias sustentáveis; e

n) financiamento para o desenvolvimento tecnológico nacional de insumos e equipamentos voltados à área da saúde;

V - para a Financiadora de Estudos e Projetos - FINEP e o BNDES, promoção do desenvolvimento da infraestrutura e da indústria, da agricultura e da agroindústria, com ênfase no fomento à pesquisa, à capacitação científica e tecnológica, à melhoria da competitividade da economia, à estruturação de unidades e sistemas produtivos orientados para o fortalecimento do Mercosul, à geração de empregos e à redução do impacto ambiental;

2014 – Lei 12.919/2013

Art. 92. As agências financeiras oficiais de fomento, respeitadas suas especificidades, observarão as seguintes prioridades:

[...] IV - para o Banco Nacional de Desenvolvimento Econômico e Social - BNDES:
a) desenvolvimento das cooperativas de produção, micro, pequenas e médias empresas, tendo como meta o crescimento de 50% (cinquenta por cento) das aplicações destinadas a esses segmentos, em relação à média dos três últimos exercícios, desde que haja demanda habilitada;
b) financiamento de programas do Plano Plurianual 2012-2015, especialmente as atividades produtivas que propiciem a redução das desigualdades de gênero e étnico-raciais;
c) reestruturação produtiva, com vistas a estimular a competitividade interna e externa das empresas nacionais, bem como o apoio a setores prejudicados pela valorização cambial da moeda nacional;

d) financiamento nas áreas de saúde, educação, meio ambiente, incluindo prevenção, redução e combate à desertificação, infraestrutura, incluindo mobilidade e transporte urbano, navegação de cabotagem e expansão das redes urbanas de distribuição de gás canalizado, e os projetos do setor público, em complementação aos gastos de custeio;

e) financiamento para investimentos na área de geração e transmissão de energia elétrica, transporte de gás natural por meio de gasodutos, bem como para programas relativos à eficiência no uso das fontes de energia, inclusive fontes alternativas;

f) financiamento para projetos geológicos, geotécnicos e ambientais associados a programas municipais de melhoria da gestão territorial e de identificação de áreas de risco;

g) redução das desigualdades regionais, sociais, étnico-raciais e de gênero, por meio do apoio à implantação e expansão das atividades produtivas;

h) financiamento para o apoio à expansão e ao desenvolvimento das empresas de economia solidária, dos arranjos produtivos locais e das cooperativas, bem como dos empreendimentos afro-brasileiros e indígenas;

i) financiamento à geração de renda e de emprego por meio do microcrédito, com ênfase nos empreendimentos protagonizados por afro-brasileiros, indígenas, mulheres ou pessoas com deficiência;

j) desenvolvimento de projetos de produção e distribuição de gás nacional e biocombustíveis nacionais;

k) financiamento para os setores têxtil, moveleiro, fruticultor e coureiro-calçadista, tendo como meta o crescimento de 50% (cinquenta por cento) das aplicações destinadas a esses segmentos, em relação à média dos três últimos exercícios, desde que haja demanda habilitada;

l) financiamento de projetos voltados para

substituição de importação nas cadeias produtivas nos setores de maquinaria industrial, equipamento móvel de transporte, máquinas e ferramentas, eletroeletrônicos, produtos químicos e farmacêuticos e de matérias-primas para a agricultura;

m) financiamento de projetos e empreendimentos voltados para a cadeia produtiva da reciclagem de resíduos sólidos com tecnologias sustentáveis; e

n) financiamento para o desenvolvimento tecnológico nacional de insumos e equipamentos voltados à área da saúde;

V - para a Financiadora de Estudos e Projetos - FINEP e o BNDES, promoção do desenvolvimento da infraestrutura e da indústria, da agricultura e da agroindústria, com ênfase no fomento à pesquisa, à capacitação científica e tecnológica, à melhoria da competitividade da economia, à estruturação de unidades e sistemas produtivos orientados para o fortalecimento do Mercosul, à geração de empregos e à redução do impacto ambiental;

2015 – Lei 13.080/2015

Art. 106. As agências financeiras oficiais de fomento, respeitadas suas especificidades, observarão as seguintes prioridades:

[...] IV - para o Banco Nacional de Desenvolvimento Econômico e Social - BNDES:

a) desenvolvimento das cooperativas de produção, micro, pequenas e médias empresas, tendo como meta o crescimento de 50% (cinquenta por cento) das aplicações destinadas a esses segmentos, em relação à média dos três últimos exercícios, desde que haja demanda habilitada;

b) financiamento de programas do Plano Plurianual 2012-2015, especialmente as atividades produtivas que propiciem a redução das desigualdades de gênero e étnico-raciais;

c) reestruturação produtiva, com vistas a estimular a competitividade interna e externa das empresas nacionais, bem como o apoio a setores prejudicados pela valorização cambial da moeda nacional;

d) financiamento nas áreas de saúde, educação, meio ambiente, incluindo prevenção, redução e combate à desertificação, infraestrutura, incluindo mobilidade e transporte urbano, navegação de cabotagem e expansão das redes urbanas de distribuição de gás canalizado, e os projetos do setor público, em complementação aos gastos de custeio;

e) financiamento para investimentos na área de geração e transmissão de energia elétrica, transporte de gás natural por meio de gasodutos, bem como para programas relativos à eficiência no uso das fontes de energia, inclusive fontes alternativas;

f) financiamento para projetos geológicos, geotécnicos e ambientais associados a progra-

mas municipais de melhoria da gestão territorial e de identificação de áreas de risco;
g) redução das desigualdades regionais, sociais, étnico-raciais e de gênero, por meio do
apoio à implantação e expansão das atividades produtivas;
h) financiamento para o apoio à expansão e ao
desenvolvimento das empresas de economia
solidária e agricultura familiar, da produção
agroecológica e orgânica, dos arranjos produtivos locais e das cooperativas, bem como dos
empreendimentos afro-brasileiros e indígenas;
i) financiamento à geração de renda e de emprego por meio do microcrédito, com ênfase
nos empreendimentos protagonizados por
afro-brasileiros, indígenas, mulheres ou pessoas com deficiência;
j) desenvolvimento de projetos de produção
e distribuição de gás nacional e biocombustíveis nacionais;
k) financiamento para os setores têxtil, pes-
queiro, moveleiro, fruticultor e coureiro-calçadista, tendo como meta o crescimento de
50% (cinquenta por cento) das aplicações
destinadas a esses segmentos, em relação à
média dos três últimos exercícios, desde que
haja demanda habilitada;
l) financiamento de projetos voltados para
substituição de importação nas cadeias produtivas nos setores de maquinaria industrial,
equipamento móvel de transporte, máquinas
e ferramentas, eletroeletrônicos, produtos
químicos e farmacêuticos e de matérias-primas para a agricultura;
m) financiamento de projetos e empreendi-

mentos voltados para a cadeia produtiva da reciclagem de resíduos sólidos com tecnologias sustentáveis; e

n) financiamento para o desenvolvimento tecnológico nacional de insumos e equipamentos voltados à área da saúde;

V - para a Financiadora de Estudos e Projetos - FINEP e o BNDES, promoção do desenvolvimento da infraestrutura e da indústria, da agricultura e da agroindústria, com ênfase no fomento à pesquisa, ao software público, ao software livre, à capacitação científica e tecnológica, à melhoria da competitividade da economia, à estruturação de unidades e sistemas produtivos orientados para o fortalecimento do Mercosul, à geração de empregos e à redução do impacto ambiental;

## 2016 – Lei 13.242/2016

Art. 111. As agências financeiras oficiais de fomento terão como diretriz geral a preservação e geração do emprego e, respeitadas suas especificidades, observarão as seguintes prioridades:

[...] IV - para o Banco Nacional de Desenvolvimento Econômico e Social - BNDES:

a) desenvolvimento das cooperativas de produção, micro, pequenas e médias empresas, incrementando as aplicações destinadas a esses segmentos, especialmente aquelas destinadas ao Programa de Reforma Agrária, desde que haja demanda habilitada;

b) financiamento de programas do Plano Plurianual 2016-2019, especialmente as atividades produtivas que promovam as políticas públicas de redução das desigualdades de gênero e étnico-raciais;

c) reestruturação produtiva, com vistas a estimular a competitividade interna e externa das empresas nacionais, bem como o apoio a setores prejudicados pela valorização cambial da moeda nacional;

d) financiamento nas áreas de saúde, educação, meio ambiente, incluindo prevenção, redução e combate à desertificação, infraestrutura, incluindo mobilidade e transporte urbano, navegação de cabotagem e expansão das redes urbanas de distribuição de gás canalizado, e os projetos do setor público, em complementação aos gastos de custeio;

e) financiamento para investimentos na área de geração e transmissão de energia elétrica, transporte de gás natural por meio de gasodutos, bem como para programas relativos à eficiência no uso das fontes de energia, inclusive fontes alternativas;

f) financiamento para projetos geológicos, geotécnicos e ambientais associados a programas municipais de melhoria da gestão territorial e de identificação de áreas de risco;

g) redução das desigualdades regionais, sociais, étnico-raciais e de gênero, por meio do apoio à implantação e expansão das atividades produtivas;

h) financiamento para o apoio à expansão e ao desenvolvimento das empresas de economia

solidária e agricultura familiar, da produção
agroecológica e orgânica, dos arranjos produtivos locais e das cooperativas, bem como dos
empreendimentos afro-brasileiros e indígenas;
i) financiamento à geração de renda e de emprego por meio do microcrédito, com ênfase
nos empreendimentos protagonizados por
afro-brasileiros, indígenas, mulheres ou pessoas com deficiência;
j) desenvolvimento de projetos de produção
e distribuição de gás nacional e biocombustíveis nacionais;
k) financiamento para os setores têxtil, pes-
queiro, moveleiro, fruticultor e coureiro-calçadista, incrementando as aplicações destinadas a esses segmentos, desde que haja
demanda habilitada;
l) financiamento de projetos voltados para
substituição de importação nas cadeias produtivas nos setores de maquinaria industrial,
equipamento móvel de transporte, máquinas
e ferramentas, eletroeletrônicos, produtos
químicos e farmacêuticos e de matérias-primas para a agricultura;
m) financiamento de projetos e empreendimentos voltados para a cadeia produtiva da
reciclagem de resíduos sólidos com tecnologias sustentáveis;
n) financiamento para o desenvolvimento tecnológico nacional de insumos e equipamentos
voltados à área da saúde; e
o) implantação ou modernização de empreendimentos coletivos agroindustriais em projetos de assentamento da reforma agrária,
criados ou reconhecidos pelo Incra, em todo

o território nacional - Programa Terra Forte.

V - para a Financiadora de Estudos e Projetos - FINEP e o BNDES, promoção do desenvolvimento da infraestrutura e da indústria, da agricultura e da agroindústria, com ênfase no fomento à pesquisa, ao software público, ao software livre, à capacitação científica e tecnológica, à melhoria da competitividade da economia, à estruturação de unidades e sistemas produtivos orientados para o fortalecimento do Mercosul, à geração de empregos e à redução do impacto ambiental;

# ANEXO 2

Tabela 15 – Total de investimentos entre os anos de 2009 e 2016 divididos pela população do Estado (censo 2010) e a sua correlação com o IDHM (2010) de cada Estado. Organizado pela ordem de maior investimento por pessoa.

| Estado | Total de investimentos | População (censo 2010) | Investimento por pessoa | IDHM (2010) |
|---|---|---|---|---|
| Rondônia | R$ 23.472.853.812,97 | 1.562.409 | R$ 15.023,50 | 0,69 |
| Distrito Federal | R$ 26.947.669.029,24 | 2.570.160 | R$ 10.484,82 | 0,824 |
| Rio de Janeiro | R$ 167.292.048.050,65 | 15.989.929 | R$ 10.462,34 | 0,761 |
| Mato Grosso | R$ 34.489.146.959,82 | 3.035.122 | R$ 11.363,35 | 0,725 |
| Santa Catarina | R$ 65.132.710.702,33 | 6.248.436 | R$ 10.423,84 | 0,774 |
| Mato Grosso do Sul | R$ 24.507.751.710,04 | 2.449.024 | R$ 10.007,15 | 0,729 |
| Paraná | R$ 93.721.595.282,37 | 10.444.526 | R$ 8.973,27 | 0,749 |
| Rio Grande do Sul | R$ 83.352.054.546,87 | 10.693.929 | R$ 7.794,33 | 0,746 |

| Tocantins | R$ 10.142.280.217,33 | 1.383.445 | R$ 7.331,18 | 0,699 |
|---|---|---|---|---|
| São Paulo | R$ 298.217.357.052,74 | 41.262.199 | R$ 7.227,37 | 0,783 |
| Espírito Santo | R$ 19.826.186.945,66 | 3.514.952 | R$ 5.640,53 | 0,74 |
| Pará | R$ 42.641.492.124,16 | 7.581.051 | R$ 5.624,75 | 0,646 |
| Goiás | R$ 33.247.320.515,73 | 6.003.788 | R$ 5.537,72 | 0,735 |
| Minas Gerais | R$ 100.968.192.467,89 | 19.597.330 | R$ 5.152,14 | 0,731 |
| Amapá | R$ 3.317.211.160,39 | 669.526 | R$ 4.954,57 | 0,708 |
| Pernambuco | R$ 40.708.504.886,82 | 8.796.448 | R$ 4.627,83 | 0,673 |
| Acre | R$ 3.068.257.459,65 | 733.559 | R$ 4.182,70 | 0,663 |
| Rio Grande do Norte | R$ 12.713.967.193,22 | 3.168.027 | R$ 4.013,21 | 0,684 |
| Maranhão | R$ 22.420.267.967,21 | 6.574.789 | R$ 3.410,04 | 0,639 |
| Bahia | R$ 43.862.621.872,22 | 14.016.906 | R$ 3.129,27 | 0,66 |
| Ceará | R$ 22.749.436.713,68 | 8.452.381 | R$ 2.691,48 | 0,682 |
| Amazonas | R$ 7.941.062.997,42 | 3.483.985 | R$ 2.279,30 | 0,674 |
| Piauí | R$ 7.365.291.818,76 | 3.118.360 | R$ 2.361,91 | 0,646 |
| Sergipe | R$ 3.804.924.147,97 | 2.068.017 | R$ 1.839,89 | 0,665 |
| Roraima | R$ 767.835.812,40 | 450.479 | R$ 1.704,49 | 0,707 |
| Paraíba | R$ 5.276.074.318,56 | 3.766.528 | R$ 1.400,78 | 0,658 |

| Alago-as | R$ 4.145.143.005,44 | 3.120.494 | R$ 1.328,36 | 0,631 |
|---|---|---|---|---|
|  |  |  |  |  |
| Total do Brasil | R$1.202.099.258.771,54 | 190.755.799 | R$ 6.301,77 | 0,727 |

Fonte: Elaborado pelo autor com os dados do BNDES e do Atlas do Desenvolvimento Humano no Brasil, 2017.